MW01283116

La interpretación
de los sueños

VOLUMEN I

Sigmund Freud

La interpretación
de los sueños

VOLUMEN I

Lectorum

La interpretación de los sueños. Volumen I
© Editorial Lectorum, S. A. de C. V.

D. R. © Editorial Lectorum, S. A. de C. V., 2014
Batalla de Casa Blanca Manzana 147 Lote 1621
Col. Leyes de Reforma, 3a. Sección
C. P. 09310, México, D. F.
Tel. 5581 3202
www.lectorum.com.mx
ventas@lectorum.com.mx

L. D. Books, Inc.
Miami, Florida
ldbooks@ldbooks.com

Primera edición: febrero de 2014
ISBN: 978-1500-536787

D. R. © Portada e interiores: Daniel Moreno
Imagen de portada: shutterstock.com

Características tipográficas aseguradas conforme a la ley.
Prohibida la reproducción total o parcial sin autorización escrita
del editor.

Impreso y encuadernado en México.
Printed and bound in Mexico.

La interpretación de los sueños*

Flectere si nequeo superos, acheronta movebo
1898-9 (1900)

Prefacio a la primera edición

(1900)

Al proponerme exponer la interpretación de los sueños no creo haber trascendido los ámbitos del interés neuropatológico, pues el examen psicológico nos presenta el sueño como primer eslabón de una serie de fenómenos psíquicos anormales, entre cuyos elementos subsiguientes, las fobias histéricas y las formaciones obsesivas y delirantes, conciernen al médico por motivos prácticos. Desde luego, como ya lo demostraremos, el sueño no puede pretender análoga importancia práctica; pero tanto mayor es su valor teórico como paradigma, al punto que quien no logre explicarse la génesis de las imágenes oníricas, se esforzará en vano por comprender las fobias, las ideas obsesivas, los delirios, y por ejercer sobre estos fenómenos un posible influjo terapéutico.

---

* 'Die Traumdeutung', en alemán el original, publicado por Franz Deuticke, Leipzig-Viena. La cita de Virgilio (*La Eneida*) la introduce Freud en una carta a Fliess el 4-12-1896; su traducción sería: "Si no puedo conciliar a los dioses celestiales, moveré a los del infierno". (*Nota de J. N.*)

Mas precisamente esta vinculación, a la que nuestro tema debe toda su importancia, es también el motivo de los defectos de que adolece el presente trabajo, pues el frecuente carácter fragmentario de su exposición corresponde a otros tantos puntos de contacto, a cuyo nivel los problemas de la formación onírica toman injerencia en los problemas más amplios de la psicopatología, que no pudieron ser considerados en esta ocasión y que serán motivo de trabajos futuros, siempre que para ello alcancen el tiempo, la energía y el nuevo material de observación.

Además, esta publicación me ha sido difícil por particularidades del material que empleo para ilustrar la interpretación de los sueños. La lectura misma del trabajo permitirá advertir por qué no podían servir para mis fines los sueños narrados en la literatura o recogidos por personas desconocidas; debía elegir, entre mis propios sueños y los de mis pacientes en tratamiento psicoanalítico. La utilización de este último material me fue vedada por la circunstancia de que estos procesos oníricos sufren una complicación inconveniente debida a la intervención de características neuróticas. Por otra parte, la comunicación de mis propios sueños implicaba inevitablemente someter las intimidades de mi propia vida psíquica a miradas extrañas, en mayor medida de la que podía serme grata y de la que, en general, me concierne a un autor que no es poeta, sino hombre de ciencia. Esta circunstancia era penosa pero inevitable, de modo que me sometí a ella para no tener que renunciar, en principio, a la demostración de mis resultados psicológicos. Sin embargo, no pude resistir, naturalmente a la tentación de truncar muchas indiscreciones, omitiendo y suplantando algunas cosas; cada vez que procedí de tal manera no pude menos de perjudicar sensiblemente el valor de los ejemplos utilizados. Sólo me queda expresar la esperanza de que los lectores de este trabajo comprenderán mi difícil situación, aceptándola benévolamente, y espero, además, que todas las personas que se sientan afectadas por los sueños comunicados no pretenderán negar la libertad del pensamiento también a la vida onírica.

CAPÍTULO I

La literatura científica sobre los problemas oníricos[1]

En las páginas que siguen aportaré la demostración de la existencia de una técnica psicológica que permite interpretar los sueños, y merced a la cual se revela cada uno de ellos como un producto psíquico pleno de sentido al que puede asignarse un lugar perfectamente determinado en la actividad anímica de la vida despierta. Además, intentaré esclarecer los procesos de los que depende la singular e impenetrable apariencia de los sueños y deducir de dichos procesos una conclusión sobre la naturaleza de aquellas fuerzas psíquicas de cuya acción conjunta u opuesta surge el fenómeno onírico. Conseguido esto, daré por terminada mi exposición, pues habré llegado en ella al punto en el que el problema de los sueños desemboca en otros más amplios, cuya solución ha de buscarse por el examen de un distinto material.

Si comienzo por exponer aquí una visión de conjunto de la literatura existente hasta el momento sobre los sueños y del estado científico actual de los problemas oníricos, ello obedece a que en el curso de mi estudio no se me han de presentar muchas ocasiones de

---

[1] Hasta 1900, fecha de la primera edición de la presente obra, en su original alemán.

volver sobre dichos temas. La comprensión científica de los sueños no ha realizado en más de diez siglos sino muy escasos progresos; circunstancia tan generalmente reconocida por todos los que de este tema se han ocupado, que me parece inútil citar aquí a detalle opiniones aisladas. En la literatura onírica hallamos gran cantidad de sugestivas observaciones y un rico e interesantísimo material relativo al objeto de nuestro estudio; pero, en cambio, nada o muy poco que se refiera a la esencia de los sueños o resuelva definitivamente el enigma que los mismos nos plantean. Como es lógico, el conocimiento de que estas cuestiones ha pasado al núcleo general de hombres cultos, pero no dedicados a la investigación científica, resulta aún más incompleto.

Cuál fue la concepción que en los primeros tiempos de la humanidad se formaron de los sueños los pueblos primitivos, y qué influencia ejerció el fenómeno onírico en su comprensión del mundo y del alma, son cuestiones de tan alto interés, que sólo obligadamente y a disgusto me he decidido a excluir su estudio del conjunto del presente trabajo y a limitarme a remitir al lector a las conocidas obras de sir. J. Lubbock, H. Spencer, E. B. Taylor y otros, añadiendo únicamente por mi cuenta que el alcance de estos problemas y especulaciones no podrá ofrecérsenos comprensible hasta después de haber llevado a buen término la labor que aquí nos hemos marcado, es decir, la de "interpretación de los sueños".

Un eco de la primitiva concepción de los sueños se nos muestra indudablemente como base en la idea que de ellos se formaban los pueblos de la antigüedad clásica[2]. Admitían estos que los sueños se hallaban en relación con el mundo de seres sobrehumanos de su mitología y traían consigo revelaciones divinas o demoniacas, poseyendo, además, una determinada intención muy importante

---

[2]   Las consideraciones que siguen están tomadas del concienzudo estudio de Büchsenschütz.

con respecto al sujeto; generalmente, la de anunciarle el porvenir. De todos modos, la extraordinaria variedad de su contenido y de la impresión por ellos producida hacía muy difícil llegar a establecer una concepción unitaria, y obligó a constituir múltiples diferenciaciones y agrupaciones de los sueños, conforme a su valor y autenticidad. Naturalmente, la opinión de los filósofos antiguos sobre el fenómeno onírico hubo de depender de la importancia que cada uno de ellos concedía a la adivinación.

En los dos estudios que Aristóteles consagra a esta materia pasan ya los sueños a constituir objeto de la Psicología. No son de naturaleza divina, sino demoniaca, pues la Naturaleza es demoniaca y no divina; o dicho de otro modo: no corresponden a una revelación sobrenatural, sino que obedecen a leyes de nuestro espíritu humano, aunque desde luego éste se relaciona con la divinidad. Los sueños quedan así definidos como la actividad anímica del durmiente durante el estado de reposo[3].

Aristóteles muestra conocer algunos de los caracteres de la vida onírica. Así, el que los sueños amplían los pequeños estímulos percibidos durante el estado de reposo ("una insignificante elevación de temperatura en uno de nuestros miembros nos hace creer en el sueño que andamos a través de las llamas y sufrimos un ardiente calor"), y deduce de esta circunstancia que la conclusión de que los sueños pueden muy bien revelar al médico los primeros indicios de una reciente alteración física, no advertida durante el día[3](bis).

---

[3] En alemán existen términos diferentes para designar el sueño "fenómeno onírico" y el acto de dormir *(Traum y Schlaf)*. Igualmente en francés y en inglés *(rêve y sommeil; dream y sleep)*. Pero en castellano no poseemos sino un mismo término "sueño" para ambos conceptos. Como esto pudiera originar confusiones, diremos tan solo *sueño* refiriéndonos al *fenómeno onírico*, y emplearemos para designar el acto de *dormir* la palabra *reposo*. (*N. del T.*)

[3] (bis) También Hipócrates dedica un capítulo de su famosa obra médica a las relaciones entre los sueños y las enfermedades. (*Nota de 1914.*)

Los autores antiguos anteriores a Aristóteles no consideraban el sueño como producto del alma soñadora, sino como una inspiración de los dioses, y señalaban ya en ellos las dos corrientes contrarias que habremos de hallar siempre en la estimación de la vida onírica. Se distinguían dos especies de sueños: los verdaderos y valiosos, enviados al durmiente a título de advertencia o revelación del porvenir, y los vanos, engañosos y fútiles, cuyo propósito era desorientar al sujeto o causar su perdición.

Grupe (*Griechische Mithologie und Religionsgeschichte*, p. 390) reproduce una visión de los sueños, tomándola de Macrobio y Artemidoro: "Dividíanse los sueños en dos clases. A la primera, influida tan solo por el presente (o el pasado), y falta, en cambio, de significación con respecto al porvenir, pertenecían los αϋπνία, *insomnia*, que reproducen inmediatamente la representación dada o su contraria; por ejemplo, el hambre o su satisfacción, y los janasmapata, que amplían fantásticamente la representación dada; por ejemplo, la pesadilla, *ephialtes*. La segunda era considerada como determinante del porvenir, y en ella se incluían: 1o., el oráculo directo, recibido en el sueño (μαντείο, *oraculum*) 2o., la predicción de un suceso futuro (το όραμα, visio), y 3o., el sueño simbólico, necesidad de interpretación (όνειρο, somnium). Esta teoría se ha mantenido en vigor durante muchos siglos".

De esta diversa estimación de los sueños surgió la necesidad de una "interpretación onírica". Considerándolos en general como fuentes de importantísimas revelaciones, pero no siendo posible lograr una inmediata comprensión de todos y cada uno de ellos ni tampoco saber si un determinado sueño incomprensible entrañaba o no algo importante, tenía que nacer el impulso o hallar un medio de sustituir su contenido incomprensible por otro inteligible y pleno de sentido. Durante toda la antigüedad se consideró como máxima autoridad en la interpretación de los sueños a Artemidoro de Dalcis, cuya extensa obra, conservada hasta nuestros días, nos compensa de las muchas otras del mismo contenido que se han perdido[4].

La concepción precientífica de los antiguos sobre los sueños se hallaba seguramente de completo acuerdo con su total concepción del Universo, en la que acostumbraban proyectar como realidad en el mundo exterior aquello que sólo dentro de la vida anímica la poseía. Esta concepción del fenómeno onírico tomaba, además, en cuenta la impresión que la vida despierta recibe el recuerdo que del sueño perdura por la mañana, pues en este recuerdo aparece el sueño en oposición al contenido psíquico restante, como algo ajeno a nosotros y procedente de un mundo distinto. Sería, sin embargo, equivocado suponer que esta teoría del origen sobrenatural de los sueños carece ya de partidarios en nuestros días. Haciendo abstracción de los escritores místicos y piadosos —que obran consecuentemente, defendiendo los últimos reductos de lo sobrenatural hasta que los procesos científicos consigan desalojarlos de ellos—, hallamos todavía hombres de sutil ingenio, e iclinados a todo lo extraordinario, que intentan apoyar precisamente en la insolubilidad del enigma de los sueños su fe religiosa en la existencia y la intervención de fuerzas espirituales sobrehumanas (Haffner). La valoración dada a la vida onírica por algunas escuelas filosóficas —así, la de Schelling— es un claro eco del origen divino que en la antigüedad se reconocía a los sueños. Tampoco la discusión sobre el poder adivinatorio y revelador del porvenir atribuido a los sueños puede considerarse terminada, pues, no obstante la inequívoca inclinación del pensamiento científico a rechazar la hipótesis afirmativa,

---

[4] Sobre la interpretación onírica en la Edad Media, cf. la obra de Diepgen y las investigaciones especiales de M. Foerster, Gotthard y otros. Almoli, Amram. Lewinger, y recientemente, desde el punto de vista piscoanalítico, Lauer, han estudiado la interpretación de los sueños entre los judíos; Drexi, F. Schwarz y el misionero Tfinkdji, entre los árabes; Miura e Iwaya, entre los japoneses; Secker, entre los chinos, y Negelein, entre los indios.

las tentativas de hallar una explicación psicológica válida para todo el considerable material reunido no han permitido establecer a una conclusión definitiva.

La dificultad de escribir una historia de nuestro conocimiento científico de los problemas oníricos estriba en que, por valioso que el mismo haya llegado a ser con respecto a algunos extremos, no ha realizado progreso alguno en determinadas direcciones. Por otro lado, tampoco se ha conseguido establecer una firme base de resultados indiscutibles sobre la que otros investigadores pudieran seguir construyendo, sino que cada autor ha comenzado de nuevo y desde el origen el estudio de los mismos problemas. De este modo, si quisiera atenerme al orden cronológico de los autores y exponer sintéticamente las opiniones de cada uno de ellos, tendría que renunciar a ofrecer al lector un claro cuadro de conjunto del estado actual del conocimiento de los sueños, y, por tanto, he preferido adaptar mi exposición a los temas y no a los autores, indicando en el estudio de cada uno de los problemas oníricos el material que para la solución del mismo podemos hallar en obras anteriores. Sin embargo, y dado que no me ha sido posible dominar toda la literatura existente sobre esta materia —literatura en extremo dispersa, y que se extiende muchas veces a objetos muy distintos—, he de rogar al lector se dé por satisfecho, con la seguridad de que ningún hecho fundamental ni ningún punto de vista importante dejarán de ser consignados en mi exposición.

Hasta hace poco se han visto impulsados casi todos los autores a tratar conjuntamente el estado de reposo y de los sueños, así como a agregar al estudio de estos últimos el de estados y fenómenos análogos, pertenecientes ya a los dominios de la Psicopatología (alucinaciones, visiones, etc.). "En cambio, en los trabajos más modernos aparece una tendencia a seleccionar un tema restringido, y no tomar como objeto sino uno solo de los muchos problemas de la vida onírica, transformación en la que quisiéramos ver una expresión del convencimiento de que en problemas tan oscuros sólo por medio de una serie de investigaciones de detalle puede llegarse a un esclarecimiento y a un acuerdo definitivos. Una de dichas investigaciones parciales y de naturaleza especialmente psicológica es lo que aquí me propongo ofreceros. No habiendo tenido gran ocasión de ocuparme del problema del estado de reposo —problema esencialmente fisiológico, aunque en la característica de dicho estado tenga que hallarse contenida la transformación de las condiciones de funcionamiento del aparato anímico—, quedará desde luego descartada de mi exposición la literatura existente sobre tal problema.

El interés científico por los problemas oníricos en sí conduce a las interrogaciones que siguen, interdependientes en parte:

a) Relación del sueño con la vida despierta

El ingenuo juicio del individuo despierto acepta que el sueño, aunque ya no de origen extraterreno, si ha raptado al durmiente a otro mundo distinto. El viejo fisiólogo Burdach, al que debemos una concienzuda y sutil descripción de los problemas oníricos, ha expresado esta convicción en una frase, muy citada y conocida: "...nunca se repite la vida diurna, con sus trabajos y placeres, sus alegrías y dolores; por lo contrario, tiende el sueño a libertarnos de ella. Aun en aquellos momentos en que toda nuestra alma se halla saturada por un objeto, en que un profundo dolor desgarra nuestra vida interior, o una labor acapara todas nuestras fuerzas espirituales, nos da el sueño algo totalmente ajeno a nuestra situación; no toma para sus combinaciones sino significantes fragmentos de la realidad, o se limita a adquirir el tono de nuestro estado de ánimo y simboliza las circunstancias reales." J. H. Fichte (1-541) habla en el mismo sentido de *sueños de complementos (Ergaenzugtraüme)* y los considera como uno de los secretos beneficiosos de la Naturaleza, autocurativa del espíritu. Análogamente se expresa también L. Strümpell en su estudio sobre la naturaleza y génesis de los sueños (p. 16), obra que goza justamente de un general renombre: "El sujeto que sueña vuelve la espalda al mundo de la conciencia despierta…" Página 17: "En el sueño perdemos por completo la memoria con respecto al ordenado contenido de la conciencia despierta y de su funcionamiento normal…" Página 19: "La separación, casi desprovista de recuerdo, que en los sueños se establece entre el alma, y el contenido y el curso regular de la vida despierta…"

La inmensa mayoría de los autores concibe, sin embargo, la relación de sueños con la vida despierta en una forma totalmente opuesta. Así Haffner: "Al principio continúa el sueño de la vida despierta. Nuestros sueños se agregan siempre a las representaciones que poco antes han residido en la conciencia, y una cuidadosa observación encontrará casi siempre el hilo que los enlaza a los sucesos del día anterior." Weygandt contradice directamente la afirmación de Burdach antes citada, pues observa que la "mayoría de los sueños nos conducen de nuevo a la vida ordinaria en vez de liberarnos de ella". Maury dice en una sintética fórmula: *Nous rêvons de ce que nous a avons vu dit, désiré ou fait,* y Jessen, en su *Psicología* (1855, p. 530), manifiesta, algo más ampliamente: "En mayor o menor grado, el contenido de los sueños queda siempre determinado por la personalidad individual, por la edad, el sexo, la posición, el grado de cultura y el género de vida habitual del sujeto, y por los sucesos y enseñanzas de su pasado individual".

El filósofo J. G. E. Maas (*Sobre las pasiones,* 1805) es quien adopta con respecto a esta cuestión una actitud más inequívoca: "La experiencia confirma nuestra afirmación de que el contenido más frecuente de nuestros sueños se halla constituido por aquellos objetos sobre los que recaen nuestras más ardientes pasiones. Esto nos demuestra que nuestras pasiones tienen que poseer una influencia sobre la génesis de nuestros sueños. El ambicioso sueña con los laureles alcanzados (quizá tan solo en su imaginación) o por alcanzar, y el enamorado, con el objeto de sus tiernas esperanzas… Todas las ansias o repulsas sexuales que dormitan en nuestro corazón pueden motivar, cuando son estimuladas por una razón cualquiera, la génesis de un sueño compuesto por las representaciones a ellas asociadas, o la intercalación de dichas representaciones en un sueño ya formado…" (Comunicado por Winterstein en la *Zbl. Für Psychoanalyse*.)

Idénticamente opinaban los antiguos sobre la relación de dependencia existente entre el contenido del sueño y la vida. Radestock nos cita el siguiente hecho: "Cuando Jerjes, antes de su campaña contra Grecia, se veía disuadido de sus propósitos bélicos por sus consejeros, y, en cambio, impulsado a realizar por continuos sueños alentadores, Artabanos, el racional onirocrítico persa, le advirtió acertadamente que las visiones de los sueños contenían casi siempre lo que el sujeto pensaba en la vida despierta".

En el poema didáctico de Lucrecio titulado *De rerum natura* hallamos los siguientes versos (IV, v. 959):

> *El quo quisque fere studio devinctus adheret,*
> *aut quibus in rebús multum summus ante moratti*
> *atque in ea rationefut contenta megis mens,*
> *in somnis eaden plerumque videmur obire:*
> *causidice causas agree el componere leges,*
> *induperatores pugnare ac proelia obire, etc.* *

Y Cicerón (*De divinatione*, II, anticipándose en muchos siglos a Maury, escribe: *Maximeque reliquiae earum rerum moventur in animis et agitantur, de quibus vigilantes aut cogitavimus aut egimus***.

---

* "…y cualquiera que sea el propósito al que uno se aferre con devoción, cualquiera el asunto que nos ha tenido ocupado en exceso en el pasado, más diligente se hace la mente sobre el propósito, generalmente son las mismas cosas que parecemos encontrar en los sueños: abogados que alegan sus pleitos y comparan leyes, generales que combaten y se trenzan en batalla…" (*Nota de J. N.*)

** "Así es como los restos de pensamientos y acciones se movilizan y se agitan dentro del alma." (*Nota de J. N.*)

La contradicción manifiesta en que se hallan estas dos opiniones sobre la relación de la vida onírica con la vida despierta parece realmente inconciliable. Será, oportuno recordar aquí las teorías de F. W. Hildebrandt (1875), según el cual las peculiaridades del sueño no pueden ser descritas sino por medio de "una serie de antítesis que llegan aparentemente hasta la contradicción". "La primera de estas antítesis queda constituida por la separación rigurosísima y la indiscutible íntima dependencia que simultáneamente observamos entre los sueños y la vida despierta. El sueño es algo totalmente ajeno a la realidad vivida en estado de vigilancia. Podríamos decir que constituye una existencia aparte, herméticamente encerrada en sí misma y separada de la vida real por un infranqueable abismo. Nos aparta de la realidad, extingue en nosotros el normal recuerdo de la misma, y nos sitúa en un mundo distinto y una historia vital por completo diferente exenta en el fondo de todo punto de contacto con la real…" A continuación expone Hildebrandt cómo al dormirnos desaparece todo nuestro ser con todas sus formas de existencia. Entonces hacemos, por ejemplo en sueños, un viaje a Santa Elena para ofrecer al cautivo emperador Napoleón una excelente marca de vinos del Mosela. Somos recibidos amabilísimamente por el desterrado, y casi sentimos que el despertar venga a interrumpir aquellas interesantes ilusiones. Una vez despiertos comparamos la situación onírica con la realidad. No hemos sido nunca comerciantes en vinos, ni siquiera hemos pensado en dedicarnos a esa actividad. Tampoco hemos realizado jamás una travesía, y si hubiéramos de emprenderla no elegiríamos seguramente Santa Elena como fin de la misma. Napoleón no nos inspira simpatía alguna, sino, al contrario, una patriótica aversión. Por último, cuando Bonaparte murió en el destierro no habíamos nacido aún, y, por tanto, no existe posibilidad alguna de suponer una relación personal. De este modo nuestras aventuras oníricas se nos muestran como algo ajeno a nosotros intercalando entre dos fragmentos homogéneos y subsiguientes de nuestra vida.

"Y, sin embargo —prosigue Hildebrandt—, lo aparentemente contrario es igualmente cierto y verdadero. Quiero decir que simultáneamente a esta separación existe una íntima relación. Podemos incluso afirmar que, por extraño que sea lo que el sueño nos ofrezca, ha tomado él mismo sus materiales de la realidad y de la vida espiritual que en torno a esta realidad se desarrolla… Por singulares que sean sus formaciones no puede hacerse independiente del mundo real, y todas sus creaciones, tanto las más sublimes como las más ridículas, tienen siempre que tomar su tema fundamental de aquello que en el mundo sensorial ha aparecido ante nuestros ojos o ha encontrado en una forma cualquiera un lugar de nuestro pensamiento despierto; esto es, de aquello que ya hemos vivido antes exterior o interiormente."

b) El material onírico. La memoria en el sueño

Que todo el material que compone el contenido del sueño procede, en igual forma, de lo vivido y es, por tanto, reproducido —*recordado*— en el sueño, es cosa generalmente reconocida y aceptada. Sin embargo, sería un error suponer que basta una mera comparación del sueño con la vida despierta para evidenciar la relación existente entre ambos. Por lo contrario, sólo después de una penosa y atenta labor logramos descubrirla, y en toda una serie de casos consigue permanecer oculta durante mucho tiempo. Motivo de ello es un gran número de peculiaridades que la capacidad de recordar muestra en el sueño, y que, aunque generalmente observadas, han escapado hasta ahora a todo esclarecimiento. Creo interesante estudiar detenidamente tales caracteres.

Observamos, ante todo, que en el contenido del sueño aparece un material que después, en la vida despierta, no reconoce como perteneciente a nuestros conocimientos o a nuestra experiencia. Recordamos, desde luego, que hemos soñado aquello, pero no recordamos haberlo vivido jamás. Así, no nos explicamos de qué fuente ha tomado el sueño sus componentes y nos inclinamos a atribuirle una independiente capacidad productiva, hasta que con frecuencia, al cabo de largo tiempo, vuelve un nuevo suceso a atraer a la conciencia el perdido recuerdo de un suceso anterior, y nos descubre con ello la fuente del sueño. Entonces tenemos que confesarnos que hemos sabido y recordado en él algo que durante la vida despierta había sido robado a nuestra facultad de recordar[5].

Delboeuf relata un interesantísimo ejemplo de este género, constituido por uno de sus propios sueños. En él vio el patio de su casa cubierto de nieve, y bajo ésta halló enterradas y medio heladas dos lagartijas. Queriendo salvarles la vida, las recogió, las calentó y las cobijó después en una rendija de la pared, donde tenían su madriguera, introduciendo además en esta última algunas hojas de cierto helecho que crecía sobre el muro y que él sabía ser muy gustado por los lacértidos. En su sueño conocía incluso al nombre de dicha planta: *asplenium ruta muralis.* Llegado a este punto, tomó el sueño un camino diferente, pero después de una corta digresión tornó a las lagartijas y mostró a Delboeuf dos nuevos animalitos de este género que habían acudido a los restos del helecho por él cortado. Luego, mirando en torno suyo, descubrió otro par de lagartijas que se encaminaban hacia la hendidura de la pared, y, por último, quedó cubierta la calle entera por una procesión de lagartijas, que avanzaban todas en la misma dirección.

El pensamiento despierto de Delboeuf no conocía sino muy pocos nombres latinos de plantas y entre ellos se hallaba el de *asplenium.* Mas, con gran asombro, comprobó que existía un helecho así llamado —*el asplenium ruta muraria*— nombre que el sueño había deformado algo. No siendo posible pensar en la coincidencia casual,

---

[5] También Vaschide afirma haberse observado con gran frecuencia que en nuestros sueños hablamos los idiomas extranjeros con mayor soltura y corrección que en la vida despierta.

resultaba para Delboeuf un misterio el origen del conocimiento que el nombre *asplenium* había poseído en su sueño.

Sucedía esto en 1862. Dieciséis años después, halló Delboeuf, en casa de un amigo suyo, un pequeño álbum con flores secas, semejantes a aquellos que en algunas regiones de Suiza se venden como recuerdo a los extranjeros. Al verlo sintió surgir en su memoria un lejano recuerdo; abrió el herbario y halló en él el *asplenium* de su sueño, reconociendo, además, su propia letra, manuscrita en el nombre latino escrito al pie de la página. En efecto, una hermana del amigo en cuya casa se hallaba había visitado a Delboeuf en el curso de su viaje de bodas, dos años antes del sueño de las lagartijas, es decir, en 1860, y le había mostrado aquel álbum, que pensaba regalar, como recuerdo, a su hermano. Amablemente, se prestó entonces Delboeuf a consignar en el herbario el nombre correspondiente a cada planta, pequeño trabajo que llevó a cabo bajo la dirección de un botánico que le fue dictando dichos nombres.

Otra de las felices casualidades que tanto interés dan a este ejemplo permitió a Delboeuf referir un nuevo fragmento de su sueño a su correspondiente origen olvidado. En 1877 cayó un día en sus manos una antigua colección de una revista ilustrada, y al hojearla tropezó con un dibujo que representaba aquella procesión de lagartijas que había visto en su sueño del año 1862. El número de la revista era de 1861, y Delboeuf pudo recordar que en esta fecha se hallaba suscrito a ella.

Esta libre disposición del sueño sobre recuerdos inaccesibles a la vida despierta constituye un hecho tan singular y de tan gran importancia teórica, que quiero atraer aún más sobre él la atención de mis lectores, por la comunicación de otros sueños "hipermnésticos". Maury relata que durante algún tiempo se le venía a las mientes varias veces al día la palabra *Mussidan*, de la que no sabía sino que era el nombre de una ciudad francesa. Pero una noche soñó hallarse dialogando con cierta persona que le dijo acababa de llegar de Mussidan, y habiéndole preguntado dónde se hallaba tal ciudad, recibió la respuesta de que Mussidan era una capital de distrito del departamento de la Dordoña. Al despertar no dio Maury crédito alguno a la información recibida obtenida en un sueño, pero el *Diccionario geográfico* le demostró la total exactitud de la misma. En este caso se comprobó el mayor conocimiento del sueño, pero no fue encontrada la olvidada fuente de dicho conocimiento.

Jessen relata un análogo suceso onírico de la época más antigua: "A estos sueños pertenece, entre otros, el de Escalígero el Viejo (Hennings 1, c., p. 300), al que, cuando se hallaba terminando un poema dedicado a los hombres célebres de Verona, se le apareció en sueños un individuo que dijo llamarse Brugnolo y se lamentó de haber sido olvidado en la composición. Aunque Escalígero no recordaba haber oído jamás hablar de él, incluyó unos versos en su honor, y tiempo después averiguó en Verona, por un hijo suyo, que el tal Brugnolo había gozado largos años atrás en dicha ciudad un cierto renombre como crítico".

Un sueño hipermnéstico, que se distingue por la peculiaridad de que otro sueño posterior trajo consigo la admisión del recuerdo no reconocido al principio nos es relatado por el marqués D'Hervey de St. Denis (según Vaschide, p. 232): "Soñé una vez con una joven de cabellos dorados a la que veía conversando con mi hermana mientras le enseñaba un bordado. En el sueño me parecía conocerla y creía incluso haberla visto repetidas veces. Al despertar siguió apareciéndoseme con toda precisión aquel bello rostro, pero me fue imposible reconocerlo. Luego al volver a conciliar el reposo, se repitió la misma imagen onírica. En este nuevo sueño hablé ya con la rubia señora y le pregunté si había tenido el placer de verla anteriormente en algún lado. "Ciertamente —me respondió—; acuérdese de la playa de 'Pornic'. Inmediatamente desperté y recordé con toda claridad las circunstancias reales relacionadas con aquella amable imagen onírica."

El mismo autor (según Vaschide, p. 233) nos relata lo siguiente:

"Un músico conocido suyo oyó una vez en sueños una melodía que le pareció completamente nueva. Varios años después la encontró en una vieja colección de piezas musicales, pero no pudo recordar haber tenido nunca dicha colección entre sus manos."

En revista que, desgraciadamente, no me es accesible *(Proceedings of the Society for psychical research)* ha publicado Myers una amplia serie de dichos sueños hipermnésticos. A mi juicio, todo aquel que haya dedicado alguna atención a estas materias tiene que reconocer como un fenómeno muy corriente éste de que el sueño testimonie poseer conocimientos y recuerdos de los que el sujeto no tiene la menor sospecha en su vida despierta. En los trabajos psicoanalíticos realizados con sujetos nerviosos, trabajos de los que más adelante daré cuenta, se me presenta varias veces por semana, ocasión de demostrar a los pacientes, apoyándome en sus sueños, que conocen citas, palabras obscenas, etc., y que se sirven de ellas en su vida onírica, aunque luego, en estado de vigilia, las hayan olvidado. A continuación citaré un inocente caso de hipermnesia onírica, en el que fue posible hallar con gran facilidad la fuente de que procedía el conocimiento accesible únicamente al sueño.

Un paciente soñó, entre otras muchas cosas, que penetraba en un café y pedía un *kontuszowka*. Al relatarme su sueño me preguntó qué podía ser aquello respondiéndole yo que *kontuszowka* era el nombre de un aguardiente polaco y que era imposible lo hubiese inventado en su sueño, pues yo lo conocía por haberlo leído en los carteles en que profusamente era anunciado. El paciente no quiso, en un principio, dar crédito a mi explicación, pero algunos días más tarde, después de haber comprobado realmente en un café la existencia del licor de su sueño, vio el nombre soñado en un anuncio fijado en una calle por la que hacía varios meses había tenido que pasar por lo menos dos veces al día.

En mis propios sueños he podido comprobar lo mucho que el descubrimiento de la procedencia de elementos oníricos aislados depende de la casualidad. Así, mucho antes de pensar en escribir la presente obra, me persiguió durante varios años la imagen de una torre de iglesia, de muy sencilla arquitectura, que no podía recordar haber visto nunca y que después reconocí bruscamente en una pequeña localidad situada entre Salzburgo y Reichenhall. Sucedió esto entre 1895 y 1900, y mi primer viaje por aquella línea databa de 1886. Años más tarde, hallándome ya consagrado intensamente al estudio de los sueños, llegó a hacérseme molesta la constante aparición de la imagen onírica de un singular local. En una precisa relación de lugar con mi propia persona, a mi izquierda, veía una habitación oscura en la que resaltaban varias esculturas grotescas. Un vago y lejanísimo recuerdo al que no me decidía a dar crédito, me decía que tal habitación constituía el acceso a una cervecería, pero no me era posible esclarecer lo que aquella imagen onírica significaba ni tampoco de dónde procedía. En 1907 hice un viaje a Padua, ciudad que contra mi deseo no me había sido posible volver a visitar desde 1895. En mi primera visita había quedado insatisfecho, pues cuando me dirigía a la iglesia de la Madonna dell'Arena con objeto de admirar los frescos de Giotto que en ella se conservan, hube de volver sobre mis pasos al enterarme de que por aquellos días se hallaba cerrada. Doce años después, llegado de nuevo a Padua, pensé, ante todo, desquitarme de aquella contrariedad y emprendí el camino que conduce a dicha iglesia. Próximo ya a ella, a mi izquierda, y probablemente en el punto mismo en que la vez pasada hube de dar la vuelta, descubrí el local que tantas veces se me había aparecido en sueños, con sus grotescas esculturas. Era realmente la entrada al jardín de un restaurante.

Una de las fuentes de las que el sueño extrae el material que reproduce, y en parte aquel que en la actividad despierta del pensamiento no es recordado ni utilizado, es *la vida infantil*. Citaré tan solo algunos de los aturores que han observado y acentuado esta circunstancia.

Hildebrandt: "Ya ha sido manifestado expresamente que el sueño vuelve a presentar ante el alma, con toda fidelidad y asombroso poder de reproducción, procesos lejanos y hasta olvidados por el sueño, pertenecientes a las más tempranas épocas de su vida".

Strümpell: "La cuestión se hace aún más interesante cuando observamos cómo el sueño extrae de la profundidad a que las sucesivas capas de acontecimientos posteriores han ido enterrando los recuerdos de juventud intactas y con toda su frescura original, las imágenes de localidades, cosas y personas. Y con esto no se limita a aquellas impresiones que adquirieron en su nacimiento una viva conciencia o se han enlazado con intensos acontecimientos psíquicos y retornan luego en el sueño como verdaderos recuerdos en los que la conciencia despierta se complace. Por el contrario, las profundidades de la memoria onírica encierran en sí preferentemente aquellas imágenes de personas, objetos y localidades de las épocas más tempranas, que no llegaron a adquirir sino una escasa conciencia o ningún valor psíquico, o perdieron ambas cosas hace ya largo tiempo, y se nos muestran, por tanto, así en el sueño como al despertar, totalmente ajenas a nosotros, hasta que descubrimos su primitivo origen".

Volket: "Muy notable es la predilección con que los sueños acogen los recuerdos de infancia y juventud, presentándonos así, incansablemente, cosas en las que ya no pensamos y ha largo tiempo que han perdido para nosotros toda su importancia".

El dominio del sueño sobre el material infantil, que, como sabemos, cae en su mayor parte en las lagunas de la capacidad consciente de recordar, da ocasión al nacimiento de interesantes sueños hipermnésticos, de los que quiero citar nuevamente algunos ejemplos:

Maury relata que, siendo niño, fue repetidas veces desde Meaux, su ciudad natal, a la próxima de Trilport, en la que su padre dirigía la construcción de un puente. Muchos años después se ve en sus sueños jugando en las calles de Trilport. Un hombre, vestido con una especie de uniforme, se le acerca, y Maury le pregunta cómo se llama. El desconocido contesta que es C…, el guarda del puente. Al despertar, dudando de la realidad de su recuerdo, interroga Maury a una antigua criada de su casa sobre si conoció a alguna persona del indicado nombre. "Ya lo creo, —responde la criada—; así se llamaba el guarda del puente que el padre de usted construyó en Trilport."

Un ejemplo igualmente comprobado de la precisión de los recuerdos infantiles que aparecen en el sueño nos es relatado también por Maury, el que fue comunicado por un señor F., cuya infancia había transcurrido en Montbrison. Veinticinco años después de haber abandonado dicha localidad, decidió este individuo visitarla y saludar en ella a antiguos amigos de la familia, a los que no había vuelto a ver. En la noche anterior a su partida soñó que había llegado al fin de su viaje y encontraba en las inmediaciones de Montbrison a un desconocido que le decía ser el señor T., antiguo amigo de su padre. Nuestro sujeto sabía que de niño había conocido a una persona de dicho nombre, pero una vez despierto no le fue posible recordar su fisonomía. Algunos días después, llegado realmente a Montbrison, halló de nuevo el lugar en que la escena de su sueño se había desarrollado, y que le había parecido totalmente desconocido, y encontró a un individuo al que reconoció en el acto como el señor T. de su sueño. La persona real se hallaba únicamente más envejecida de lo que su imagen onírica la había mostrado.

Por mi parte, puedo relatar aquí un sueño propio, en el que la impresión que de recordar se trataba quedó sustituida por una relación. En este sueño vi una persona de la que durante el mismo sueño sabía que era el médico de mi lugar natal. Su rostro no se me aparecía claramente, sino mezclado con el de uno de mis profesores de segunda enseñanza, al que en la actualidad encuentro aún de cuando en cuando. Al despertar me fue imposible hallar la relación que podía enlazar a ambas personas. Habiendo preguntado a mi madre por aquel médico de mis años infantiles, averigüé que era tuerto, y tuerto también el profesor cuya persona se había superpuesto en mi sueño a la del médico. Treinta y ocho años hacía que no había vuelto a ver a este último, y, que yo sepa, no he pensado jamás en él en mi vida despierta, aunque una cicatriz que llevo en la barbilla hubiera podido recordarme su actuación facultativa.

La afirmación de algunos autores de que en la mayoría de los sueños pueden descubrirse elementos procedentes de los días inmediatamente anteriores, parece querer constituir un contrapeso a la excesiva importancia del papel que en la vida onírica desempeñan las impresiones infantiles. Robert (p. 46) llega incluso a observar que, en general, el sueño normal no se ocupa sino de las impresiones de los días inmediatos", y aunque comprobamos que la teoría de los sueños edificada por este autor exige imprescindiblemente una repulsa de las impresiones más antiguas y un paso al primer término de las más recientes, y yo mismo lo he comprobado en mis investigaciones. Un autor americano, Nelson, opina que en el sueño hallamos casi siempre utilizadas impresiones del día anterior a aquel en cuya noche tuvo lugar, o de tres días antes, como si las del día inmediato al sueño no se hallaran aún lo suficientemente debilitadas o lejanas.

Varios investigadores, que no querían poner en duda la íntima conexión del contenido onírico con la vida despierta, han opinado que aquellas impresiones que ocupa intensamente el pensamiento despierto, sólo pasan al sueño cuando han sido echadas a un lado por la actividad diurna. Así sucede que en la época inmediata al fallecimiento de una persona querida y mientras la tristeza embarga el ánimo de los supervivientes, no suelen éstos soñar con ella (Delage). Sin embargo, uno de los más recientes observadores, miss Hallam, ha reunido una serie de ejemplos contrarios, y representa en este punto los derechos de la individualidad psicológica.

La tercera peculiaridad, y la más singular y menos comprensible de la memoria en el sueño, se nos muestra en la selección del material reproducido, pues se considera digno de recuerdo no lo más importante, como sucede en la vida despierta, sino, por el contrario, también lo más indiferente y nimio. Dejo aquí la palabra a los autores que con mayor energía han expresado el asombro que este hecho les causaba.

Hildebrandt (p. 11): "Lo más singular es que el sueño no toma sus elementos de los grandes e importantes sucesos ni de los intereses más poderosos y estimulantes de día anterior, sino de los detalles secundarios o, por decirlo así, de los residuos sin valor del pretérito inmediato o lejano. La muerte de una persona querida, que nos ha sumido en el más profundo desconsuelo, y bajo cuya triste impresión conciliamos el reposo, se extingue en nuestra memoria durante tal estado, hasta el momento mismo de despertar vuelve a ella con dolorosa intensidad. En cambio, la verruga que ostentaba en la frente un desconocido con quien tropezamos, y en el que no hemos pensado ni un solo instante, desempeña un papel en nuestro sueño…"

Strümpell (p. 39): "casos en los que la disección de un sueño halla elementos del mismo que proceden, efectivamente, de los sucesos vividos durante el último o el penúltimo día, pero que poseían tan escasa importancia para el pensamiento despierto, que cayeron en seguida en el olvido. Estos sucesos suelen ser manifestaciones casualmente oídas o actos superficialmente observados de otras personas, percepciones rápidamente olvidadas de cosas o personas, pequeños trozos aislados de una lectura, etcétera".

Havelock Ellis (1899, p. 727): "The profound emotions of waking life, the questions and problems on which we spread our chief voluntary mental energy, are not those which usually present themselves at once to dreamconsciousness. It is so far as the immediate past is concerned, mostly the trifling, the incidental, the *forgotten* impressions of daily life wich reappear in our dreams. The psychic activities that are awake most intensely are those that sleep profoundly".

Binz (p. 45) toma estas peculiaridades de la memoria en el sueño como ocasión de mostrar insatisfacción ante las explicaciones del sueño, a la que él mismo se adhiere: "El sueño natural nos plantea análogos problemas. ¿Por qué no soñamos siempre con las impresiones mnémicas del día inmediatamente anterior, sino que sin ningún motivo visible nos sumimos en un lejanísimo pretérito, ya casi extinguido? ¿Por qué recibe tan frecuentemente la conciencia en el sueño la impresión de imágenes mnémicas *indiferentes,* mientras que las células cerebrales, allí donde las mismas llevan en sí las más excitables inscripciones de lo vivido, yacen casi siempre mudas e inmóviles, aunque poco tiempo antes las haya excitado en la vida despierta de una agudo estímulo?"

Comprendemos sin esfuerzo cómo la singular predilección de la memoria onírica por lo indiferente, y en consecuencia poco atendido de los sucesos diurnos, había de llevar casi siempre a la negación de la dependencia del sueño de la vida diurna, y después, a dificultar, por lo menos en cada caso, la demostración de la existencia de la misma. De este modo ha resultado posible que en la estadística de sus sueños (y de los de su colaborador), formada por miss Whiton Calkins, aparezca fijado en un 11 por 100 el número de sueños en los que no resultaba visible una relación con la vida diurna. Hildebrandt está seguramente en lo cierto cuando afirma que si dedicásemos a cada caso tiempo y atención suficientes, lograríamos siempre esclarecer el origen de todas las imágenes oníricas. Claro es que a continuación califica esta labor de "tarea penosa e ingrata, pues se trataría principalmente de rebuscar en los más recónditos ángulos de la memoria toda clase de cosas, desprovistas del más mínimo valor psíquico, y extraer nuevamente a la luz, sacándolas del profundo olvido en que cayeron, quizá inmediatamente después de su aparición, toda clase de momentos indiferentes de un lejano pretérito". Por mi parte, debo, sin embargo, lamentar que el sutil ingenio de este autor no se decidiese a seguir el camino que aquí se iniciaba ante él, pues le hubiera conducido en el acto al punto central de la explicación de los sueños.

La conducta de la memoria onírica es seguramente de altísima importancia para toda teoría general de la memoria. Nos enseña, en efecto, que "nada de aquello que hemos poseído una vez espiritualmente puede perderse por completo" (Scholz, p. 34). O como manifiesta Delboeuf, que "toute impression même la plus insignifiante, laisse une trace inaltérable, indéfiniment susceptible de reparaître au jour"; conclusión que nos imponen asimismo otros muchos fenómenos patológicos de la vida anímica. Esta extraordinaria capacidad de rendimiento de la memoria en el sueño es cosa que deberemos tener siempre presente para darnos perfecta cuenta de la contradicción en que incurren ciertas teorías, de las que más adelante trataremos, cuando intentan explicar el absurdo y la incoherencia de los sueños por el olvido parcial de lo que durante el día nos es conocido.

Podía quizá ocurrírsenos reducir el fenómeno onírico en general al de recordar, y ver en el sueño la manifestación de una actividad de reproducción no interrumpida durante la noche y que tuviese su fin en sí misma. A esta hipótesis se adaptarían comunicaciones como la de von Pilcz, de las cuales deduce este autor la existencia de estrechas relaciones entre el contenido del sueño y el momento en que se desarrolla. Así, en aquel periodo de la noche en que nuestro reposo es más profundo reproduciría el sueño las impresiones más lejanas o pretéritas, y en cambio, hacia la mañana, las más recientes. Pero esta hipótesis resulta inverosímil desde un principio, dada la forma en que el sueño actúa con el material que de recordar se trata. Strümpell llama justificadamente la atención sobre el hecho de que el sueño no nos muestra nunca la repetición de un suceso vivido. Toma como punto de partida un detalle de alguno de estos sucesos, pero representa luego una laguna, modifica la continuación o la sustituye por algo totalmente ajeno. De este modo resulta que nunca trae consigo sino fragmentos de reproducciones, hecho tan general y comprobado, que podemos utilizarlo como base de las que el sueño reproduce un suceso tan completamente como pudiera hacerlo nuestra memoria en la vida despierta. Delboeuf relata que uno de sus colegas de Universidad pasó en un sueño por la exacta repetición de un accidente, del que milagrosamente había salido ileso. Calkins cita dos sueños, cuyo contenido fue oportunidad más adelante de exponer un ejemplo de retorno onírico no modificado de un suceso de la infancia[6].

c) Estímulos y fuentes de los sueños

Aquello que estos conceptos significan podemos explicarlo por analogía con la idea popular de que "los sueños vienen del estómago". En efecto, detrás de dichos conceptos se esconde una teoría que considera a los sueños como consecuencia de una perturbación del reposo. No hubiéramos soñado si nuestro reposo no hubiese sido perturbado por una causa cualquiera, y el sueño es la reacción a dicha perturbación.

La discusión de las causas provocadoras de los sueños ocupa en la literatura onírica un lugar preferente, aunque claro es que este problema no ha podido surgir sino después de haber llegado el sueño a construirse en objeto de la investigación biológica. En efecto, los antiguos, que consideraban el sueño como un origen en la voluntad de los poderes divinos o demoniacos, y atribuían su contenido a la intención o el conocimiento de los mismos. En cambio, para la Ciencia se planteó en seguida la interrogación de si el estímulo provocador de los sueños era siempre el mismo o podía variar, y paralelamente la de si la explicación causal del fenómeno onírico

---

[6] Como resultado de investigaciones posteriores, añadiré aquí que no es cosa tan rara que el sueño reproduzca inocentes y poco importantes ocupaciones del día tales como hacer los baúles, preparar la comida, etc. Pero en dichos sueños no acentúa el sujeto el carácter de recuerdo sino el de realidad: "Todo eso lo estuve haciendo realmente durante el día". (*Nota de 1909.*)

corresponde a la Psicología o a la Fisiología. La mayor parte de los autores parece aceptar que las causas de perturbación del reposo, esto es, las fuentes de los sueños, pueden ser de muy distinta naturaleza, y que tanto las excitaciones físicas como los sentimientos anímicos son susceptibles de constituirse en estímulos oníricos. En la referencia dada a una y otras de estas fuentes y en la clasificación de las mismas por orden de su importancia como generatrices de sueño es en lo que ya difieren más las opiniones.

La totalidad de las fuentes oníricas puede dividirse en cuatro especies; división que ha servido también de base para clasificar los sueños:

1. Estímulo sensorial externo (objetivo).
2. Estímulo sensorial interno (subjetivo).
3. Estímulo somático interno (orgánico).
4. Fuentes de estímulo puramente psíquicas.

1. Los estímulos sensoriales externos

Strümpell el Joven, hijo del filósofo del mismo nombre y autor de una obra sobre los sueños, que nos ha servido muchas veces de guía en nuestra investigación de los problemas oníricos, refiere las observaciones realizadas en un enfermo, que padecía una anestesia general del tegumento externo y una parálisis de varios de los más importantes órganos sensoriales. Este individuo se quedaba profundamente dormido en cuanto se le aislaba por completo del mundo exterior, privándole de los escasos medios de comunicación que aún poseía con el mismo. A una situación semejante a la del sujeto de este experimento de Strümpell tendemos todos cuando deseamos conciliar el reposo. Cerramos las más importantes puertas sensoriales —los ojos— y procuramos resguardar los demás sentidos de todo nuevo estímulo o toda modificación de los que ya actúan sobre ellos.

En esta forma es como llegamos a conciliar el reposo, aunque nunca nos sea dado conseguir totalmente el propósito antes indicado, pues ni podemos mantener nuestros órganos sensoriales lejos de todo estímulo ni tampoco suprimir en absoluto su excitabilidad. El hecho de que cuando un estímulo alcanza una cierta intensidad logra siempre hacernos despertar demuestra "que también durante el reposo ha permanecido el alma en continua conexión con el mundo exterior". Así, los estímulos sensoriales que llegan a nosotros durante el reposo pueden muy bien constituirse en fuentes de sueños.

De esos estímulos existe toda una amplia serie; desde los inevitables, que el mismo estado de reposo trae consigo, o a los que tienen ocasionalmente que permitir el acceso, hasta el casual estímulo despertador, susceptible de poner fin al reposo o destinado a ello. Una intensa luz puede llegar a nuestros ojos; un ruido a nuestros oídos o un olor a nuestro olfato. Asimismo podemos llevar a cabo durante el reposo movimientos involuntarios que, dejando al descubierto una parte de nuestro cuerpo, la expongan a una sensación de enfriamiento, o adoptar posturas que generen sensaciones de presión o de contacto. Por último puede picarnos un insecto o surgir una circunstancia cualquiera que excite simultáneamente varios de nuestros sentidos. La atenta observación de los investigadores ha coleccionado toda una serie de sueños en los que el estímulo comprobado al despertar coincidía con un fragmento del contenido onírico hasta el punto de hacernos posible reconocer en dicho estímulo la fuente del sueño.

Tomándola de Jessen (p. 527), reproduciré aquí una colección de estos sueños imputables a estímulos sensoriales objetivos más o menos accidentales. Todo ruido vagamente advertido provoca imágenes oníricas correspondientes; el trueno nos sitúa en medio de una batalla, el canto de un gallo puede convertirse en un grito de angustia y el chirriar de una puerta hacernos soñar que han entrado ladrones en nuestra casa. Cuando nos destapamos soñamos quizá que andamos desnudos o hemos caído al agua. Cuando nos atravesamos en la cama y sobresalen nuestros pies de los bordes de la misma, soñamos a lo mejor que nos hallamos al borde de un temeroso precipicio o que caemos rodando desde una altura. Si en el transcurso de la noche llegamos a colocar casualmente nuestra cabeza debajo de la almohada, soñaremos que sobre nosotros pende una enorme roca, amenazando con aplastarnos. La acumulación del semen engendra sueños voluptuosos; y los dolores locales, la idea de sufrir malos tratamientos, ser objeto de ataques hostiles o de recibir heridas…

"Meier (Versuch einer Erklaerung des Nachtwandels, Halle, 1858, p. 33) soñó una vez ser atacado por varias personas que le tendían de espaldas, le introducían por el pie, por entre el dedo gordo y el siguiente, un palo y clavaban luego éste en el suelo. Al despertar sintió en efecto, que tenía una paja clavada entre dichos dedos. Este mismo sujeto soñó, según Hennigs, 1784 (p. 258), que le ahorcaban una noche en que la camisa de dormir le oprimía un poco el cuello. Hoffbauer soñó en su juventud que caía desde lo alto de un elevado muro, y al despertar observó que, por haberse roto la cama, había caído él realmente con el colchón al suelo… Gregory relata que una vez que al acostarse colocó a los pies una botella con agua caliente soñó que subía al Etna y se le hacía casi insoportable el calor que el suelo despedía. Otro individuo que se acostó teniendo una cataplasma aplicada a la cabeza soñó ser atacado por los indios y despojado del cuero cabelludo. Otro que se acostó teniendo puesta una camisa húmeda creyó ser arrastrado por la impetuosa corriente de un río. Un sujeto en el que durante la noche se inició un ataque de podagra soñó que la Inquisición le sometía al tormento del potro (Macnish)."

La hipótesis explicativa basada en la analogía entre el estímulo y el contenido del sujeto queda reforzada por la posibilidad de engendrar en el durmiente, sometiéndole a determinados estímulos sensoriales, sueños correspondientes a los mismos. Macnish y después Girón de Buzareingues han llevado a cabo experimentos de este género. Girón "dejó una vez destapadas sus rodillas y soñó que viajaba por la noche en una diligencia". Al relatar este sueño añade la observación de que todos aquellos que tienen la costumbre de viajar saben muy bien el frío que se siente en las rodillas cuando se va de noche en un carruaje. Otra vez se acostó dejando al descubierto la parte posterior de su cabeza y soñó que asistía a una ceremonia religiosa al aire libre. En el país en que vivía era, en efecto, costumbre conservar siempre el sombrero puesto, salvo en ocasiones como la de su sueño.

Maury comunica nuevas observaciones de sueños propios experimentalmente provocados. (Una serie de otros experimentos no tuvo resultado alguno.)

1. Le hacen cosquillas con una pluma en los labios y en la punta de la nariz. —Sueña que es sometido a una horrible tortura, consistente en colocarle una careta de pez y arrancársela luego violentamente con toda la piel del rostro.
2. Frotan unas tijeras contra unas tenazas de chimenea. —Oye sonar las campanas, luego tocar a rebato y se encuentra trasladado a los días revolucionarios de junio de 1848.
3. Le dan a oler agua de Colonia. —Se halla en El Cairo, en la tienda de Juan María Farina. Luego siguen locas aventuras que no puede reproducir.
4. Le pellizcan ligeramente en la nuca. —Sueña que los chaufferurs[7] han entrado en la casa y obligan a sus habitantes a revelarles dónde guardan el dinero, acercando sus pies a las brasas de la chimenea. Luego aparece la duquesa de Abrantes, cuyo secretario es él en su sueño.
5. Le vierten una gota de agua sobre la frente. —Está en Italia, suda copiosamente y bebe vino blanco de Orvieto.

---

[7] *Chauffeurs*, nombre dado en la Vendée a una cuadrilla de ladrones que aplicaban a sus víctimas la tortura descrita.

6. Se hace caer sobre él repetidas veces, a través de un papel rojo, la luz de una vela. —Sueña con el tiempo, con el calor y se encuentra de nuevo en medio de una tempestad de la que realmente fue testigo en una travesía.

D'Hervey, Weygandt y otros han realizado también experimentos de este género.

Muchos autores han observado "la singular facilidad con que el sueño logra entretejer en su contenido súbitas impresiones sensoriales, convirtiéndolas en el desenlace, ya paulatinamente preparado de dicho contenido" (Hildebrandt).

"En mis años de juventud —escribe este mismo autor— acostumbraba tener en mi alcoba un reloj despertador cuyo repique me avisase a la hora de levantarme. Pues bien: más de cien veces sucedió que el agudo sonido del timbre venía a adaptarse de tal manera al contenido de un sueño largo y coherente en apariencia, que la totalidad del mismo parecía no ser sino su necesario antecedente y hallar en él su apropiada e indispensable culminación lógica y su fin natural."

Con un distinto propósito citaré tres de estos sueños provocados por un estímulo que pone fin al reposo.

Volkelt (p. 68): "Un compositor soñó que se hallaba dando clase y que al acabar una explicación se dirigía a una alumno preguntándole: '¿Me has comprendido?' El alumno responde a voz en grito: '¡Oh, sí! ¡Orja!' Incomodado por aquella manera de gritar, le manda que baje la voz. Pero la clase entera grita ya a coro: '¡Orja! Después '¡Eurjo! Y, por último '¡Feruerjo! (¡Fuego!)' En este momento despierta por fin el sujeto, oyendo realmente en la calle el grito de '¡Fuego!'"

Garnier (*Traitè des facultès de l'âme*, 1865) relata que cuando se intentó asesinar a Napoleón, haciendo estallar una máquina infernal al paso de su carruaje, iba el emperador durmiendo y la explosión interrumpió un sueño en el que revivía el paso del Tagliamento y oía el fragor del cañoneo austriaco. Al despertar sobresaltado, lo hizo con la exclamación: "¡Estamos exterminados!"

Uno de los sueños de Maury ha llegado a hacerse célebre (p. 161). Hallándose enfermo en cama soñó con la época del terror durante la Revolución francesa, asistió a escenas terribles y se vio conducido ante el tribunal revolucionario, del que formaban parte Robespierre, Marat, Fourquier-Tinville y demás tristes héroes de aquel sangriento periodo. Después de un largo interrogatorio y de una serie de incidentes que no se fijaron en su memoria, fue condenado a muerte y conducido al cadalso en medio de una inmensa multitud. Sube al tablado, el verdugo le ata a la plancha de la guillotina, bascula ésta, cae la cuchilla y Maury siente cómo su cabeza queda separada del tronco. En este momento despierta presa de horrible angustia y encuentra que una de las varillas de las cortinas de la cama ha caído sobre su garganta análogamente a la cuchilla ejecutora.

Este sueño provocó una interesante discusión que en la *Revue Philosophique* sostuvieron Le Lorrain y Egger sobre cómo y en qué forma era posible al durmiente acumular en el corto espacio de tiempo transcurrido entre la percepción del estímulo despertador y el despertar una cantidad aparentemente tan considerable de contenido onírico.

En los ejemplos de este género se nos muestran los estímulos sensoriales objetivos advertidos durante el reposo como las más comprensible y evidente de las fuentes oníricas, circunstancia a la que se debe que sea ésta la única que ha pasado al conocimiento vulgar. En efecto, si a un hombre culto, pero desconocedor de la literatura científica sobre estas materias, le preguntamos cómo nacen los sueños, nos contestará seguramente citando alguno de aquellos casos en los que el sueño queda explicado por un estímulo sensorial objetivo comprobado al despertar. Pero la observación científica no puede detenerse aquí y halla motivo de nuevas interrogaciones en el hecho de que el estímulo que durante el reposo actúa sobre los sentidos no aparece en el sueño en su forma real, sino que es sustituido por una representación cualquiera distinta relacionada con él en alguna forma. Pero esta relación que une el estímulo y el resultado onírico es, según palabra de Maury, "une affinité quelconque, mais qui n'est pas unique et exclusive" (p. 72). Después de leer los tres sueños interruptores del reposo que a continuación tomamos de Hildebrandt, no podemos por menos de preguntarnos por qué el mismo estímulo provocó tres resultados oníricos tan distintos y por qué precisamente esos tres:

(P. 37): "En una mañana de primavera paseo a través de los verdes campos en dirección a un pueblo vecino, a cuyos habitantes veo dirigirse, vestidos de fiesta y formando numerosos grupos hacia la iglesia, con el libro de misa en la mano. Es, en efecto, domingo, y la primera misa debe comenzar dentro de pocos minutos. Decido asistir a ella; pero como hace mucho calor, entro, para reposar, en el cementerio que rodea la iglesia. Mientras me dedico a leer las diversas inscripciones funerarias oigo al campanero subir a la torre y veo en lo alto de la misma la campanita pueblerina que habrá de anunciar dentro de poco el comienzo del servicio divino: Durante algunos instantes la campana permanece inmóvil, pero luego comienza a agitarse y de repente sus sones llegan a hacerse tan agudos y claros que ponen fin a mi sueño. Al despertar oigo a mi lado el timbre del despertador."

Otra comunicación: "Es un claro día de invierno y las calles se hallan cubiertas por una espesa capa de nieve. Tengo que tomar parte en una excursión en trineo, pero me veo obligado a esperar largo tiempo antes que se me anuncie que el trineo ha llegado a mi puerta. Antes de subir a él hago mis preparativos, poniéndome el gabán de pieles e instalando en el fondo del coche un calentador. Por fin subo al trineo, pero el cochero no se decide a dar la señal de partida a los caballos. Sin embargo, éstos acaban por emprender la marcha, y los cascabeles de sus colleras, violentamente sacudidos, comienzan a sonar, pero con tal intensidad que el cascabeleo rompe inmediatamente la tela de araña de mi sueño. También esta vez se trataba simplemente del agudo timbre de mi despertador."

Tercer ejemplo: "Veo a mi criada avanzar por un pasillo hacia el comedor llevando en una pila varias docenas de platos. La columna de porcelana me parece a punto de perder el equilibrio. 'Ten cuidado —le advierto a la criada—, vas a tirar todos los platos'. La criada me responde, como de costumbre, que no me preocupe, pues ya sabe ella lo que se hace; pero su respuesta no me quita de seguirla con una mirada inquieta. En efecto, al llegar a la puerta del comedor tropieza, y la frágil vajilla cae, rompiéndose en mil pedazos sobre el suelo y produciendo un gran estrépito, que se sostiene hasta hacerme advertir que se trata de un ruido persistente, distinto del que la porcelana ocasiona al romperse y parecido más bien al de un timbre. Al despertar compruebo que es el repique del despertador."

El problema que plantea este error en que con respecto a la verdadera naturaleza del estímulo sensorial objetivo incurre el alma en el sueño ha sido resuelto por Strümpell —y casi idénticamente por Wundt— en el sentido de que el alma se encuentra con respecto a esos estímulos, surgidos durante el estado de reposo, en condiciones idénticas a las que presiden la formación de ilusiones. Para que una impresión sensorial quede *reconocida o exactamente interpretada* por nosotros, esto es, incluida en el grupo de recuerdos al que, según toda nuestra experiencia anterior, pertenece, es necesario que sea suficientemente fuerte, precisa y duradera y que, por nuestra parte, dispongamos de tiempo para realizar la necesaria reflexión. No cumpliéndose estas condiciones, nos resulta imposible llegar al conocimiento del objeto del que la impresión procede, y lo que sobre esta última construimos no pasa de ser una ilusión. Cuando alguien va de paseo por el campo y distingue imprecisamente un objeto lejano, puede suceder que al principio lo suponga un caballo. Visto luego el objeto desde más cerca, le parecerá ser una vaca echada sobre la tierra, y, por último, esta representación se convertirá en otra distinta y ya definitiva, consistente en la de un grupo de hombres sentados. De igual naturaleza indeterminada son las impresiones que el alma recibe durante el estado de reposo por la actuación de estímulos externos, y fundada en ellas, construirá ilusiones, valiéndose de la circunstancia de que cada impresión hace surgir en mayor o menor cantidad imágenes mnémicas, las cuales dan a la misma su valor psíquico. De cuál de los muchos círculos mnémicos posibles son extraídas las imágenes correspondientes y cuáles de las posibles relaciones asociativas entran aquí en juego, son cuestiones que permanecen aun después de Strümpell, indeterminables y como abandonadas al arbitrio de la vida anímica.

Nos hallamos aquí ante un dilema. Podemos admitir que no es factible perseguir más allá la normatividad de la formación onírica y renunciar por tanto a preguntar si la interpretación de la ilusión provocada por la impresión sensorial no se encuentra sometida a otras condiciones. Pero también podemos establecer la hipótesis de que la excitación sensorial objetiva surgida durante el reposo no desempeña, como fuente onírica, más que un modestísimo papel y que la selección de las imágenes mnémicas que se tata de despertar queda determinada por otros factores. En realidad, si examinamos los sueños experimentalmente generados de Maury, sueños que con esta intención he comunicado tan al detalle, nos inclinamos a concluir que el experimento realizado no nos descubre propiamente sino el origen de uno solo de los elementos oníricos, mientras que el contenido restante del sueño se nos muestra más bien demasiado independiente y demasiado determinado en sus detalles para poder ser esclarecido por la única explicación de su obligado ajuste al elemento experimentalmente introducido.

Por último, cuando averiguamos que la misma impresión objetiva encuentra a veces en el sueño una singularísima interpretación, ajena por completo a su naturaleza real, llegamos incluso a dudar de la teoría de la ilusión y del poder de las impresiones objetivas para conformar los sueños.

M. Simon refiere un sueño en el que vio varias personas gigantescas sentadas a comer en derredor de una mesa y oyó claramente el tremendo ruido que sus mandíbulas producían al masticar. Al despertar oyó las pisadas de un caballo que pasaba al galope ante su ventana. Si las pisadas de un caballo despertaron en este sueño representaciones que parecen pertenecer al círculo de recuerdos de los viajes de Gulliver —la estancia de éste entre los gigantes de Probdingnan—, y del virtuoso Houyhnhnms, si me arriesgo a interpretar sin la ayuda del soñador, ¿no habrá sido facilitada además la elección de este círculo de recuerdos, tan ajenos al estímulo, por otros motivos?[8]

2. Estímulos sensoriales internos (Subjetivos)

A despecho de todas las objeciones, nos vemos obligados a admitir como indiscutible la intervención durante el reposo, y a título de estímulos oníricos, de las excitaciones sensoriales objetivas. Mas cuando estos estímulos se nos muestran de naturaleza y frecuencia insuficientes para explicar todas las imágenes oníricas, nos inclinaremos a buscar fuentes distintas, aunque de análoga actuación. Ignoro qué autor inició la idea de agregar como fuentes de sueños, a los estímulos externos, las excitaciones internas (subjetivas); pero el hecho es que en todas las exposiciones modernas de la etiología de los sueños se sigue esta norma. "A mi juicio —dice Wundt (p. 363)—, desempeñan también un papel esencial en las ilusiones oníricas aquellas conocidas como caos luminoso del campo visual oscuro,

---

[8] La aparición de personas gigantes en un sueño indica que en el mismo se evoca una escena de la infancia del durmiente. *(Nota ae 1911.)*

Adición de 1925: "Incidentalmente, la interpretación consignada que apunta a una reminiscencia de *Los viajes de Gulliver*, es un buen ejemplo de lo que una interpretación no debe ser. El interpretador de un sueño no debe darle rienda suelta a su imaginación y olvidarse de las asociaciones del soñador". *(Nota de J. N.)*

zumbido de oídos, quedaría explicada la singular tendencia del sueño a presentarnos considerables cantidades de objetos análogos en idénticos —pájaros, mariposas, peces, cuentas de colores, flores, etc.—; en estos casos, el polvillo luminoso del campo visual oscuro toma una forma fantástica, y los puntos luminosos de que se compone quedan encarnados por el sueño en otras tantas imágenes independientes que a causa de la movilidad del caos luminoso son considerados como dotadas de movimiento. Aquí radica quizá también la gran preferencia del sueño por las más diversas figuras zoológicas, cuya riqueza de formas se adapta fácilmente a la especial de las imágenes luminosas y subjetivas."

Las excitaciones sensoriales subjetivas poseen, desde luego, en calidad de fuentes de las imágenes oníricas, la ventaja de no depender, como las objetivas, de causalidades exteriores. Se hallan, por decirlo así, a la disposición del esclarecimiento del sueño siempre que para ellos las necesitamos. Pero, en cambio, presentan, con respecto a las excitaciones sensoriales objetivas, el inconveniente de que su actuación como estímulos oníricos nos resulta susceptible —o sólo con grandes dificultades— de aquella comprobación que la observación y el experimento nos proporcionan en las primeras.

El poder provocador de sueños de las excitaciones sensoriales subjetivas nos es demostrado principalmente por las llamadas alucinaciones hipnagógicas, y consisten en imágenes, con frecuencia muy animadas y cambiantes, que muchos individuos suelen percibir en el periodo de duermevela anterior al dormir y pueden perdurar durante un corto tiempo después que el sujeto ha abierto los ojos. Maury, en quien eran frecuentísimas dichas alucinaciones, las estudió cuidadosamente, y afirma su conexión y hasta su identidad con las imágenes oníricas, teoría que sostiene también J. Müller.

Para su génesis —dice Maury— es necesaria cierta pasividad anímica, un relajamiento de la atención (pp. 59 y sigs.). Pero basta que caigamos por un segundo en un letargo tal para percibir, cualquiera que sea nuestra disposición de momento, una alucinación hipnagógica, después de la cual podemos despertar, volver a aletargarnos, percibir nuevas alucinaciones hipnagógicas, y así sucesivamente, hasta que acabamos por conciliar, ya profundamente, el reposo. Si en estas circunstancias despertamos de nuevo al cabo de un intervalo no muy largo, podremos comprobar, según Maury, que en nuestros sueños durante dicho intervalo han tomado parte aquellas mismas imágenes percibidas antes como alucinaciones hipnagógicas. Así sucedió una vez a Maury con una serie de figuras grotescas, de rostro desencajado y extraños peinados, que, después de importunarle antes de conciliar el reposo, se incluyeron en uno de sus sueños. Otra vez en que hallándose sometido a una rigurosa dieta, experimentaba una sensación de hambre, vio hipnagógicamente un plato y una mano, armada de tenedor, que tomaba comida con él. Luego, dormido, soñó hallarse ante una mesa ricamente servida y oyó el ruido que los invitados producían con los tenedores. En otra ocasión, padeciendo de una dolorosa irritación de la vista, tuvo antes de dormirse una alucinación hipnagógica, consistente en la visión de una serie de signos microscópicos que le era preciso ir descifrando uno tras otro con gran esfuerzo. Una hora después, al despertar, recordó un sueño en el que había tenido que leer trabajosamente un libro impreso en pequeñísimos caracteres.

Análogamente a estas imágenes pueden surgir hipnagógicamente alucinaciones objetivas de palabras, nombres, etc., que luego se repiten en el sueño subsiguiente, constituyendo así la alucinación una especie de abertura en la que se inician los temas principales que luego habrán de ser desarrollados.

Igual orientación que J. Müller y Maury sigue en la actualidad un moderno observador de las alucinaciones hipnagógicas, G. Trumbull Ladd. A fuerza de ejercitarse, llegó a poder interrumpir voluntariamente su reposo de dos a cinco minutos después de haberlo conciliado, y sin abrir los ojos hallaba ocasión de comparar las sensaciones de la retina, que en aquel momento desaparecían con las imágenes oníricas que perduraban en su recuerdo. De este modo asegura haber logrado comprobar, en todo caso, la existencia entre aquellas sensaciones y estas imágenes de una íntima relación, consistente en que los puntos y líneas luminosos de la luz propia de la retina constituían como el esquema o silueteado de las imágenes oníricas psíquicamente percibidas.

Así, un sueño en el que se vio leyendo y estudiando varias líneas de un texto impreso en claros caracteres correspondía a una ordenación en líneas paralelas de los puntos luminosos de la retina. O para decirlo con sus propias palabras: la página claramente impresa que leyó en su sueño se transformó luego en un objeto que su percepción despierta interpretó como un fragmento de una hoja realmente impresa que para verla más precisamente desde una larga distancia la contemplaba a través de un pequeño agujero practicado en una hoja de papel. Ladd opina —sin disminuir la importancia de la parte central del fenómeno— que apenas si se desarrolla en nosotros un solo sueño visual que no tenga su base en los estados internos de excitación de la retina. Esto sucede especialmente en aquellos sueños que surgen en nosotros al poco tiempo de conciliar el reposo en una habitación oscura, mientras que en los sueños matutinos queda constituida la fuente de estímulos por la luz que penetra ya en el cuarto y hasta los ojos del durmiente.

El carácter cambiante y capaz de infinitas variaciones de la excitación de la luz propia corresponde exactamente a la inquieta huida de imágenes que nuestros sueños nos presentan. Si admitimos la exactitud de estas observaciones de Ladd, no podemos por menos de considerar muy elevado el rendimiento onírico de esa fuente de estímulo subjetiva, pues las imágenes visuales constituyen el principal elemento de nuestros sueños. La aportación de los restantes dominios sensoriales, incluso el auditivo, es menor y más inconstante.

3. Estímulo somático interno (orgánico)

Al haber emprendido la labor de buscar las fuentes oníricas dentro del organismo y no fuera de él, habremos de recordar que casi todos nuestros órganos internos, que en estado de salud apenas nos dan noticia de su existencia, llegan a constituir para nosotros, durante los estados de excitación o las enfermedades, una fuente de sensaciones, dolorosas en su mayoría, equivalentes a los estímulos de las excitaciones dolorosas y sensitivas procedentes del exterior. Son muy antiguos conocimientos los que, por ejemplo, inspiran a Strümpell las manifestaciones siguientes (p. 107):

"El alma llega en el estado de reposo a una conciencia sensitiva mucho más amplia y profunda de su encarnación que en la vida despierta, y se ve obligada a recibir y a dejar actuar sobre ella determinadas impresiones excitantes, procedentes de partes y alteraciones de su cuerpo de las que nada sabía en la vida despierta."

Ya Aristóteles creía en la posibilidad de hallar en los sueños la indicación del comienzo de una enfermedad de la que en el estado de vigilia no experimentábamos aún el menor indicio (merced a la ampliación que el sueño deja experimentar a las impresiones), y autores médicos de cuyas opiniones se hallaba muy lejos el conceder a los sueños un valor profético, han aceptado esta significación de los mismos como anunciadores de la enfermedad (cf. M. Simon, p. 31, y otros muchos autores más antiguos)[9].

Tampoco en la época moderna faltan ejemplos comprobados de una función diagnóstica del sueño. Así refiere Tissié, tomándolo

---

[9]   Además de este valor diagnóstico de los sueños (por ejemplo, en Hipócrates), debemos recordar la importancia terapéutica que en la antigüedad se les concedía.
Entre los griegos había onirocríticos, a los que acudían principalmente enfermos en demanda de curación. El paciente penetraba en el templo de Apolo o Esculapio y era sometido a diversas ceremonias —baño, masaje, sahumerio, etc.—, que provocaban en él un estado de exaltación. Enseguida se le dejaba reposar dentro del templo, tendido sobre la piel de un carnero sacrificado. En esta situación soñaba con los remedios que habían de devolverle la salud, los cuales se le aparecían con toda claridad o bajo una forma simbólica, interpretada luego por los sacerdotes.
Sobre estos sueños terapéuticos entre los griegos, cf. *Lehmann*. I, 74, Bouché-Leclercq, Hermann, *Gottesd. Altert*, d. Gr., párr. 41; *Privatalert*, párr. 38, 16; Böttinger, *Beitr.*, z. *Geschichte d. Med.* (Sprengel), II, pp. 163 y ss.; W. Lloyd, *Magnetism and mesmerims in antiquit*, Londres, 1877; *Döllinger, Heidentum und Judentum,* p. 130.

de Artigues (*Essai sur la valeur seméiologique des rêves*), el caso de una mujer de cuarenta y tres años que durante un largo periodo, en el que aparentemente gozaba de buena salud, sufría de horribles pesadillas, y sometida a examen médico, reveló padecer una enfermedad del corazón, a la que poco después sucumbió.

En un gran número de sujetos actúan como estímulos oníricos determinadas perturbaciones importantes de los órganos internos. La frecuencia de los sueños de angustia en los enfermos de corazón y pulmón ha sido generalmente observada, y son tantos los autores que reconocen la existencia de esta relación, que creo poder limitarme a citar aquí los nombres de algunos de ellos (Radestock, Spitta, Maury, M. Simon, Tissié). Este último llega incluso a opinar que los órganos enfermos imprimen al contenido del sueño un sello característico. Los sueños de los cardiacos son, por lo general, muy cortos, terminan en un aterrorizado despertar y su nódulo central se halla casi siempre constituido por la muerte del sujeto en terribles circunstancias. Los enfermos de pulmón sueñan que se asfixian, huyen angustiados de un peligro o se encuentran en medio de una muchedumbre que los aplasta, y aparecen sujetos, en proporción considerable, al conocido sueño de opresión, el cual ha podido también ser provocado experimentalmente por Börner colocando al durmiente boca abajo o cubriéndole boca y nariz. Dado un trastorno cualquiera de la digestión, el sueño contendrá representaciones relacionadas con el sentido del gusto. Por último, la influencia de la excitación sexual sobre el contenido de los sueños es generalmente conocida y presta a la teoría de la génesis de los sueños por estímulos orgánicos su más sólido apoyo.

Asimismo es indiscutible que algunos de los investigadores (Maury, Weygandt) fueron inducidos al estudio de los problemas oníricos por la observación de la influencia que sus propios estados patológicos ejercían sobre el contenido de sus sueños.

De todos modos, el aumento de fuentes oníricas que de estos hechos comprobados resulta no es tan considerable como al principio pudiéramos creer. El sueño es un fenómeno al que están sujetos los hombres sanos —quizá sin excepción y quizá todas las noches—, y no cuenta entre sus necesarias condiciones la enfermedad de algún órgano. Además, lo que se trata de averiguar no es la procedencia de determinados sueños, sino la fuente de estímulos de los sueños corrientes de los hombres normales.

Sin embargo, a poco que avancemos por este camino, tropezamos con una fuente que fluye con más abundancia que las anteriores y promete no agotarse para ningún caso. Si se ha comprobado que el interior del cuerpo deviene, en estados patológicos, una fuente de estímulos oníricos, y si aceptamos que el alma, apartada del mundo exterior durante el reposo, puede consagrar al interior del cuerpo una mayor atención que en el estado de vigilia, fácil nos será admitir que los órganos no necesitan enfermar previamente para hacer llegar al alma dormida excitaciones que en una forma aún ignorada pasan a constituir imágenes oníricas. Aquello que en la vida despierta sólo por su calidad, percibimos oscuramente como sensación general vegetativa, y a la que, según la opinión de los médicos, colaboran todos los sistemas orgánicos, devendría por la noche, llegado a su máxima intensidad y actuando con todos sus componentes, la fuente más poderosa y al mismo tiempo más común de la evocación de imágenes oníricas. Admitido esto, sólo nos quedarían por investigar las reglas conforme a las cuales se transforman los estímulos orgánicos en representaciones oníricas.

Esta teoría de la génesis de los sueños ha sido siempre la preferida por los autores médicos. La oscuridad en la que para nuestro conocimiento se encuentra envuelto en nódulo de nuestro ser, el *moi splanchnique*, como lo denomina Tissié, y aquella en que queda sumida la génesis de los sueños, se corresponden demasiado bien para que se haya dejado de relacionarlas. La hipótesis que hace de la sensación orgánica vegetativa la instancia formadora de los sueños presenta, además, para los médicos, al atractivo de permitirles unir etiológicamente los sueños y las perturbaciones mentales, fenómenos entre los que pueden señalarse múltiples coincidencias, pues también se atribuye a alteraciones de dicha sensación y a estímulos emanados de los órganos internos una amplia importancia en la génesis de la psicosis. No es, de extrañar que la paternidad de la teoría de los estímulos somáticos pueda adjudicarse con igual justicia a varios autores.

Para muchos investigadores han servido de normas las ideas desarrolladas en 1851 por el filósofo Schopenhauer. Nuestra imagen del mundo nace de un proceso en el que nuestro intelecto vierte el metal de las impresiones que del exterior recibe en los moldes del tiempo, el espacio y la causalidad. Los estímulos procedentes del interior del organismo, del sistema nervioso simpático, exteriorizan a lo más, durante el día, una influencia inconsciente sobre nuestro estado de ánimo. En cambio, por la noche, cuando cesa el ensordecedor efecto de las impresiones diurnas, pueden conseguir atención aquellas impresiones que llegan del interior análogamente a como de noche oímos el fluir de una fuente, imperceptible entre los ruidos del día. A estos estímulos reaccionará el intelecto realizando su peculiar función; esto es, transformándolos en figuras situadas dentro del tiempo y el espacio y obedientes a las normas de la causalidad. Tal sería, la génesis del fenómeno onírico. Scherner y luego Volkelt han intentado después penetrar en la más íntima relación de los estímulos somáticos y las imágenes oníricas, relación cuyo estudio dejaremos para el capítulo que hemos de dedicar a las teorías de los sueños.

Condicionada "puede dividirse en dos series: 1a., las de los estados de ánimo (sensaciones generales); 2a., la de las sensaciones específicas inmanentes a los sistemas capitales del organismo vegetativo, sensaciones de las que hemos distinguido cinco grupos; *a*), las sensaciones musculares, *b*), las respiratorias; *c*), las gástricas: *d*), las sexuales; *e*), las periféricas" (p. 33 del segundo artículo).

Después de una consecuente investigación ha derivado el psiquiatra Krauss la génesis de los sueños, así como la de los delirios e ideas delirantes, de un mismo elemento: de la *sensación orgánicamente condicionada*. Según este autor apenas podemos pensar en una parte del organismo que no sea susceptible de constituir el punto de partida de una imagen onírica o delirante. La sensación orgánicamente condicionada "puede dividirse en dos series: 1a. las de los estados de ánimo (sensaciones generales); 2a. la de las sensaciones específicas inmanentes a los sistemas capitales del organismo vegetativo, sensaciones de las que hemos distinguido cinco grupos: a) las sensaciones musculares; b) las respiratorias; c) las gástricas; d)las sexuales; e) las periféricas" (p. 33 del segundo artículo). El proceso de la génesis de las imágenes oníricas sobre la base de los estímulos somáticos es explicado por Krauss en la forma siguiente: la sensación provocada despierta, conforme a una ley asociativa cualquiera, una representación afín a ella, con la que se enlaza para constituir un producto orgánico. Mas con respecto a este producto se conduce la conciencia de una manera distinta a la normal, pues no concede atención alguna a la sensación misma, sino que la dedica por entero a las representaciones concomitantes, circunstancia que, desorientando a los investigadores, les había impedido llegar al conocimiento del verdadero estado de cosas (pp. 11 y sigs.). Krauss designa este proceso con el nombre especial de *transustanciación* de las sensaciones en imágenes oníricas (p. 24).

La influencia de los estímulos somáticos orgánicos sobre la formación de los sueños es generalmente casi aceptada en la actualidad. En cambio, sobre la naturaleza de la relación existente entre ambos factores se han establecido hipótesis muy diversas y con frecuencia muy oscuras. De la teoría de los estímulos somáticos surge la especial labor de la interpretación onírica; esto es, la de reducir el contenido de un sueño a los estímulos orgánicos causales, y si no aceptamos las reglas de interpretación fijadas por Scherner, nos hallamos con frecuencia ante el hecho embarazoso de que fuera del contenido mismo del sueño no encontramos indicio alguno de una fuente orgánica de estímulos.

Lo que sí se ha observado es una cierta coincidencia en la interpretación de varios sueños a los que, por retornar con casi idéntico contenido en un gran número de personas, se ha calificado de "típicos". Son estos los tan conocidos sueños en que caemos desde una altura, se nos desprenden los dientes, volamos o nos sentimos avergonzados de ir desnudos o mal vestidos. Este último sueño procedería sencillamente de la percepción, hecha durante el reposo, de que hemos rechazado las sábanas y yacemos desnudos sobre el lecho. El sueño de perder los dientes es atribuido a una excitación bucal no necesariamente patológica; y aquel otro en que volamos constituye, según Strümpell —de acuerdo con este punto con Scherner—, la adecuada imagen elegida por el alma para interpretar el *quantum* de excitación emanado de los lóbulos pulmonares en el movimiento respiratorio cuando la sensibilidad epidérmica del tórax ha descendido simultáneamente hasta la inconciencia. Esta última circunstancia generaría la sensación enlazada a la representación del flotar. El sueño de caer desde una altura es ocasionado por el hecho de que, existiendo una inconciencia de la sensación de presión epidérmica, separamos un brazo del cuerpo o estiramos una pierna, movimiento con el que se hace de nuevo consciente dicha sensación, siendo este paso de la misma a la conciencia lo que toma cuerpo psíquicamente como sueño de caída (Strümpell, p. 118). La debilidad de estos plausibles intentos de explicación reside claramente en que, sin mayor fundamento, arrebatan a la percepción psíquica o acumulan a ella grupos enteros de sensaciones orgánicas, hasta lograr constituir la constelación favorable al esclarecimiento buscado. Más adelante tendremos ocasión de volver sobre los sueños típicos y su génesis.

M. Simon ha intentado derivar de la comparación de una serie de sueños análogos algunas reglas relativas al influjo de las

50

excitaciones orgánicas sobre la determinación de sus consecuencias oníricas. Así, dice (p. 34): "Cuando cualquier aparato orgánico, que normalmente toma parte en la expresión de un afecto, se encuentra durante el reposo y por una distinta causa cualquiera en aquel estado de excitación en el que es de costumbre colocado por dicho afecto, el sueño que en estas condiciones nace obtendrá representaciones adaptadas al efecto de referencia".

Otra de estas reglas dice así (p. 35): "Cuando un aparato orgánico se halla durante el reposo en estado de actividad, excitación o perturbación, el sueño contendrá representaciones relacionadas con el ejercicio de la función orgánica encomendada a dicho aparato".

Mourly Vold (1896) emprendió la labor de demostrar experimentalmente, en relación con un solo punto concreto, la influencia de que la teoría de los estímulos somáticos atribuye a estos sobre la producción de los sueños. Con este propósito realizó experimentos en los que, variando las posiciones de los miembros del durmiente, comparaba luego entre sí los sueños consecutivos. Como resultado de esta labor nos comunica las siguientes conclusiones:

1. La posición de un miembro en el sueño corresponde aproximadamente a la que el mismo presenta en la realidad. Soñamos, con un estado estático del miembro que corresponde al real.
2. Cuando soñamos con que el movimiento de un miembro es siempre igual a dicho movimiento, es que una de las posiciones por las que el miembro pasa al ejecutarlo corresponde a aquella en que realmente se halla.
3. En nuestros sueños podemos transferir a una tercera persona la posición de uno de nuestros miembros.
4. Podemos asimismo soñar que una circunstancia cualquiera nos impide realizar el movimiento de que se trata.
5. Uno de nuestros miembros puede tomar en el sueño la forma de un animal o un monstruo. En este caso existirá

siempre una analogía entre la forma y la posición verdaderas y las oníricas correspondientes.

6. La posición de uno de nuestros miembros puede sugerir en el sueño pensamientos que poseen con el mismo una relación cualquiera. Así, cuando se trata de los dedos, soñamos con números o cálculos.

De estos resultados yo deduciría que tampoco la teoría de los estímulos somáticos consigue suprimir por completo la contingencia de que nos parece gozar la determinación de las imágenes oníricas.

4. Fuentes psíquicas de estímulos

Al tratar de las relaciones del sueño con la vida despierta, y del origen del material onírico vimos que tanto los investigadores más antiguos como los más modernos han opinado que los hombres sueñan con aquello de que se ocupan durante el día y les interesa en su vida despierta. Este interés, que de la vida despierta pasa al estado de reposo, constituye, a más de un enlace psíquico entre el sueño y la vigilia, una fuente onírica nada despreciable, que unida a lo devenido interesante durante el reposo —los estímulos actuales durante el mismo—, habría de bastar para explicar el origen de todas las imágenes oníricas. Pero también hemos hallado una opinión contraria: la de que el sueño aparta al hombre de los intereses del día y que, por lo general, sólo soñamos con nuestras más intensas impresiones diurnas cuando las mismas han perdido ya para la vida despierta el atractivo de la actualidad. Resulta, que conforme vamos penetrando en el análisis de la vida onírica, se nos va imponiendo la idea de que sería equivocado establecer reglas de carácter general.

Si la etiología de los sueños quedase totalmente esclarecida por la actuación del interés despierto y la de los estímulos externos e internos sobrevenidos durante el reposo, nos hallaríamos en situación de dar cuenta satisfactoria de la procedencia de todos los elementos de un sueño, habríamos conseguido resolver el enigma de las fuentes oníricas y no nos quedaría ya más labor que la de delimitar en cada caso la participación de los estímulos oníricos psíquicos y somáticos. Mas esta total solución de un sueño no ha sido nunca conseguida, y todos aquellos que han intentado interpretar alguno han podido comprobar cómo en todo análisis les quedaban elementos del sueño —casi siempre en número considerable— sobre cuyo origen les era imposible dar ninguna indicación. Los intereses diurnos no presentan, como fuente onírica psíquica, todo el alcance que nos hacía esperar la afirmación de que cada uno de nosotros continúa en el sueño aquello que le ocupa en la vigilia.

Siendo éstas todas las fuentes oníricas conocidas, advertimos en todas las explicaciones de los sueños contenidas en la literatura científica —exceptuando quizá la de Scherner, que más adelante citaremos— se observa una extensa laguna en lo referente a la derivación del material de imágenes de representación más característico para el sueño. En esta perplejidad muestran casi todos los autores una tendencia a reducir cuánto les es posible la participación psíquica en la génesis de los sueños. Como clasificación principal distinguen ciertamente, entre sueños de *estímulo nervioso y sueños de asociación*, fijando la reproducción como fuente exclusiva de estos últimos (Wundt, p. 365), pero no logran liberarse de la duda "de si pueden o no surgir sin un estímulo físico impulsor" (Volkelt, p. 127). Tampoco resulta posible establecer una característica fija del sueño de asociación: "En los sueños de asociación propiamente dichos no puede ya hablarse de un nódulo firme, pues su centro se halla también constituido por una agrupación inconexa. La vida en representación liberada ya, fuera de esto, de toda razón e inteligencia, no es contenida aquí tampoco por aquellas excitaciones somáticas y psíquicas llenas de peso, y queda de este modo abandonada a su propia arbitraria actividad y a su caprichosa confusión" (Volkelt, p. 118). Wundt intenta después minorar la participación psíquica de la génesis de los sueños al manifestar "que los fantasmas oníricos son considerados, quizá erróneamente, como puras alucinaciones. Probablemente, la mayoría de las representaciones oníricas son, en realidad, ilusiones emanadas de las leves impresiones sensoriales que no se extinguen nunca durante el reposo" (pp. 359 y sigs.). Weydgandt hace suya esta opinión y la generaliza, afirmando, con respecto a todas las representaciones oníricas, que la causa inmediata de las mismas se halla constituida "por estímulos sensoriales a los que sólo después se enlazan asociaciones reproductoras" (p. 17). Tissié va aún más allá en la reducción de las fuentes psíquicas de estímulos (p. 183): *Les rêves d'origine absolument psychique n'existent pas.* Y en otro lugar (p. 6): *Les pensées de nos rêves nous viennent du dehors.*

Aquellos autores que, como Wundt adoptan una posición intermedia no olvidan advertir que en la mayoría de los sueños actúan conjuntamente estímulos somáticos y estímulos psíquicos desconocidos o conocidos como intereses diurnos.

Más adelante veremos cómo el enigma de la formación de los sueños puede ser resuelto por el descubrimiento de una insospechada fuente psíquica de estímulos. Mas por lo pronto no hemos de extrañar el exagerado valor que para la formación de los sueños se concede a los estímulos no procedentes de la vida anímica, aparte de que son los más fáciles de descubrir y pueden ser experimentalmente comprobados, la concepción somática de la interpretación de los sueños corresponde en un todo a la orientación intelectual dominante hoy en la psiquiatría. En esta ciencia constituye regla general acentuar intensamente el dominio del cerebro sobre el organismo, pero todo lo que pudiera suponer una independencia de la vida anímica de las alteraciones orgánicas comprobables o una espontaneidad en sus manifestaciones asusta hoy al psiquiatra, como si su reconocimiento hubiera de traer consigo nuevamente los tiempos del naturalismo y de la esencia metafísica del alma. La desconfianza del psiquiatra ha colocado al alma como bajo tutela y exige que ninguno de sus sentimientos revele la posesión de un patrimonio propio. Pero esta conducta no demuestra sino una escasa confianza en la solidez de la concatenación causal que se extiende entre lo somático y lo psíquico. Incluso donde lo psíquico se revela en la investigación como la causa primera de un fenómeno, conseguirá alguna vez un más penetrante estudio hallar la continuación del camino que conduce hasta el fundamento orgánico de lo anímico. Mas cuando lo psíquico haya de significar la estación límite de nuestro conocimiento actual, no veo por qué no reconocerlo así.

d) ¿Por qué olvidamos al despertar nuestros sueños?

Es proverbial que el sueño se desvanece a la mañana. Ciertamente es susceptible de recuerdo, pues lo conocemos únicamente por el que conservamos al despertar, pero con gran frecuencia creemos no recordarlos sino muy incompletamente y haber olvidado la mayor parte de su contenido. Asimismo podemos observar cómo nuestro recuerdo de un sueño, preciso y vivo a la mañana, va perdiéndose conforme avanza el día, hasta quedar reducido a pequeños fragmentos inconexos. Muchas otras veces tenemos conciencia de haber soñado, pero nos es imposible precisar el qué, y en general nos hallamos tan habituados a la experiencia de que los sueños sucumben al olvido, que no rechazamos como absurda la posibilidad de haber soñado, aunque al despertar no poseamos el menor recuerdo de ello. Sin embargo, existen también sueños que muestran una extraordinaria adherencia a la memoria del sujeto. Por mi parte he analizado sueños de mis pacientes que databan de veinticinco años atrás, y recuerdo con todo detalle un sueño propio que tuve hace ya más de treinta y siete años. Todo esto es muy singular y parece al principio incomprensible.

Strümpell es el autor que con mayor amplitud trata del olvido de los sueños, fenómeno de indudable complejidad, pues no lo refiere a una sola causa, sino a toda una serie de ellas.

En la motivación de este olvido intervienen, ante todo, aquellos factores que provocan un idéntico afecto en la vida despierta. En ella solemos olvidar rápidamente un gran número de sensaciones y percepciones a causa de la debilidad de las mismas o por no alcanzar sino una mínima intensidad la excitación anímica a ellas enlazada. Análogamente sucede con respecto a muchas imágenes oníricas; olvidamos las débiles y, en cambio, recordamos otras más enérgicas próximas a ellas. De todos modos, el factor intensidad no es seguramente el decisivo para la conservación de las imágenes oníricas. Strümpell y otros autores (Calkins) reconocen que a veces olvidamos rápidamente imágenes oníricas de las que recordamos fueron muy precisas, mientras que entre las que conservamos en nuestra memoria se encuentran otras muchas muy vagas y desdibujadas. Por otra parte, solemos también olvidar con facilidad, en la vida despierta, aquello que sólo una vez tenemos ocasión de advertir, y retenemos mejor lo que nos es dado percibir repetidamente, circunstancia que habrá de contribuir asimismo al olvido de las imágenes oníricas, las cuales no surgen por lo general, sino una sola vez[10].

Mayor importancia que las señaladas posee aún una tercera causa del olvido que nos ocupa. Para que las sensaciones, representaciones, ideas, etc., alcancen una cierta magnitud mnémica es necesario que, lejos de permanecer aisladas, entren en conexiones y asociaciones de naturaleza adecuada. Si colocamos en un orden arbitrario las palabras de un verso, nos será muy difícil retenerlo así en nuestra memoria. "Bien ordenadas y en sucesión lógica, se ayudan unas palabras a otras, y la totalidad plena de sentido es fácilmente recordada durante largo

---

[10] Sin embargo, se han observado también sueños que se repitieron periódicamente; cf. la colección de Chabenaix.

tiempo. Lo desprovisto de sentido nos es tan difícil de retener como lo confuso o desordenado." Ahora bien: los sueños carecen, en su mayoría, de orden y comprensibilidad. No nos ofrecen el menor auxilio mnémico, y la rápida dispersión de sus elementos contribuye a su inmediato olvido. Con estas deducciones no concuerda, sin embargo, la observación de Radestock (p.168) de que precisamente los sueños más extraños son los que mejor retenemos.

Todavía concede Strümpell una mayor influencia en el olvido de los sueños a otros factores derivados de la relación de los mismos con la vida diurna. La facilidad con que nuestra conciencia despierta los olvidos corresponde, evidentemente, al hecho antes citado de que el fenómeno onírico no toma (casi) nunca de la vida diurna una ordenada serie de recuerdos, sino sólo detalles aislados, a los que separa de aquellas sus acostumbradas conexiones psíquicas, dentro de las cuales los recordamos durante la vigilia. Falto de todo auxilio mnémico, el sueño carece de lugar en el conjunto de series psíquicas que llenan el alma. "El producto onírico se desprende del suelo de nuestra vida anímica y flota en el espacio psíquico como una nube que el hálito de la vida despierta desvanece" (p. 87). En igual sentido actúa al despertar el total acaparamiento de la atención por el mundo sensorial, que con su poder destruye casi la totalidad de las imágenes oníricas, las cuales huyen ante las impresiones del nuevo día como ante la luz del sol y el resplandor de las estrellas.

Por último, hemos de atribuir el olvido de los sueños al escaso interés que en general les concede el sujeto. Así, aquellas personas que a título de investigadores dedican por algún tiempo su atención al fenómeno onírico sueñan durante dicho periodo más que antes: esto es, recuerdan con mayor facilidad y frecuencia sus sueños.

En esta causa del olvido se hallan contenidas las dos que Bonatelli* añade a las citadas por Strümpell, es decir, que la transformación experimentada por la sensación vegetativa general al

---

* Citado por Benini (1898).

pasar el sujeto del estado de reposo al de vigilia, e inversamente, es desfavorable a la reproducción recíproca, y que la distinta ordenación adoptada por el material de representaciones en el sueño hace a éste intraducible para la conciencia despierta.

Dados todos estos motivos de olvido resulta singular —como ya lo indica Strümpell— que en nuestro recuerdo se conserve, a pesar de todo, tanta parte de nuestros sueños. El continuado empeño de los investigadores en sujetar a reglas nuestro recuerdo de los mismos, equivale a una confesión de que también en esta materia queda aún enigmático e inexplicable. Con todo acierto se han hecho resaltar recientemente algunas peculiaridades del recuerdo de los sueños; por ejemplo, la de que un sueño que al despertar creemos olvidado puede ser recordado en el transcurso del día con ocasión de una percepción que roce casualmente el contenido onírico olvidado (Radestock, Tissié). Sin embargo, la posibilidad de conservar un recuerdo exacto y total del sueño sucumbe una objeción, que disminuye considerablemente su valor a los ojos de la crítica. Nuestra memoria, que tanta parte del sueño deja perderse, ¿no falseará también aquello que conserva?

Strümpell manifiesta asimismo esta duda sobre la exactitud de la reproducción del sueño: "Puede entonces suceder con facilidad que la conciencia despierta intercale involuntariamente en nuestro recuerdo algo ajeno al sueño y de este modo imaginaremos haber soñado una multitud de cosas que nuestro sueño no contenía".

Jessen declara categóricamente (p. 547): "Debe, además tenerse muy en cuenta en la investigación de sueños coherentes y lógicos la circunstancia, poco apreciada hasta el momento, de que nuestro recuerdo de los mismos no es casi nunca exacto, pues cuando los evocamos en nuestra memoria los completamos involuntaria e inadvertidamente, llenando las lagunas de las imágenes oníricas. Un sueño coherente sólo raras veces o quizá ninguna lo es tanto como nuestra memoria nos lo muestra. Aun para el más verídico de los hombres resulta imposible relatar un sueño singular sin agregarle algún complemento o adorno de su cosecha. La tendencia del espíritu humano a ver totalidades coherentes es tan considerable, que al recordar un sueño hasta cierto punto incoherente corrige esta incoherencia de un modo involuntario".

Las observaciones de V. Egger sobre este punto concreto parecen una traducción de las anteriores palabras de Jessen, no obstante ser seguramente de concepción original: *...l'observation des rêves a ses difficultés spéciales et le seul moyen d'éviter toute erreur en pareille matière est de confier au papier sans le moinde retard ce que l'on vient d'éprouver et de remarquer, sinon l'oubli vient vite ou total ou partiel; l'oubli total est sans gravité: mais l'oubli partiel est perfide; car si l'on se met ensuite à raconter ce que l'on n'a pas oublié, on est exposé à completer par l'imagination les fragments incohérents et disjoints fournis par la mémoire...; on devient artiste à son insu, et le récit périodiquement répété s'impose à la créanse de son auteur, qui, de bonne foi, le présente comme un fait authentique diment établi selon les bonnes méthodes...*

Idénticamente opina Spitta (p. 338), el cual parece admitir que en la tentativa de reproducir el sueño es cuando introducimos un orden en los elementos oníricos laxamente asociados unos con otros, "convirtiendo *la yuxtaposición* en una *sucesión causal*; esto es, agregando el proceso de la conexión lógica, de que el sueño carece".

Dado que para comprobar la fidelidad de nuestra memoria no poseemos otro control que el objeto, y éste nos falta por completo en el sueño, fenómeno que constituye una experiencia personal y para el cual no conocemos fuente distinta de nuestra memoria, ¿qué valor podremos dar aún a su recuerdo?

e) Las peculiaridades psicológicas del sueño

En la discusión científica del fenómeno onírico partimos de la hipótesis de que el mismo constituye un resultado de nuestra propia actividad anímica; sin embargo, el sueño completo se nos muestra como algo ajeno a nosotros y cuya paternidad no sentimos ningún deseo de reclamar. ¿De dónde procede esta impresión de que el sueño es ajeno a nuestra alma? Después de nuestro examen de las fuentes oníricas habremos de inclinarnos a negar se halle condicionada por el material que pasa al contenido del sueño, pues este material es común, en su mayor parte, a la vida onírica y a la despierta. Por tanto, podemos preguntarnos si tal impresión no constituye una resultante de modificaciones experimentadas por los procesos psíquicos en el sueño e intentar establecer de este modo una característica del mismo.

Nadie ha acentuado con tanta energía la diferencia esencial entre la vida onírica y la despierta ni tampoco ha deducido de esta diferencia conclusiones de tanto alcance como G. Th. Fechner en algunas observaciones de sus *Elementos de Psicofísica* (p. 520, tomo II). Opina este autor que "ni el descenso de la vida anímica consciente por bajo del umbral principal" ni el apartamiento de la atención de las influencias del mundo exterior son suficientes para explicar las peculiaridades que la vida onírica presenta en relación con la despierta. Sospecha más bien que *la escena de los sueños es otra que la de la vida de representaciones despierta*. "Si la escena de la actividad psicofísica fuera la misma durante el reposo y la vigilancia, el sueño no podría ser, a mi juicio, sino una continuación, mantenida en un bajo grado de intensidad de la vida despierta, y compartiría además con ella su contenido y su forma. Pero por el contrario, se conduce de muy distinto modo."

No ha sido aún totalmente esclarecido lo que Fechner significaba con este cambio de residencia de la actividad anímica, ni tampoco sé de investigador alguno que haya seguido el camino indicado en las observaciones apuntadas. A mi juicio, sería totalmente erróneo dar a las mismas una interpretación anatómica en el sentido de la localización fisiológica del cerebro, o incluso en relación con la estratificación histológica de la corteza cerebral. En cambio, revelarán un profundo y fructífero sentido si las referimos a un aparato anímico compuesto de varias instancias, sucesivamente intercaladas.

Otros autores se han contentado con acentuar una cualquiera de las comprensibles peculiaridades psicológicas del sueño y convertirlas en punto de partida de más amplias tentativas de explicación.

Se ha hecho observar acertadamente que una de las principales peculiaridades de la vida onírica surge ya en el estado de adormecimiento anterior al de reposo, y debe considerarse como el fenómeno inicial de este último. Lo característico del estado de vigilia es, según Schleiermacher (p. 351), que la actividad mental procede por *conceptos* y no por *imágenes*. En cambio, el sueño piensa principalmente en imágenes, y puede observarse que al aproximarnos al estado de reposo, y en la misma medida en que las actividades voluntarias se muestran cohibidas, surgen *representaciones involuntarias*, constituidas en su totalidad por imágenes. La incapacidad para aquella labor de representación que sentimos como intencionalmente voluntaria y la aparición de imágenes, enlazada siempre a esta *dispersión*, son dos caracteres que el sueño presenta en todo caso y que habremos de reconocer en su análisis psicológico como caracteres esenciales de la vida onírica. De las imágenes —las alucinaciones hipnagógicas— hemos averiguado ya que son de contenido idéntico al de las imágenes oníricas[11].

Así, el sueño piensa predominantemente en imágenes visuales, aunque no deje de laborar también con imágenes auditivas, y en menor escala con las impresiones de los demás sentidos. Gran parte de los sueños es también simplemente pensada o ideada (representada probablemente en consecuencia por restos de representaciones verbales), igual a como sucede en la vida despierta. En cambio, aquellos elementos de contenido que se conducen como imágenes,

---

[11] H. Silberer ha mostrado en varios interesantes ejemplos cómo incluso pensamientos abstractos se transforman, en estado de adormecimiento, en imágenes plásticas que aspiran a presentar idéntico significado *Jahrbuch v. Bleuler-Freud*, I, 1909.

es decir, aquellos más semejantes a percepciones que a representaciones mnémicas, constituyen algo característico y peculiarísimo del fenómeno onírico. Prescindiendo de las discusiones, conocidas por todos los psiquiatras, sobre la esencia de la alucinación, podemos decir, con la totalidad de los autores versados en esta materia, que el sueño *alucina*; esto es, sustituye pensamientos por alucinaciones. En este sentido no existe diferencia alguna entre representaciones visuales o acústicas. Se ha observado que el recuerdo de una serie de sonidos, que evocamos al comenzar el reposo, se transforma al comenzar a quedarnos dormidos en la alucinación de la misma melodía, para dejar de nuevo paso a la representación mnémica, más discreta y de distinta constitución cualitativa, siempre que salimos de nuestro aletargamiento, cosa que puede repetirse varias veces antes de conciliar definitivamente el reposo.

La transformación de las representaciones en alucinaciones no es la única forma en que el sueño se desvía del pensamiento de la vida despierta al que quizá corresponde. Con estas imágenes el sueño forma una situación, nos muestra algo como presente o, según expresión de Spitta (p. 145), *dramatiza* una idea. Mas para completar la característica de esta faceta de la vida onírica habremos de añadir que al soñar —generalmente, las excepciones precisan de una distinta explicación— no creemos pensar, sino experimentar y por tanto, damos completo crédito a la alucinación. La crítica de que no hemos vivido o experimentado nada, sino que lo hemos pensado en una forma especial —soñado—, no surge hasta el despertar. Este carácter separa al sueño propiamente dicho, sobrevenido durante el reposo, de la ensoñación diurna, jamás confundida con la realidad.

Burdach ha concretado los caracteres hasta aquí indicados de la vida onírica en las siguientes observaciones (p. 476): "Entre las más esenciales características del sueño debemos contar las siguientes: *a)* la actividad subjetiva de nuestra alma aparece como objetiva, dado que la capacidad de percepción acoge los productos de la fantasía como si de productos sensoriales se tratase…, *b)* el reposo es una supresión del poder del ser, razón por la cual hallamos entre las condiciones del mismo una cierta pasividad. Las imágenes del letargo son condicionadas por el relajamiento del poder del ser".

Llegamos ahora a la tentativa de explicar la credulidad del alma con respecto a las alucinaciones oníricas, las cuales sólo pueden surgir después de la supresión de una cierta actividad del ser. Strümpell expone que el alma continúa conduciéndose aquí normalmente y conforme a su mecanismo peculiar. Los elementos oníricos no son en ningún modo meras representaciones, sino *verídicas y verdaderas experiencias del alma*, iguales a las que en la vida despierta surgen por mediación de los sentidos (p. 34). Mientras que durante la vigilia piensa y representa el alma en imágenes verbales y por medio del lenguaje, en el sueño piensa y representa en verdaderas imágenes sensoriales (p. 35). Además, hallamos en el sueño una conciencia del espacio, análogamente a como sucede en la vigilia, quedan las imágenes y sensaciones proyectadas en un espacio exterior (p. 36). Habremos, de confesar que el alma se halla en el sueño, y con respecto a sus imágenes y percepciones, en idéntica situación que durante la vida despierta (p. 43). Si a pesar de todo incurre en error, ello obedece a que en el estado de reposo carece del criterio que establece una diferenciación entre las percepciones sensoriales procedentes del exterior y las procedentes del interior.

No puede someter a sus imágenes a aquellas pruebas susceptibles de demostrar su realidad objetiva y *además* desprecia la diferencia entre las imágenes intercambiables a *voluntad* y aquellas otras en las que no existe tal arbitrio. Y erra porque no puede aplicar al contenido de su sueño la ley de la causalidad (p. 58). En concreto, su apartamiento del mundo exterior es también la causa de la fe que presta al mundo onírico subjetivo.

Tras de desarrollos psicológicos, partes diferentes, llega Delboeuf a idénticas conclusiones. Damos a los sueños créditos de realidad porque en el estado de reposo carecemos de otras impresiones a las que compararlos y nos hallamos desligados del mundo exterior. Mas si creemos en la verdad de nuestras alucinaciones, no es porque nos falte durante el reposo la posibilidad de contrastarlas. El sueño puede mentirnos toda clase de pruebas, haciéndonos, por ejemplo, tocar la rosa que en él vemos; mas no por esto, dejamos de estar soñando. Para Delboeuf no existe criterio alguno, fuera del hecho mismo del despertar —y esto sólo como una generalidad práctica— que nos permita afirmar que algo es un sueño o una realidad despierta. Al despertar y comprobar que nos hallamos desnudos en nuestro lecho es, en efecto, cuando declaramos falso todo lo que desde el instante en que conciliamos el reposo hemos visto (p. 84). Mientras dormíamos hemos creído verdaderas las imágenes oníricas a consecuencia del hábito intelectual, siempre vigilante, de suponer un mundo exterior, al que oponemos nuestro yo[12].

---

[12] Análogamente intenta Haffner explicar la actividad onírica por la transformación que en la correcta función del intacto aparato anímico tiene que provocar una condición introducida en él de un modo anormal, pero describe esta condición en forma distinta a la que Delboeuf. Según Haffner, la primera característica del sueño es la carencia de lugar y tiempo, esto es, la emancipación de la representación del puesto que el sujeto ocupa dentro del lugar y tiempo. Con éste se enlaza el segundo carácter fundamental del sueño: la confusión de las alucinaciones, imaginaciones y combinaciones de la fantasía con las percepciones exteriores. "Dado que la totalidad de las fuerzas anímicas superiores, y especialmente la formación de conceptos, el juicio y la deducción, por un lado, y por otro la autodeterminación contingente, se unen a las imágenes fantásticas sensoriales y tienen siempre a éstas como base, habrán de participar asimismo estas actividades de la falta de reglas de las imágenes oníricas. Y decimos que participan porque, tanto la energía de nuestro juicio como la de nuestra voluntad no experimentan en sí, durante el sueño, alteración ninguna. Por lo que a la actividad se refiere, somos, durante el reposo, igualmente libres y poseemos igual penetración que en estado de vigilia. Ni aun en sueños puede el hombre burlar las leyes del pensamiento; esto es, identificar lo que se le representa como opuesto, etc., ni tampoco desear sino aquello que se representa como un bien (*sub rationi boni*). Pero en esta aplicación de las leyes del pensar y del querer es inducido a error el espíritu humano, en el sueño, por la confusión de

Elevado así el apartamiento del mundo exterior a la categoría de factor determinante de los más singulares caracteres de la vida onírica, creemos conveniente consignar unas sutiles observaciones del viejo Burdach, que arrojan cierta luz sobre la relación del alma durmiente con el mundo exterior y son muy apropiadas para evitarnos conceder a las anteriores deducciones más valor del que realmente poseen: "El estado de reposo —dice Burdach— tiene por condición el que el alma no sea excitada por estímulos sensoriales...; pero la ausencia de esos estímulos no es tan indispensable para la conciliación del reposo como la falta de interés por los mismos[13]. En efecto, a veces se hace necesaria la existencia de alguna impresión sensorial, en cuanto a la misma sirve para tranquilizar el alma. Así, el molinero no duerme si no oye el ruido producido por el funcionamiento de su molino, y aquellas personas que como medida de precaución acostumbran dormir con luz no pueden conciliar el reposo en una habitación oscura" (p. 457).

"El alma se retira de la periferia y se aísla del mundo exterior, aunque sin quedar falta de toda conexión con el mismo. Si no oyéramos ni sintiéramos más que durante el estado de vigilia, y no, en cambio, durante el reposo, nada habría que pudiera despertarnos. La permanencia de la sensación queda aun más indiscutiblemente demostrada por el hecho de que no siempre es la energía meramente sensorial de una impresión, sino su relación psíquica, lo que nos despierta. Una palabra indiferente no hace despertar al durmiente, y, en cambio, si

---

una representación con otra. Así, establecemos y cometemos en él las mayores contradicciones, mientras que al mismo tiempo podemos formular los más penetrantes juicios, deducir las más lógicas conclusiones y tomar las decisiones más virtuosas y santas. La falta de orientación es todo el secreto del vuelo que nuestra fantasía sigue en el sueño y la ausencia de reflexión crítica y de contraste con otras inteligencias constituye la fuente principal de la extravagancia de nuestros juicios, esperanzas y deseos en el sueño." (p.16).

[13] Compárese con este punto de vista el *désintêret*, en el que Claparede (1905) ve el mecanismo de la conciliación del reposo.

su nombre, murmurado en voz baja. Resulta, que el alma distingue las sensaciones durante el reposo. De este modo podemos ser despertados por la falta de un estímulo sensorial cuando el mismo se refiere a algo importante para representación. Las personas que acostumbran dormir con luz despiertan al extinguirse ésta y el molinero, al dejar de funcionar su molino: es decir, en ambos casos al cesar la actividad sensorial. Esto supone que dicha actividad es perseguida, pero que no ha perturbado el alma, la cual la ha considerado como indiferente o más bien como tranquilizadora" (p. 460 y sigs.).

Si por nuestra parte no queremos dejar de reconocer el valor nada despreciable de estas objeciones, habremos, sin embargo, de confesar que las cualidades de la vida onírica examinadas hasta ahora y derivadas del apartamiento del mundo exterior no explican por completo la singularidad de la misma, pues en este caso no habría de ser posible resolver el problema de la interpretación onírica, transformando de nuevo las alucinaciones del sueño en representaciones y sus situaciones en pensamientos. Ahora bien: este es el proceso que llevamos a cabo al reproducir de memoria nuestro sueño después de despertar, y, sin embargo, aunque consigamos efectuar totalmente o sólo en parte tal retraducción, el sueño continúa conservando todo su misterio.

La totalidad de los autores admite sin vacilación alguna que el material de representaciones de la vida despierta sufre en el sueño otras modificaciones más profundas. Strümpell intenta determinar una de éstas en las siguientes deducciones (p. 17): "El alma pierde también con el cese de la percepción sensorial activa y de la conciencia normal de la vida el terreno en que arraigan sus sentimientos, deseos, intereses y actos. También aquellos estados, sentimientos, intereses y valoraciones espirituales, enlazados en la vida despierta a las imágenes mnémicas, sucumben a una presión obnubilante, a consecuencia de la cual queda suprimida su conexión con las mismas; las imágenes de percepciones de objetos, personas, localidades, sucesos y actos de la vida despierta, son reproducidos en gran número aisladamente, pero ninguna de ellas trae consigo su valor psíquico, y privadas de él queda flotando en el alma abandonadas a sus propios medios…".

Este despojo que de su valor psíquico sufren las imágenes es atribuido nuevamente al apartamiento del mundo exterior, y, según Strümpell posee una participación principal en la impresión de singularidad, con la que el sueño se opone en la vida despierta en nuestro recuerdo.

Hemos visto antes que ya el acto de conciliar el reposo trae consigo el renunciamiento a una de las actividades anímicas, algunas de las cuales queda quizá totalmente interrumpida. Nos hallamos, ante el problema de si las restantes siguen también este ejemplo o continúan trabajando sin perturbación, y en este último caso, si pueden o no rendir en esas circunstancias una labor normal. Surge aquí la teoría que explica las peculiaridades del sueño por la degradación del rendimiento psíquico durante el reposo; hipótesis que encuentra un apoyo en la impresión que el fenómeno onírico produce a nuestro juicio despierto. El sueño es incoherente; une sin esfuerzo las más grandes contradicciones; afirma cosas imposibles; prescinde de todo nuestro acervo de conocimientos, tan importante para nuestra vida despierta, y nos muestra exentos de toda sensibilidad, ética y moral. El individuo que en la vida despierta se condujese como el sueño le muestra en sus situaciones sería tomado por loco, y aquel que manifestara o comunicase cosas semejantes a las que forman el contenido onírico nos produciría una impresión de demencia o imbecilidad. Así, creemos reflejar exactamente la realidad cuando afirmamos que la actividad psíquica queda en el sueño reducida al mínimo, y que especialmente las más elevadas funciones intelectuales se hallan interrumpidas o muy perturbadas durante el mismo.

Con inhabitual unanimidad —de las excepciones ya hablaremos en otro lugar— han preferido los autores aquellos juicios que conducían inmediatamente a una determinada teoría o explicación de la vida onírica. Creo llegado el momento de sustituir el resumen que hasta aquí vengo efectuando por una transcripción de las manifestaciones de diversos autores —filósofos y médicos— sobre los caracteres psicológicos del sueño:

Según Lemoine, la *incoherencia* de las imágenes oníricas es el único carácter esencial del sueño.

Maury se adhiere a esta opinión diciendo (p. 163): *...il n'y a pas des rêves absolument raisonnables et qui ne contiennent quelque incohérence, quelque anachronisme, quelque absurdité.*

Según Hegel (citado por Spitta), el sueño carece de toda coherencia objetiva comprensible.

Dugas dice*: Le rêve, c'est l'anarchie psysiche affective et mentale, c'est le jeu des fonctions livrées à ellesmêmes et s'exerçant sans contrôle et sans but: dans le rêve l'esprit est un automate spirituel.*

Volket mismo, en cuya teoría sobre el fenómeno onírico se reconoce un fin a la actividad psíquica durante el estado de reposo señala, sin embargo, en los sueños (p. 14) "la dispersión, incoherencia y desorden de la vida de representación, mantenida en cohesión durante la vigilia por el poder lógico del *yo* central".

El absurdo de los enlaces que en el sueño se establecen entre las representaciones fue ya acentuado por Cicerón en una forma insuperable *(De Divin, II): Nihil tam praespostere, tam incondite, tam monstruose cogitari potes, quod non possimus somniare*.

Fechner dice (p. 542): "Parece como si la actividad psicológica emigrase del cerebro de un hombre de sana razón al de un loco".

Radestock (p. 145): "En realidad, parece imposible reconocer leyes fijas en esta loca agitación. Eludiendo la severa política de la voluntad racional, que guía el curso de las representaciones en la vida

---

* "No hay cosa imaginada demasiado absurda, demasiado enredada o demasiado absurda, demasiado enredada o demasiado anormal para nuestros sueños." (*Nota de J.N.*)

despierta, y escapando a la atención, logra el sueño confundirlo todo, en un desatinado juego de calidoscopio".

Hildebrandt (p. 45): "¡Qué maravillosas libertades se permite el sujeto de un sueño; por ejemplo, en sus conclusiones intelectuales! ¡Con qué facilidad subvierte los más conocidos principios de la experiencia! ¡Qué risibles contradicciones puede soportar en el orden natural y social, hasta que la misma exagerada tensión del disparate trae consigo el despertar! Nos parece muy natural que el producto de tres por tres sea veinte; no nos admira en modo alguno que un perro nos declame una composición poética; que un muerto se dirija por su propio pie a la tumba o que una roca sobre nade en el agua, y hacemos con toda seriedad, y penetrados de la importancia de nuestra misión, un viaje al ducado de Bernburg o al principado de Lichtenstein para inspeccionar la Marina de guerra de estos países, o nos enrolamos como voluntarios en los ejércitos de Carlos XII, poco antes de la batalla de Pultava".

Binz (p. 33), refiriéndose a la teoría onírica que de estas observaciones se deduce, escribe: "De diez sueños, nueve por lo menos presentan un contenido absurdo. Enlazamos en ellas objetos y personas que carecen de toda relación. Más al cabo de un instante, la agrupación establecida se transforma por completo, como en un calidoscopio, haciéndose quizá aún más disparatada, y este cambiante juego es continuado por el juego, incompletamente dormido, hasta que despertamos, nos pasamos la mano por la frente y nos preguntamos si realmente poseemos todavía la capacidad de representación e intelección racionales".

Maury (p. 50) refleja la relación de las imágenes oníricas con los pensamientos de la vida despierta en una comparación muy impresionante para los médicos: *La production de ces images que chez l'homme éveillé fait le plus souvent naître la volonté, correspond, pour l'intelligence, a ce que sont pour la motilité certains mouvements que nous offrent la chorée et les affections paralytiques.* Por lo demás, se da en el sueño *toute una série de dégradations de la faculté pensante et raisonnante* (p. 27).

No creemos necesario consignar las manifestaciones de aquellos autores que reproducen con respecto a las más elevadas funciones anímicas el principio de Maury.

Según Strümpell, quedan suprimidas en el sueño —naturalmente también allí donde el desatino no resulta evidente— todas aquellas operaciones lógicas del alma que se basan en relaciones y conexiones (p. 26). Según Spitta (p. 148), las representaciones parecen quedar emancipadas por completo de la ley de casualidad. Radestock y otros acentúan la debilidad de la capacidad de juicio y deducción. Según Jodl (p. 123), no existe en el sueño crítica ninguna, ni quedan corregidas las series de percepciones por el contenido de la conciencia completa. Este mismo autor manifiesta: "En el sueño aparecen todas las actividades de la conciencia, pero incompletas, cohibidas y aisladas unas de otras". Las contradicciones en que el sueño se sitúa con respecto a nuestro conocimiento despierto son explicadas por Stricker y otros muchos autores por el olvido de hechos, la ausencia de relaciones lógicas entre las representaciones, etcétera.

Los autores que en general, juzgan tan desfavorablemente la labor de las funciones psíquicas en el sueño, conceden, sin embargo, que en el mismo perdura un resto de actividad anímica. Wundt, cuyas teorías han servido de norma a tantos otros investigadores de los problemas oníricos, confiesa abiertamente este hecho. Surge, el problema de determinar la naturaleza y composición de este resto de actividad anímica normal que en el sueño se manifiesta. Casi generalmente se concede que la capacidad de reproducción —la memoria— es lo que menos parece haber sufrido, pudiendo incluso producir rendimientos superiores a los habituales en la vigilia, aunque una parte de los absurdos del sueño haya de quedar explicada por la capacidad de olvido de la vida onírica. Según Spitta, es la vida *espiritual* del alma lo que no queda suprimido por el sueño y dirige el curso del mismo. *Espíritu* es, para este autor, "aquella constante reunión de los sentimientos que constituye la esencia subjetiva más íntima del hombre" (p. 84).

Scholz (p. 37) ve una de las actividades anímicas que se manifiestan en el sueño en la *transformación alegorizante de sentido* a la que es sometido el material onírico. Siebeck comprueba también en el sueño la "actividad interpretadora complementaria" del alma (p. 11), aplicada por ésta a toda percepción. La conducta de nuestra más elevada función anímica —la conciencia— en el fenómeno onírico resulta especialmente difícil de fijar. Dado que sólo por ella sabemos algo de nuestros sueños, no podemos dudar de su permanencia. Pero Spitta opina que en el sueño sólo se conserva la conciencia y no la autoconciencia. Delboeuf confiesa no alcanzar a comprender la diferenciación.

Las imágenes oníricas se enlazan incluso a revelársenos en el sueño más conforme a las mismas leyes asociativas que las representaciones, llegando claro y precisamente el origen de dichas leyes. Strümpell (p. 10): "El sueño se desarrolla ora exclusivamente, como parece conforme a las leyes de las representaciones puras, ora conforme a las de estímulos orgánicos, con esas representaciones; esto es, sin que la reflexión, la inteligencia, el gusto estético y el juicio ético intervengan para nada". Los autores cuyas opiniones reproducimos aquí se representan la formación de los sueños aproximadamente en la forma que sigue: la suma de los estímulos sensoriales, procedentes de las diversas fuentes antes estudiadas, y actuantes durante el reposo, despierta ante todo en el alma un acervo de representaciones, que se presentan en calidad de alucinaciones (o, según Wundt, como verdaderas ilusiones, dada su procedencia de los estímulos, externos e internos). Estas representaciones se enlazan entre sí según las leyes de asociación que nos son conocidas, y evocan a su vez, conforme a las mismas reglas, una nueva serie de representaciones (imágenes). El material total es elaborado en lo posible por el resto, aún en actividad, de las capacidades anímicas ordenadoras y pensadoras (cf. Wundt y Weygandt). Lo que no se ha conseguido descubrir todavía son los motivos que deciden que la evocación de las imágenes no procedentes del exterior se realice conforme a estas o aquellas leyes asociativas.

Se ha observado, sin embargo, repetidamente, que las asociaciones que enlazan a las representaciones oníricas entre sí son de una peculiarísima naturaleza y diferentes por completo de las que actúan en el pensamiento despierto. Así, dice Volkelt (p. 15): "Las representaciones se persiguen y se enlazan en el sueño conforme a analogías casuales y a conexiones apenas perceptibles. Todos los sueños se hallan entrelazados por dichas asociaciones, negligentes y lejanas". Maury concede máxima importancia a este carácter del enlace de las representaciones, que le permite establecer más una íntima analogía entre la vida onírica y ciertas perturbaciones mentales. Reconoce dos caracteres principales del *délire*: 1o. *Une action spontanée et comme automatique de l'espirit.* 2o. *Une asociation vicieuse et irréguliere d'idées* (p. 126). Este mismo autor nos refiere dos excelentes ejemplos de sueños, en los que el enlace de las representaciones oníricas fue determinado exclusivamente por la similicadencia de las palabras. En uno de estos sueños comenzó por emprender una peregrinación *(pélerinage)* a Jerusalén o a la Meca, y después de un sinnúmero de aventuras llegó a casa del químico *Pelletier*, el cual, al cabo de una larga conversación, le entregó una pala *(pelle)* de cinc, que en el fragmento onírico siguiente se convirtió en una gran espada de combate (p. 137). Otra vez soñó que paseaba por una carretera, leía en los guardacantones las cifras indicadoras de los kilómetros y se detenía después en una droguería, en la que un individuo colocaba pesas de kilo en una gran balanza con objeto de pesarle; luego el droguero se dirigía a él y le decía: "No está usted en París, sino en la isla de *Gilolo*". En el resto de este sueño vio la flor llamada *lobelia* y al general *López*, cuya muerte había leído recientemente en los periódicos. Por último, despertó cuando comenzaba a jugar con otras personas en una partida de *lotería*[14].

Como era de esperar, esta desestimación de los rendimientos psíquicos del sueño ha hallado también sus contradictores. Sin embargo, no parece fácil sostener la afirmación contraria. No posee, en efecto, gran importancia que uno de los autores que rebajan el valor de la vida onírica (Spitta, p. 118) asegure que los sueños son regidos por las mismas leyes psicológicas que reinan en la vida despierta, ni tampoco que otro investigador (Dugas) manifieste que *le rêve n'est pas déraison, ni même irraison pure,* mientras que ninguno de ellos se tome el trabajo de armonizar estas opiniones con la anarquía y desorganización psíquicas que en el sueño atribuyen a todas las funciones. En cambio, otros autores parecen haber entrevisto que la demencia de los sueños podía no carecer de método, no siendo quizá sino fingimiento, como la del Hamlet shakesperiano. Estos autores tienen que haber huido de juzgar a los sueños por su apariencia, o, de lo contrario, la que los mismos les han ofrecido ha sido muy diferente de la que ofrecieron a los demás.

Así, Havelock Ellis (1899), sin querer detenerse en el aparente absurdo del sueño lo considera como *an archaic world of vast emotions and imperfect thoughts,* cuyo estudio podría enseñarnos a conocer fases primitivas de la vida psíquica. J. Sully (p. 362) representa esta misma concepción de los sueños, pero de un modo aun más comprensivo y profundo. Sus manifestaciones son tanto más interesantes y dignas de consideración cuanto que se trata de un psicólogo del que sabemos se hallaba convencido, quizá como ningún otro, del sentido oculto de los sueños. *Now our dreams are a means of conserving these succesive personalities. When asleep we go back to the old ways of looking at things and of feeling about then, to impulses an*

---

[14] Más adelante se nos revelará el sentido de estos sueños llenos de palabras que comienzan con la misma sílaba.

activities which long ago dominated us. Un pensador como Delboeuf afirma —aunque cierto es que sin presentar prueba alguna contra las aducidas en contrario— que *dans le sommeil, hormis la perception, toutes les facultés on de l'esprit, intelligence, imagination mémoire, volonté, moralité, restent intactes dans leur essence; seulement elles s'appliquent a des objets imaginaires et mobiles. Le songeur est un acteur qui joue a volonté les fous et les sages, les bourreaux et les victimes, les nains et les géants, les démons et las anges* (p. 222). El marqués D'Hervey, que sostuvo vivas polémicas con Maury, y cuya obra no me he podido procurar, no obstante haberla buscado con empeño, parece haber sido quien con mayor energía ha negado la degradación del rendimiento psíquico en el sueño. Refiriéndose a él, dice Maury (p. 19): *M. le marquis d'Hervey, prête a l'intelligence durante le sommeil toute sa liberté d'action et d'attention et il ne semble faire consister le sommeil que dans l'occlusion des sens, dans leur fermenture a un monde extérieur; en sorte que l'homme qui dort no se distingue guere, selon sa maniere de voir, de l'homme qui laisse vaguer sa pensée en se bouchant les sens; toute la différence qui sépare alors la pensée ordinaire de celle du dormeur c'est que, chez celui-ci, l'idée prend une forme visible, objetive et ressemble, a s'y méprendre, a la sensation déterminée par les objets extérieurs; le souvenir revet l'apparence du fail présent.*

Pero a continuación añade *qu'il y a une différence de plus et capitale, a savoir, que les facultés intellectuelles de l'homme endormi n'ofrent pas l'equilibre qu'elles gardent chez l'homme eveillé.*

En Vaschide, que nos facilita más un completo conocimiento del libro de D'Hervey, encontramos que este último se pronuncia sobre la aparente incoherencia de los sueños en la forma siguiente: *L'image du rêve est la copie de l'idée. Le principal est l'idée; la visión n'est qu'accesoire. Ceci êtabli, il faut savoir suivre la marches des idées, il faut savoir analyser le tissu des rêves; l'incoherence devient alors compréhensible, les conceptions les plus fantastiques deviennent des faist simples et*

parfaitement logiques (p. 146). Y (p. 147): Les rêves les plus bizarres trou-
vent meme une explication des plus logiques quand on sait les analyser.

J. Stärcke cita una análoga explicación, dada a la incoherencia
onírica por un antiguo autor. Wolf Davidson (1799), desconocido
para mí (p. 136): "Los singulares saltos de nuestras representaciones
oníricas tienen todos su fundamento en la ley de la asociación; lo
que sucede es que este enlace se realiza a veces en el alma de un modo
muy oscuro, resultando así que con frecuencia creemos observar un
salto de la asociación en casos en que dicho salto no existe".

La escala de la apreciación del sueño como producto psíquico
alcanza en la literatura científica una gran amplitud. Partiendo del
más profundo menosprecio, cuya expresión ya nos es conocida, y
pasando luego por la sospecha de un valor aún no descubierto, llega
hasta la exagerada estimación, que coloca al sueño muy por encima
de los rendimientos de la vida despierta. Hildebrandt, que, como
sabemos, encierra en tres antinomias las características psicológicas
de la vida onírica, reúne en la tercera de ellas los extremos de esta
serie (p. 19). Esta tercera antinomia es la existente "entre *una eleva-*
ción o *potenciación* de la vida anímica, que llega muchas veces hasta
el *virtuosismo*, y una *minoración* y *debilitación* de la misma, llevada
con frecuencia por bajo del *nivel* de lo humano".

"Por lo que a lo primero se refiere, ¿quién no puede confirmar,
por propia experiencia, que en las creaciones del genio del sueño se
exteriorizan a veces una profundidad y una cordialidad, una claridad de concepción, una sutileza de observación y una prontitud de
ingenio que modestamente negaríamos poseer si nos fueran atri-
buidas como cualidades constantes de nuestra vida despierta? El
sueño posee una maravillosa poesía, una exacta facultad alegórica,
un humorismo incomparable y una deliciosa ironía. Contempla el
mundo a una peculiarísima luz idealizadora e intensifica el efecto
de sus fenómenos con la más profunda comprensión de la esencia
fundamental de los mismos. Nos presenta lo bello terrenal en un

resplandor verdaderamente celeste; lo elevado, en su más alta majestad; lo que, según nuestra experiencia, es temeroso, en la forma más aterrorizante, y lo ridículo, con indescriptible comicidad; a veces nos hallamos, aun después de despertar, tan dominados por una de estas impresiones, que creemos no haber hallado nunca en el mundo real nada semejante."

Surge aquí la interrogación de cómo pueden referirse a una mismo objeto las despreciativas observaciones anteriores y éstas entusiásticas alabanzas. ¿No habrán pasado inadvertidos para unos autores los sueños desatinados, y para otros los profundos e ingeniosos? Y si existen sueños de ambas clases, que justifican, respectivamente, ambos juicios, ¿no será ocioso buscar una característica psicológica del sueño, y deberemos limitarnos a decir que en él es todo posible, desde la más baja degradación de la vida anímica hasta una elevación de la misma, desacostumbrada en la vida despierta? Mas, por cómoda que fuera esta solución, tropieza con el inconveniente de que los esfuerzos de todos los investigadores parecen hallarse guiados por la hipótesis de que existe una característica de los sueños, de validez general en sus rasgos esenciales, susceptible de resolver las contradicciones apuntadas.

Es indiscutible que los rendimientos psíquicos del sueño han hallado un más voluntario y caluroso reconocimiento en aquel periodo, ya pasado, en el que los espíritus se hallan dominados por la Filosofía y no por las ciencias exactas. Manifestaciones, como la de Schubert, de que el sueño constituye una emancipación del espíritu del poder de la naturaleza exterior, un desligamiento del alma de las ligaduras de la sensualidad, y análogos juicios de Fichte, el joven[15], y de otros autores, en los que se considera el sueño como una elevación de la vida anímica a un más alto nivel, nos parecen hoy apenas comprensibles. En la actualidad sólo son repetidos por los autores místicos o pia-

---

[15] Cf. Haffner y Spitta.

dosos[16]. La disciplina mental científica ha producido una reacción en la apreciación del sueño. Precisamente los autores médicos son los que antes se han inclinado a considerar muy escasa y falta de todo valor la actividad psíquica en el sueño, mientras que los filósofos y los observadores no profesionales —psicólogos de afición—, cuyas aportaciones a estos estudios no deben despreciarse, han continuado sosteniendo, más en armonía con las hipótesis populares, el valor psíquico del sueño. Aquellos que tienden a menospreciar el rendimiento psíquico en el sueño conceden naturalmente, la máxima importancia etiológica a las fuentes de estímulos somáticos. En cambio, para aquellos otros que atribuyen al alma soñadora la mayor parte de las facultades que la misma posee en la vida despierta, desaparece toda razón de no atribuirle también estímulos oníricos independientes.

Entre los rendimientos extraordinarios que aun después de la más escrupulosa comparación pudiéramos inclinarnos a atribuir a la vida onírica, es el de la memoria el más patente. En páginas anteriores detallamos ya todos los hechos, nada raros, que así lo demuestran. En cambio, otra de las prerrogativas de la vida onírica que con mayor frecuencia ensalzan los autores antiguos —su facultad de franquear libremente las distancias temporales y espaciales— es, como ya observa Hildebrant, por completo ilusoria. El sueño lo hace en forma idéntica a como lo realiza el pensamiento despierto, y precisamente por no ser sino una forma del pensamiento. Con respecto al tiempo, gozaría, en cambio, el sueño de otra distinta prerrogativa, siendo independiente de su curso en un diferente sentido. Sueños como aquel en que Maury se vio guillotinar, parecen demostrar que el fenómeno onírico puede acumular en brevísimos

---

[16] El inteligentísimo místico Du Prel, uno de los pocos autores cuya omisión en anteriores ediciones de este libro quisiera reparar, manifiesta que el acceso a la metafísica no es, por lo que al hombre se refiere, la vida despierta, sino el sueño (*Philosophie der* Mystyke, p. 59).

instantes un contenido de percepciones mucho mayor que el contenido de pensamientos que nuestra actividad psíquica puede abarcar en la vida despierta. Esta deducción ha sido, sin embargo, combatida con los más diversos argumentos. Desde los artículos de Le Lorrain y Egger "sobre la aparente duración de los sueños" se ha desarrollado en derredor de este problema —tan intrincado como el profundo alcance— una interesantísima discusión, que no ha llevado aún a esclarecimiento alguno definitivo*.

Después de numerosas investigaciones y de la colección de sueños publicada por Chabaneix, parece ya indiscutible que el sueño puede acoger la labor intelectual del día y conducirla a una conclusión no alcanzada en la vida despierta, resolviendo así problemas y dudas que preocupan al sujeto y constituyendo una fuente de inspiración para los poetas y compositores. Pero aunque este hecho es innegable en sí, la hipótesis construida sobre él sucumbe a importantes objeciones[17].

Por último, el afirmado poder adivinatorio del sueño constituye otro objeto de discusión, en la que a dudas difíciles de dominar se oponen tenaces afirmaciones. Sin embargo, se evita negar rotundamente —y con razón— lo que de efectivo ha sido observado en este punto, pues para toda una serie de casos existe quizá la cercana posibilidad de una natural explicación psicológica.

f) Los sentimientos éticos en el sueño

Por motivos que sólo después del conocimiento de mis propias investigaciones sobre el sueño pueden resultar comprensibles, he separado del tema de la psicología del sueño el problema parcial de si las disposiciones y sentimientos morales de la vigilia se extienden

---

* Nota de 1914: "Una bibliografía ulterior y una discusión crítica de estos problemas puede encontrarse en Tobowolska (1900)".

[17] Cf. La crítica que de esta hipótesis hace Havelock Ellis (*World of dreams*, p. 268).

—y hasta qué punto— a la vida onírica. La misma contradicción que con respecto a las restantes funciones anímicas debimos de hallar con extrañeza en las exposiciones de los investigadores, vuelve aquí a surgir a nuestros ojos. En efecto, con la misma seguridad que unos muestran al afirmar que el sueño ignora en absoluto toda aspiración moral, sostienen los otros que la naturaleza moral del hombre perdura también en la vida onírica.

La experiencia onírica parece colocar la exactitud de la primera afirmación por encima de toda duda: Así escribe Jessen (p. 553): "Tampoco nos hacemos mejores ni más virtuosos en el sueño. Más bien parece que en él calla nuestra conciencia, pues sin compadecernos por nada ni de nadie realizamos con la mayor indiferencia y sin remordimiento alguno los mayores crímenes".[18]

Radestock (p. 146): "Debe tenerse en cuenta que en el sueño emergen las asociaciones y se enlazan las representaciones, sin que la reflexión, la inteligencia, el gusto estético y el juicio moral puedan intervenir para nada. El juicio es debilísimo, y predomina la *indiferencia* ética." Volkelt (p. 23): "Nadie ignora el desenfreno que la vida onírica muestra, especialmente en los que a la sexualidad se refiere. Del mismo modo que el sujeto se contempla en sus sueños falto de todo pudor y todo sentimiento ético, ve a otras personas —incluso a las que más respeta— entregadas a actos que en su vida despierta se espantaría de asociar a ellas".

En abierta oposición con estas manifestaciones se hallan otras, como la de Schopenhauer, de que todos obramos y hablamos en sueños *conforme* nuestro carácter. K. Ph. Fischer[19] afirma asimismo

---

[18] *Grundzuegen des Systems der Anthropologie*, Erlangen, 1860.

[19] No deja de ser interesante conocer la actitud que la Inquisición adoptase ante este problema. En el *Tractatus de Officio sanctissimae Inquisitionis*, de Tomás Careña (edición de Lyon, 1659), se dice: "Si alguien prefiriese herejías en sueños, deberán los inquisidores abrir información sobre la vida, pues en los sueños suele retornar aquello que nos ha ocupado durante el día". (Dr. Ehniger S. Urban, Suiza)

que en los sueños se revelan los sentimientos y aspiraciones, o afectos y pasiones subjetivos y las peculiaridades morales del durmiente.

Haffner (p. 25): "Salvo raras excepciones, el hombre virtuoso lo será también en sueños. Rechazará las tentaciones y resistirá al odio, a la envidia, a la cólera y a los demás vicios. En cambio, el hombre pecador hallará generalmente en sus sueños aquellas imágenes que tenía ante sí en la vigilia".

Scholz (p. 25): "Nuestros sueños entrañan algo verdadero. En ellos reconocemos nuestro propio yo, a pesar del disfraz de elevación o rebajamiento con el que se nos aparece. El hombre honrado no puede tampoco cometer en sueños un delito que le deshonre, y, si lo comete, quedará espantado, como ante algo totalmente ajeno a su naturaleza. El emperador romano que hizo ejecutar a uno de sus súbditos, confeso de haber atentado contra él en sueños, no dejaba de tener razón cuando se justificaba diciendo que el individuo que así soñaba tenía que abrigar en su vida despierta análogos pensamientos. De algo que no puede hallar lugar alguno en nuestro ánimo decimos así, muy significativamente: 'Esto no puede ocurrírseme ni en sueños'."

Por el contrario, afirma Platón que los hombres mejores son aquellos a los que sólo en sueños se les ocurre lo que los demás hacen despiertos.

Pfaff, glosando un conocido proverbio, dice: "Cuéntame durante algún tiempo lo que sueñas, y te diré lo que dentro de ti hay".

El pequeño escrito de Hildebrandt, del que ya se han extraído tantas interesantes citas, y que constituye la más perfecta y rica contribución que a la investigación de los problemas oníricos me ha sido dado hallar en la literatura científica, da a este tema de la moralidad de los sueños una importancia esencial. También para Hildebrandt constituye una regla fija la que de cuanto más pura es la vida del sujeto, más puros serán sus sueños, y cuanto más impura, más impuros.

La naturaleza moral del hombre perdura, desde luego, en el sueño: "Pero mientras que ningún error de cálculo, ninguna herejía científica ni ningún anacronismo nos hiere, ni se nos hacen siquiera sospechosos, por palpables, románticos o ridículos que respectivamente sean, distinguimos siempre lo malo; la justicia de la injusticia; la facultad de distinguir lo bueno de la virtud, del vicio. Por mucho que sea lo que de nuestra personalidad despierta perdamos durante el reposo, el "imperativo categórico" de Kant se ha constituido de tal manera en nuestro inseparable acompañante, que ni aun en sueños llega a abandonarnos… Este hecho no puede explicarse sino por la circunstancia de que lo fundamental de la naturaleza humana, el ser moral, se halla muy firmemente unido al hombre para participar en el juego calidoscópico, al que la fantasía, la inteligencia, la memoria y demás facultades de igual rango sucumben en el sueño" (pp. 45 y sigs.).

En la discusión de esta materia incurren ambos grupos de autores en singulares desplazamientos e inconsecuencias. Lógicamente, la hipótesis de que la personalidad moral del hombre desaparece en el sueño debiera despojar a sus partidarios de todo interés por los sueños inmorales, permitiéndoles además rechazar la posibilidad de exigir por ellos una responsabilidad al sujeto o atribuirle perversos sentimientos, con la misma tranquilidad que la equivalente de deducir, por el absurdo de los sueños, la carencia de valor de los rendimientos intelectuales del sujeto en la vida despierta. En cambio, aquellos otros autores para los cuales se extiende al fenómeno onírico el dominio del imperativo categórico, deberían aceptar sin limitación alguna la responsabilidad del sujeto con respecto a sus sueños. Habríamos, únicamente, de desearles que sueños propios reprobables no les hicieran errar en la estimación de su propia moralidad, tan segura con respecto a otros dominios distintos del onírico.

Mas, por lo visto, nadie sabe a punto fijo en qué medida es bueno o malo, ni puede tampoco negar haber tenido alguna vez sueños inmorales, pues por encima de su opuesto juicio sobre la moral onírica coinciden ambos grupos de autores en un esfuerzo por esclarecer el origen de los sueños inmorales, surgiendo de la vida psíquica o en influencias somáticamente condicionadas, ejercidas sobre la misma. El poder coactivo de la evidencia hace, sin embargo, coincidir a muchos defensores de la responsabilidad y de la irresponsabilidad en el reconocimiento de una fuente psíquica especial para la inmoralidad de los sueños.

De todos modos, aquellos investigadores que extienden a los sueños la moral subjetiva, se guardan muy bien en aceptar la completa responsabilidad de los sueños propios. Haffner dice (p. 24): "No somos responsables de nuestros sueños, porque nuestro pensamiento y nuestra voluntad quedan despojados en ellos de la base sobre la cual posee únicamente nuestra vida, verdad y realidad. Siendo así, nada de lo que en sueños queremos o hacemos puede tenerse por virtud o pecado". Pero el hombre es responsable de sus sueños pecadores en tanto que los origina indirectamente, y antes de conciliar el reposo tiene, del mismo modo que en el resto de la vigilia, el deber de purificar moralmente su alma.

Hildebrandt ahonda mucho más en el análisis de esta mezcla de negación y afirmación de nuestra responsabilidad con respecto al contenido moral de los sueños. Después de indicar que la forma dramática de exposición adoptada por el fenómeno onírico, la acumulación de los más complicados procesos reflexivos en un brevísimo espacio de tiempo y la desvalorización y confusión —que también reconoce— de los elementos de representación, deben tenerse en cuenta, como circunstancias atenuantes, al juzgar el aspecto inmoral de los sueños, confiesa que tampoco no es posible negar en absoluto toda responsabilidad por los pecados y faltas que en ellos cometemos.

Página 49: "Cuando queremos rechazar de un modo decidido una acusación injusta referente a nuestros propósitos o sentimientos, solemos servirnos de la expresión: "Eso no se me ha ocurrido ni aun en sueños". Con esto manifestamos por un lado, que el dominio de los sueños es para nosotros el último por cuyo contenido pudiera exigírselos responsabilidad, puesto que nuestros pensamientos no poseen en él sino tan escasa y lejana conexión con nuestro verdadero ser, que apenas pueden ya atribuírsenos; pero al sentirnos inducidos a negar también la existencia de dichos pensamientos en este dominio, confesamos al mismo tiempo indirectamente que nuestra justificación sería incompleta si no alcanzase también hasta él. A mi juicio, hablamos aquí, siquiera sea inconscientemente, el lenguaje de la verdad".

Página 52: "No podemos suponer ningún hecho onírico cuyo primer motivo no haya cruzado antes en alguna forma a título de deseo, aspiración o sentimiento por el alma del individuo despierto". Este primer sentimiento no lo ha inventado el sueño; se ha limitado a copiarlo y desarrollarlo, elaborando en forma dramática un adarme de materia histórica que halló previamente en nosotros. Así, el fenómeno onírico no hace sino poner en escena las palabras del Apóstol: "Aquel que odia a su hermano es un homicida". Y mientras que conscientes de nuestra energía moral podemos sonreír, al despertar, ante el amplio cuadro perverso que nuestro sueño pecador nos ha presentado, el nódulo originario causal no presenta faceta alguna que nos mueva a risa. Nos sentimos por tanto, responsables de nuestros extravíos oníricos; no en su totalidad, pero sí en cierto tanto por ciento. "Comprendemos, en este indiscutible sentido, la palabra de Cristo; 'Del corazón vienen malos pensamientos', y no podemos casi defendernos de la convicción de que cada pecado cometido en el sueño trae consigo para nosotros, por lo menos, un oscuro mínimo de culpa."

En los gérmenes de sentimientos reprobables que a título de tentaciones cruzan por nuestra alma en la vigilia encuentra, Hildebrandt la fuente de inmoralidad de los sueños y no vacila en tener en cuenta estos elementos inmorales en la estimación moral de la personalidad. Estos mismos pensamientos y su idéntica valoración es lo que ha hecho acusarse a los santos y a los hombres piadosos de toda época de ser los más grandes pecadores[19].

No cabe duda alguna sobre la general aparición de estas representaciones contrastantes en la mayoría de los hombres y también en relación con dominios distintos del ético. Pero algunas veces se les ha juzgado con menos severidad. Así, Spitta transcribe las siguientes manifestaciones de A. Zeller (p. 144): "Raras veces se halla tan felizmente organizado un espíritu que posea en todo momento un poder absoluto y no quede estorbada la continua y clara marcha de sus pensamientos por representaciones no sólo insignificantes, sino hasta ridículas y desatinadas. Incluso los más grandes pensadores se han lamentado de esta inoportuna turba de representaciones, semejantes a las de los sueños, que perturba sus más profundas reflexiones y su más seria y sagrada labor mental".

Una observación de Hildebrandt, la de que el sueño nos permite a veces contemplar los repliegues y profundidades de nuestro ser, que durante la vigilia quedan casi siempre ocultos a nuestros ojos, arroja más clara luz sobre la situación psicológica de estos pensamientos de contraste.

Análoga idea expone Kant en un pasaje de su *Antropología* al afirmar que el sueño tiene por función la de descubrirnos nuestras disposiciones ocultas y revelarnos no lo que somos, sino lo que hubiéramos podido llegar a ser si hubiéramos recibido una educación diferente. Radestock (p. 84) reproduce este juicio cuando dice que el sueño nos revela aquello que no queremos confesarnos a nosotros mismos, siendo esto lo que nos impulsa a calificarlo injustamente de mentiroso y engañador. J. E. Erdmann manifiesta: "Nunca me ha revelado un sueño lo que de un hombre debo opinar; pero lo que de él opino y cuáles son mis verdaderos sentimientos con respecto a él, eso sí me lo ha mostrado más de una vez, con gran asombro mío".

En forma semejante opina J. H. Fichte: "El carácter de nuestros sueños nos revela mucho más fielmente nuestro estado de ánimo total que el autoanálisis durante la vigilia". Observaciones como las de Benini y Volkelt, que a continuación transcribimos, nos hacen advertir que la emergencia de estos impulsos ajenos a nuestra conciencia moral, sólo es comparable a la ya conocida disposición del sueño sobre otro material de representaciones que falta a la vida despierta o desempeña en ella un insignificante papel. Benini: *Certe nostre inclinazioni che ci credevano soffocate e spente da un pezzo, si ridestano; passioni vecchie e sepolte rivivono; cosa e persona a cui non pensiamo mai, ci vengono dinazi* (p. 149). Y Volkelt: "También representaciones que se han introducido casi inadvertidamente en la conciencia despierta y quizá no hubieran sido sacados nunca por ella del olvido, suelen revelar al sueño su presencia en el alma" (p. 105). Por último, es este el lugar de recordar que, según Schleiermacher, ya el acto de conciliar el reposo se halla acompañado de representaciones (imágenes) *involuntarias*.

En este concepto de "representaciones involuntarias" debemos incluir todo aquel acervo de representaciones cuya emergencia —tanto en los sueños inmorales como en los absurdos— despierta nuestra extrañeza. La única diferencia importante que podemos señalar entre las representaciones involuntarias referentes a nuestra moralidad y las relativas a otros dominios es que las primeras se revelan en oposición con nuestra restante manera de sentir, mientras que las segundas se limitan a despertar nuestra extrañeza. Pero hasta el momento no hemos realizado progreso ninguno que nos permita ampliar esta diferenciación por un conocimiento más completo y profundo de sus términos.

¿Qué significación tiene la emergencia de representaciones involuntarias en el sueño? ¿Y qué conclusiones pueden deducirse para la psicología del alma despierta o soñadora de esta emergencia nocturna de sentimientos éticos contrastantes? Habremos de señalar aquí una nueva diferencia de opinión y una nueva agrupación distinta de los autores. El proceso mental de Hildebrandt y de otros representantes de su opinión fundamental no puede ser continuado sino en el sentido de que los sentimientos inmorales entrañan también en la vigilia un cierto poder —cohibido, desde luego— de llegar a convertirse en actos, y que en el estado de reposo desaparece algo que, actuando como una retención nos había impedido advertir este sentimiento. El sueño mostraría así, aunque no en su totalidad, la verdadera esencia del hombre, y pertenecería a los medios de hacer accesible a nuestro conocimiento el oculto interior del alma. Sólo partiendo de dichas hipótesis puede Hildebrandt adjudicar al sueño el papel de un consejero que atrae nuestra atención sobre escondidas debilidades morales de nuestra alma, del mismo modo que, según confesión de los médicos, puede anunciar a la conciencia enfermedades físicas que hasta entonces ignorábamos nos aquejaran.

Tampoco Spitta puede guiarse por otra idea cuando señala las fuentes de excitación que, por ejemplo, en la pubertad actúan sobre el alma, y consuela el sujeto diciéndole que ha hecho todo lo que en su mano se hallaba cuando ha sido virtuoso en su vida despierta y se ha esforzado en ahogar siempre los malos pensamientos, no dejándolos madurar y convertir en actos. Conforme a esta concepción, podríamos designar las representaciones involuntarias como aquellas que han sido ahogadas durante el día, y habríamos de ver en emergencia un fenómeno puramente psíquico.

Mas, según otros autores, esta última conclusión es totalmente errónea. Así, para Jessen, las representaciones involuntarias exteriorizan, por medio de movimientos internos, y tanto en el sueño como en la vigilia y el delirio febril o de otro género, "el carácter de una actividad de la voluntad en reposo y de un proceso *hasta cierto punto mecánico* de imágenes y representaciones" (p. 360). Un sueño inmoral no significa, con respecto a la vida anímica del soñador, sino que el mismo se había percatado alguna vez del contenido de representaciones correspondiente, pero desde luego no un sentimiento anímico propio. Determinadas manifestaciones de Maury nos inclinan a creer que atribuye al estado onírico la facultad de fragmentar en sus componentes la actividad anímica, en lugar de destruirla, sin sujeción a plan ninguno. Así, de los sueños en los que traspasamos los límites de la moralidad dice: *Ce sont nos penchants qui parient et qui nous font agir, sans que la conscience nous retienne, bien que parfois alle nous avertisse J'ai mes défauts et mes penchants vicieux a l'état de veille, je tâche de lutter contre eux, et il m'arrive assez souvent de n'y pas succomber. Mais dans mes songes j'y succombe toujours ou, pour mieux dire, j'agis par leur impulsion, sans crainte et sans remords... Evidemment, les visions qui se déroulent devant ma pensée et qui constituent le rêve, me sont suggérées par les incitations que je ressens et que ma volonté absente ne cherche pas a refouler* (p. 113).

La creencia en la capacidad del sueño para revelar una disposición inmoral del sujeto, realmente existente, pero ahogada o escondida, no puede hallar expresión más exacta que en las siguientes palabras de Maury (p. 115): *En rêve l'homme se révele donc touto entier a soi même dans sa nudité et sa misere natives. Des qu'il suspend l'exercise de sa volonte, il devient le jouet de toutes les passions contre lesquelles a l'état de veille la conscience, le sentiment d'honneur, la crainte nous défendent.* En otro lugar halla también la frase exacta (p. 462): *Dans le rêve, c'est sortout l'homme instinctif qui se revele... L'homme revient, pour ainsi dire, a l'etat de nature quand il rêve; mains moins les idées acquises ont pénetré dans son esprit, plus les penchants en dessaccord avec elles conservent encore ser lui d'influence dans le rêve.* Como ejemplo aduce que sus sueños le muestran con frecuencia víctima de aquella misma superstición que con más energía ha combatido en sus escritos.

Pero el valor de todas estas ingeniosas observaciones para un conocimiento psicológico de la vida onírica queda disminuido en Maury por su resistencia a no ver en los fenómenos tan acertadamente observados por él sino pruebas del *automatisme psychologique*, que, a su juicio, domina la vida onírica. Este automatismo lo considera como la completa antítesis de la actividad psíquica.

En sus estudios sobre la conciencia dice Stricker: "El sueño no se compone exclusivamente de engaños; cuando en él sentimos miedo de los ladrones, éstos son imaginarios, pero el miedo es real". De este modo se nos advierte que el desarrollo de afectos en el sueño no puede ser juzgado en la misma forma que el resto del contenido onírico, y se nos plantea de nuevo el problema de qué es lo que en los procesos psíquicos del sueño puede considerarse como real; esto es, puede aspirar a ser incluido entre los procesos psíquicos de la vigilia.

g) Teorías oníricas y función del sueño

Un conjunto de juicios sobre el sueño que intente explicar, desde un determinado punto de vista, la mayor suma posible de los caracteres observados en su investigación y fije al mismo tiempo su situación con respecto a un más amplio campo de fenómenos, merecerá ser calificado de teoría onírica. Las distintas teorías que de este modo puedan establecerse se diferenciarán en el carácter que de los sueños consideren como esencial, enlazando a él las explicaciones y relaciones constitutivas de su contenido. No habrá de ser condición indispensable que de todas y cada una de ellas pueda deducirse una función o utilidad del fenómeno onírico; pero obedeciendo a nuestra acostumbrada orientación teleológica, habremos de preferir aquellas que entrañen el conocimiento de dicha función.

Conocemos ya varias concepciones de los sueños merecedoras, en este sentido, del nombre de teorías oníricas. Así, la antigua creencia de que los sueños eran enviados por los dioses para dirigir los actos de los hombres constituía una teoría completa que explicaba todo lo que en el fenómeno onírico presenta interés. Desde que el sueño ha llegado a ser objeto de la investigación biológica, ha surgido un número más considerable que nunca de teorías oníricas; pero entre ellas existen algunas muy incompletas.

Renunciando a incluirlas en su absoluta totalidad, puede intentarse la siguiente clasificación —no extremadamente rigurosa— de las teorías oníricas, conforme a la hipótesis que sobre la magnitud y la naturaleza de la actividad psíquica en el sueño les sirva de base.

1o. Aquellas teorías que, como la de Delboeuf, hacen perdurar en el sueño la total actividad psíquica de la vigilia. Según ellas, el alma no duerme; su aparato permanece intacto, pero sometida a las condiciones del estado de reposo, distintas de las correspondientes a la vigilia, tiene que producir, aun funcionando normalmente, rendimientos distintos. Surge aquí la duda de si estas teorías consiguen derivar, en su totalidad de las condiciones del estado de reposo, las diferencias que se nos muestran entre el sueño y la reflexión. Pero, además, falta en ellas toda posibilidad de deducir la existencia de una función onírica. No nos explican para qué soñamos ni por qué el complicado mecanismo del aparato anímico sigue funcionando aun después de haber sido colocado en circunstancias para las que no se halla calculado. En esta situación, las únicas reacciones adecuadas serían dormir sin sueños o despertar cuando sobreviniera un estímulo perturbador; pero nunca soñar.

2o. Aquellas teorías que, por el contrario, aceptan en el sueño un descenso de la actividad psíquica y una debilitación de la coherencia. De estas teorías se deduce una característica psicológica del estado de reposo muy distinta de la establecida por Delboeuf. El reposo se extiende al alma y no se limita a aislarla por completo del mundo exterior, sino que penetra en su mecanismo, haciéndolo temporalmente inutilizable. Si me es permitida una comparación con material psiquiátrico, diré que las primeras teorías construyen el sueño como una paranoia y las segundas lo convierten en el prototipo de la imbecilidad o de una amencia.

La teoría de que en la vida onírica sólo se manifiesta una parte de la actividad anímica paralizada por el reposo es la preferida por los autores médicos y, en general, por el mundo científico. En tanto que ha de suponerse un profundo interés por el esclarecimiento de los sueños, puede considerársela como la teoría dominante. Su característica es la facilidad con que sortea uno de los mayores peligros que se alzan ante toda explicación de los sueños: el de estrellarse contra una de las antinomias a las que los mismos dan cuerpo.

Considerando el fenómeno onírico como el resultado de una vigilia parcial ("una vigilia paulatina, parcial, y al mismo tiempo, muy anómala", dice Herbart sobre el sueño, en su *Psicología*), puede explicar, por una serie de estados cada vez más cercanos al de vigilia, toda la serie de rendimientos imperfectos del sueño —exteriorizados en el absurdo del mismo— hasta el rendimiento mental perfecto y totalmente concretado.

Para aquellos a quienes ha llegado a ser indispensable la forma de exposición fisiológica o la encuentra más científica, transcribiré aquí la descripción que Binz hace de esta teoría (p. 43):

"Este estado (de estupor) camina paulatinamente hacia su fin en las primeras horas de la mañana. Las toxinas que la fatiga acumuló en la albúmina cerebral van disminuyendo cada vez más, destruidas o arrastradas por la continua corriente de la sangre. Algunos grupos de células, despiertos ya, comienzan a funcionar en medio del general letargo, y ante nuestra obnubilada conciencia surge entonces la *actividad aislada* de estos grupos de células, falta del control de las demás partes del cerebro que rigen la asociación. En consecuencia, las imágenes creadas, correspondientes generalmente a las impresiones materiales de un próximo pasado, se agregan unas a otras sin orden ni concierto. Luego, conforme va haciéndose mayor el número de células cerebrales despiertas, va disminuyendo en proporción, es destino del sueño."

Todos los fisiólogos y filósofos modernos se muestran conformes con esta concepción del sueño como una vigilia incompleta y parcial, o cuando menos influidos por ella. Maury es quien más ampliamente la desarrolla, pareciendo ver en la vigilia o el reposo estados desplazables por regiones anatómicas, aunque de todos modos se le muestren siempre enlazadas una determinada región anatómica y una determinada unción psíquica. Pero quisiera limitarme aquí a indicar que si la teoría de la vigilia parcial se confirmase, habría aún que realizar una importante labor para estructurarla.

Naturalmente, no puede deducirse de esta teoría de la vida onírica una función del sueño. Obra, Binz con toda consecuencia cuando fija la situación e importancia del fenómeno onírico en los siguientes términos (p. 357): "Todos los hechos tienden, como vemos, a caracterizar el sueño como un proceso *somático*, inútil en todo caso, y hasta patológico en muchos…"

El término "somático", referido al sueño y subrayado por el autor mismo, nos revela la posición de Binz con respecto a varios de los problemas oníricos y en primer lugar a la etiología de los sueños, de la que Binz se ocupo especialmente al investigar la génesis experimental de sueños por absorción de materias tóxicas. Sobre este problema etiológico coinciden todas las teorías que integran el presente grupo en la tendencia a excluir en lo posible estímulos distintos de los somáticos, su forma más extrema sería aproximadamente la que sigue:

Conseguido el reposo por la supresión de todo estímulo, no tendríamos necesidad ni ocasión de soñar hasta que en las primeras horas de la mañana pudiera reflejarse en un sueño el paulatino despertar provocado por la aparición de nuevos estímulos. Pero sucede que nunca conseguimos mantener nuestro reposo libre de todo estímulo, pues análogamente a los gérmenes de la vida, de cuya inagotable emergencia se lamentaba Mefistófeles, llega sin interrupción hasta el sujeto estímulos de las más diversas procedencias, externos, internos y hasta de aquellas regiones de su cuerpo a las que nunca ha prestado la menor intención. De este estímulo queda el reposo perturbado, y el alma, sacada ora en un punto, ora en otro, de su letargo, funciona un momento con la parte despertada, para volver luego al reposo. Resulta, que el sueño es la reacción

—totalmente superflua— a la perturbación del reposo ocasionada por el estímulo.

Mas al designar el sueño —que de todas maneras continua siendo un rendimiento del órgano anímico— como un proceso somático, posee algún otro sentido diferente. Se trata de despojarle de la dignidad de proceso psíquico. La comparación, muy antigua y empleada, del sueño con "los sonidos que los diez dedos de un individuo totalmente profano en música producirían en un piano, recorriendo al azar el teclado", constituye quizá la descripción más exacta de la apreciación que en la mayoría de los casos ha hallado el rendimiento onírico en los representantes de las ciencias exactas. En esta concepción se convierte el sueño en algo totalmente interpretable, pues no es posible que recorriendo al azar el teclado improvise el profano en música composición alguna.

Contra esta teoría de la vigilia parcial se han elevado desde un principio numerosas objeciones. Así Burdach escribía en 1830: "Con la afirmación de que el sueño es una vigilia parcial no se explican, en primer lugar, ni el reposo ni la vigilia, y en un segundo, no se dice sino que algunas fuerzas del alma actúan en el sueño mientras otras reposan. Pero esta desigualdad tiene defecto durante la vida..." (p. 483).

En la teoría dominante, que ve en el sueño un proceso "somático", se apoya una muy interesante concepción de los sueños, desarrollada por Robert en 1866 y que posee el atractivo de atribuir al fenómeno onírico una función y un resultado útil. Toma este autor como base de su teoría dos hechos comprobados, de los que ya tratamos al ocuparnos del material onírico: La frecuencia con que en nuestros sueños se incluyen las impresiones diurnas más secundarias y lo raramente que soñamos con lo que más nos ha interesado en nuestra vida diurna. Robert afirma categóricamente: "Aquellas cosas que hemos pensado con detenimiento y hasta asimilarlas, no se constituyen jamás en estímulos oníricos, sino tan solo aquellas otras que permanecen inacabadas en nuestro espíritu o sólo lo han rozado fugitivamente" (p. 10). "Por esta razón no podemos explicarnos la mayoría de nuestros sueños, pues las causas que los originan son precisamente aquellas *impresiones sensoriales diurnas de las que el sujeto no ha llegado a adquirir un suficiente conocimiento.*" Para que una impresión pueda llegar a incluirse en un sueño es, por tanto, necesario que su elaboración haya quedado perturbada o que, por ser demasiado insignificante, no haya podido aspirar siquiera a una elaboración.

Robert se presenta al sueño "como un proceso somático de segregación, que llega al conocimiento nuestro al reaccionar mentalmente a él. Los sueños son segregaciones de pensamientos ahogados en germen". "Un hombre al que se despojase de la facultad de soñar contraería en poco tiempo una perturbación mental, pues en su cerebro se acumularía una masa de pensamientos inacabados, no terminamos de pensar, y de impresiones insignificantes, bajo cuyo peso quedaría ahogado aquello que a título de todo acabado hubiera de ser incorporado a la memoria." De este modo presta el sueño a la conciencia sobrecargada el servicio de una válvula de seguridad. Los sueños poseen una fuerza curativa y derivativa.

Sería equivocado preguntar a Robert cómo por medio del representar onírico puede producirse un desastre del alma, pues lo que de las dos peculiaridades del material onírico antes citadas deduce evidentemente este autor, es que durante el reposo se verifica en algún modo, y como proceso somático, una tal expulsión de las impresiones carentes de valor y que el soñar no es ningún proceso psíquico especial, sino únicamente la noticia de que dicha selección obtenemos. Pero no es una segregación lo único que durante la noche se realiza en el alma. El mismo Robert añade que, además, se lleva a efecto una elaboración de los estímulos del día, y que "aquello que de la materia de pensamiento no asimilada resiste a la segregación es reunido por cadenas de pensamientos tomados de la fantasía, hasta formar una totalidad, e incorporado así a la memoria como una innocua pintura de la fantasía" (p. 23).

En total contradicción con la teoría dominante se nos muestra, en cambio, la de Robert, por lo que respecta a las fuentes oníricas. Mientras que, según la primera, no soñaríamos en absoluto si los estímulos externos e internos no despertaran de continuo a nuestra alma, según la teoría de Robert, el impulso de soñar reside en el alma misma, esto es, en su sobrecarga que demanda una derivación. Resulta, pues, por completo consecuente la conclusión establecida por este autor de que las causas condicionantes del sueño dependientes del estado corporal del sujeto, no ocupan sino un lugar secundario, y no podrían inducir a soñar, en ningún caso, a un espíritu en el que no existiese previamente materia alguna para la formación de los sueños, tomado de la conciencia despierta. Debe concederse únicamente que las imágenes fantásticas que, procedentes de lo más profundo del alma del sujeto, se desarrollan en su sueño, pueden ser influidas por los estímulos nerviosos (p. 41). De este modo resulta el sueño independiente, hasta cierto punto —según Robert—, de lo somático. No constituye, ciertamente, un proceso psíquico ni ocupa lugar alguno entre los procesos de este género que se desarrollan en nuestra vida despierta; pero es un proceso somático que se desarrolla todas las noches en el aparato de la actividad anímica y tiene a su cargo una función: la de proteger a este aparato contra una excesiva tensión, o, si se nos permite cambiar de comparación, la de limpiar el alma.

Otro autor, Ives Delage, apoya su teoría en estos mismos caracteres del sueño, que se hacen patentes en la selección del material onírico, siendo muy instructivo observar cómo por una ligera diferencia en la comprensión de un mismo objeto se llega a un resultado final de muy distinto alcance.

Delage comenzó por observar en sí propio, con ocasión de la muerte de una persona querida, que no soñamos con aquello que durante el día ha ocupado nuestro pensamiento, o únicamente soñamos con ello cuando empieza a desvanecerse ante nuevos intereses.

Sus investigaciones subsiguientes con otras personas le confirmaron la generalidad de este hecho. Una de las observaciones de este autor, que de confirmarse su general exactitud sería muy interesante, se refiere a los sueños de los recién casados: *S'ils ont été fortement épris, presque jamais ils n'on rêvé l'un de l'autre avant le mariage ou pendant la lune de miel; el s'ils ont rêvé d'amour c'est pour être infideles avec quelque personne indifférente ou odieuse.* Pero, entonces, ¿con qué soñamos? Delage reconoce el material que aparece en nuestros sueños como compuesto de fragmentos y restos de impresiones de los últimos días y de un pretérito más lejano. Todo lo que en nuestros sueños emerge y nos inclinamos a considerar al principio como creación de la vida onírica se nos demuestra, en un más detenido examen, como reproducción ignorada o *souvenir inconscient.* Pero este material de representaciones muestra un carácter común: el de proceder de impresiones que han herido más nuestros sentidos que nuestro espíritu, o de aquellas otras que sólo un brevísimo instante consiguieron retener nuestra atención.

En esencia, son éstas las dos mismas categorías de impresiones —las secundarias y las no terminadas— que Robert establece; pero Delage orienta diferentemente su ruta mental, opinando que dichas impresiones no devienen susceptibles de crear un sueño por ser indiferentes, sino por no haber sido agotadas. También las impresiones secundarias se hallan hasta cierto punto inagotadas, y son también por su naturaleza de nuevas impresiones, *autant de resorts tendus,* que se distendrán durante el sueño. Una impresión intensa, intencionadamente rechazada o cuya elaboración haya quedado detenida casualmente, tendrá mucho más derecho a desempeñar un papel en el sueño que otra más débil y casi inadvertida. La energía psíquica almacenada durante el día a consecuencia de la represión, deviene por la noche el resorte del sueño. En éste se exterioriza lo psíquico reprimido[20].

Desgraciadamente, las deducciones de Delage se interrumpen al llegar a este punto, y así no puede asignar en el sueño a una actividad psíquica independiente sino el más insignificante papel. Con esto queda agregada su concepción del fenómeno onírico a la teoría dominante del reposo parcial del cerebro: *En Somme, le rêve est le produit de la pensé errante, sans but et sans direction, se fix ant succesivemente sur les souvenirs, qui ont gardé assez d'intensité pour se placer sur sa route et l'arrêter au passage, établissant entre eux un lien tantot faible et indécis tantôt plus fort et plus serre selon que l'activité actuelle du cerveau est plus on moins abolie par le sommeil.*

3o. En un tercer grupo podemos reunir aquellas teorías que adscriben al alma soñadora la facultad de realizar determinadas funciones psíquicas que la vigilia no puede llevar a cabo o sólo muy incompletamente. Del empleo de estas facultades es deducida, por lo general, una función útil del sueño. A este grupo de teorías pertenecen en su mayoría las desarrolladas por los viejos autores psicológicos, teorías que creo innecesario exponer aquí detalladamente. Me limitaré, a mencionar la observación de Burdach de que el sueño "es aquella actividad natural del alma que no se halla limitada por el poder de la individualidad y no es perturbada por una conciencia de sí misma ni dirigida por autodeterminación, sino que constituye la vitalidad contingente del punto central sensible" (p. 436).

Burdach y otros autores se representan indudablemente este libre uso de la fuerzas propias como un estado en el que el alma se repone y acumula nuevas energías para la labor diurna; esto es, como una especie de vacaciones psíquicas. No es, por tanto, de extrañar

---

[20] Idénticamente se expresa el poeta Anatole France (*Le Lys rouge*): *Ce que nous voyons la nuit, ce sont les restes malheureux de ce que nous avons négligé dans la veille. La rêve est souvent la revanche des choses qu'on méprise ou le reproche des êtres abandonees.*

que el primero cite y adopte en su obra las amables palabras con que el poeta Novalis ensalza la labor del sueño: "Los sueños nos protegen contra la monotonía y la vulgaridad de la existencia. En ellos descansa y se recrea nuestra encadenada fantasía, mezclando sin orden ni concierto todas las imágenes de la vida e interrumpiendo, con su alegre juego infantil, la continua seriedad del hombre adulto. Sin nuestros sueños, envejeceríamos antes. Habremos, de ver en ellos, ya que no un don directo de los cielos, una encantadora facultad y una amble compañía en nuestra peregrinación hasta el sepulcro".

Purkinje (p. 456) acentúa aún más intensamente la actividad tónica y curativa del sueño: "Los sueños productivos facilitarían especialmente estas funciones... Son ligeros juegos de la imaginación, exentos de todo enlace con los sucesos del día. El alma no quiere mantener las tensiones de la vida despierta, sino, por el contrario, suprimirlas y reponerse de ellas. Con este objeto crea estados contrarios a los de la vigilia. Cura la tristeza con la alegría, los cuidados con esperanzas e imágenes serenas y entretenidas, el odio con el amor y la cordialidad, el temor con el valor y la confianza; suprime las dudas, sustituyéndolas por el convencimiento y la fe, y nos presenta cumplido aquello que nos parecía esperar o desear en vano. El reposo cura muchas heridas que la vigilia mantenía constantemente abiertas, cerrándolas o preservándolas de nuevas excitaciones. En este hecho reposa en parte el efecto curativo que el tiempo ejerce sobre nuestros dolores. Todos sentimos que el reposo constituye un beneficio para la vida anímica, y la conciencia popular no se deja arrebatar el oscuro presentimiento de que los sueños son uno de los caminos por los que el reposo prodiga su acción bienhechora".

La tentativa más original y de mayor alcance realizada para explicar el sueño como una especial actividad del alma, que sólo en el estado de reposo puede desarrollarse libremente, ha sido la emprendida por Scherner en 1861. El libro de este autor, escrito en un estilo turbio y ampuloso y pleno de un tan cálido entusiasmo por la materia, que si no logra arrastrar consigo al lector tiene necesariamente que disgustarle, ofrece tan grandes dificultades a un análisis que preferimos limitarnos a transcribir aquí las claras y sintéticas palabras en que Volkelt condensa la teoría en él desarrollada: "Del oscuro conglomerado, místico, ampuloso y magnífico, irradia una apariencia de sentido llena de presentimientos, pero que no nos aclara los caminos mentales del autor". Los mismos partidarios de Scherner comparten este juicio de su obra.

Scherner no pertenece a aquellos autores que hacen continuar el alma en el sueño el ejercicio intacto de todas sus facultades. Expone, en efecto, como en el fenómeno onírico queda enervada la centralidad, la energía espontánea del yo; cómo a consecuencia de esta descentralización quedan transformados el conocer, el sentir, el querer y el representar, y cómo el residuo de estas fuerzas anímicas no posee un verdadero carácter espiritual, sino únicamente el de un mecanismo. Pero, en compensación, aquella actividad del alma a la que hemos de dar el nombre de *fantasía* se eleva en el sueño, libre de todo dominio de la razón, y con ello de toda norma, a un ilimitado imperio. Toma ciertamente sus materiales de la memoria de la vida despierta, pero construye con ellos algo en absoluto diferente a las formaciones de la vigilia, y se muestra en el sueño no solamente *reproductiva*, sino *productiva*. Sus peculiaridades prestan a la vida onírica sus especiales caracteres. Muestra una predilección por lo *desmesurado, exagerado y monstruoso*; pero al mismo tiempo adquiere, por su emancipación de las categorías mentales contrarias, una mayor agilidad y flexibilidad y se revela finalmente sensible a los más sutiles estímulos psíquicos que determinan nuestro estado de ánimo y a los efectos agitadores, transformando instantáneamente la vida interior en imágenes plásticas exteriores. La fantasía onírica carece de *lenguaje abstracto*; tiene que representar plásticamente aquello que quiere expresar, y dado que de este modo no pueden los conceptos ejercer una acción debilitante, crea imágenes de intensa y plena plasticidad. Resulta así que su lenguaje, por claro que sea, deviene ampuloso, pesado y torpe. La impresión de que además adolece depende especialmente de la peculiar repugnancia de la fantasía onírica a expresar un objeto por la imagen correspondiente, y de su preferencia a escoger otra imagen distinta, en tanto que le es factible expresar por medio de la misma aquella parte, estado o situación que del objeto le interesa exclusivamente representar. Esta es la *actividad simbólica* de la fantasía. Muy importante también es el hecho de que la fantasía onírica no copia los objetos en su absoluta totalidad, sino tan solo su contorno, aun éste con la mayor libertad. Sus creaciones plásticas muestran de este modo algo de inspiración genial. Pero, además la fantasía onírica no se limita a esta mera reproducción del objeto, sino que se ve interiormente obligada a enlazar con él, más o menos estrechamente, el yo onírico, y crear en esta forma una acción. Así, el sueño provocado por un estímulo visual nos hace ver tiradas por la calle, relucientes monedas de oro que vamos recogiendo alegremente.

El material al que la fantasía onírica aplica su actividad artística es, sobre todo, según Scherner, el de los estímulos orgánicos, tan oscuros durante el día. Resulta, que la teoría, en exceso fantástica, de Scherner, y la quizá demasiado tímida de Wundt y otros fisiólogos —totalmente opuestas, en general—, vienen a coincidir por completo en lo referente a las fuentes y los estímulos del sueño. Pero según la teoría fisiológica, la reacción anímica a los estímulos somáticos internos se limita a la evocación de representaciones a ellos adecuadas, las cuales llaman luego a otras en su auxilio por medio de la asociación, pareciendo quedar terminada con esta fase la serie de los procesos psíquicos del sueño; y, en cambio, según Scherner, los estímulos somáticos no proporcionan al alma sino un material que la misma puede poner al servicio de sus propósitos fantásticos; la formación de los sueños no empieza para Scherner sino precisamente en el punto en que se agota a los ojos de los demás.

No puede, de todas maneras, considerarse congruente lo que la fantasía onírica realiza con los estímulos somáticos. Se permite en ellos un juego burlón, representándose por medio de un símbolo plástico cualquiera, la fuente orgánica de la que proceden en cada caso los estímulos. Scherner llega incluso a opinar, sin que en ello le sigan Volkelt y otros, que la fantasía onírica posee una determinada representación favorita para la totalidad de nuestro organismo: la casa. Mas, para dicha de sus representaciones, no parece permanecer constante y obligadamente ligada a esta única imagen. Por el contrario, puede emplear series enteras de casas para designar un solo órgano. Así, largas calles para el estímulo intestinal. Otras veces quedan representadas partes del cuerpo por detalles aislado de una casa. Así, en el sueño provocado por el dolor de cabeza, queda ésta representada por el techo de una habitación que el sujeto ve cubierto de repugnantes arañas semejantes a sapos.

Fuera del simbolismo de la casa, son empleados otros objetos para representar la parte del cuerpo de la que emana el estímulo onírico. "El pulmón y su función anatómica encuentra su símbolo en la estufa encendida y la corriente de aire que en ella se establece; el corazón, en cajones o cestos vacíos, y la vejiga en objetos redondos en forma de bolsa o sencillamente cóncavos."

"El sueño provocado por un estímulo emanado de los genitales masculinos hace encontrar al sujeto en la calle la boquilla de un clarinete o de una pipa, o también una piel. Los dos primeros objetos evocan aproximadamente la forma del sexo masculino, y el último el vello del pubis. En las mujeres queda representada oníricamente la región pubiana por un angosto patio, y la vagina por un estrecho sendero, blando y resbaladizo, que los atraviesa y por el que tiene que pasar la sujeta del sueño para llevar, por ejemplo, una carta dirigida a un hombre." (Volkelt, p. 39.) Muy importante es la circunstancia de que al final de un sueño de estímulo somático se desenmascara, por decirlo así, la fantasía onírica, presentando en su forma real el órgano estimulador o su función. Así, el sueño provocado por un estímulo dental termina casi siempre con la caída o extracción de una muela o un diente que el sujeto mismo saca de su boca.

Pero la fantasía onírica no dirige exclusivamente su atención a la forma del órgano estimulador, sino que puede tomar asimismo la sustancia en él contenida como objeto de la simbolización. Así, el sueño de estímulo intestinal hace andar al sujeto por calles cubiertas de excrementos, y el de estímulo vesical le conduce junto a una rápida corriente de agua. El sueño puede representar simbólicamente el estímulo como tal, la naturaleza de la excitación producida y el objeto al que tiende, o bien hace entrar al *yo* onírico en una relación concreta con las simbolizaciones del estado mismo por el que atraviesa. Así sucede, cuando en los sueños provocados por un dolor, luchamos desesperadamente con perros o toros que nos acometen, o cuando en el sueño femenino de estímulo sexual se ve perseguida la durmiente por un hombre desnudo. Aparte de la enorme variedad de la representación, hallamos en todo sueño como fuerza central una actividad simbolizante de la fantasía. Volkelt intentó después penetrar en el carácter de esta fantasía y señalar a la actividad psíquica así reconocida un puesto concreto en un sistema filosófico. Pero su obra, muy bella y escrita con cálido entusiasmo; resulta difícil de comprender para aquellos a quienes una previa preparación no ha habituado a desentrañar lo que en realidad oscuramente presentida existe en los abstractos esquemas filosóficos.

La actividad de la fantasía simbolizante no es enlazada por Scherner a una función útil del sueño. El alma juega soñando con los estímulos que se le ofrecen. Pudiera incluso llegarse a suponer que juega caprichosamente con ellos. También pudiera preguntársenos si nuestro detenido examen de la teoría onírica de Scherner, tan arbitraria como opuesta a todas las normas de la investigación, puede resultar de algún provecho. A esto responderíamos que nos parece injusto rechazarla sin formación de causa, pues se halla basada en las impresiones que los sueños dejaron a un concienzudo y minucioso observador, dotado de una gran capacidad para desentrañar oscuros problemas anímicos. Trata, además, de un objeto que durante muchos siglos ha sido considerado por los hombres como un enigma de amplio contenido y múltiples ramificaciones, enigma a cuyo esclarecimiento no ha contribuido la ciencia sino intentando negarle —en completa contradicción con el sentimiento popular— todo contenido e importancia. Por último, queremos declarar honradamente que no parece fácil huir de lo fantástico en la explicación de los sueños, y ya conocemos casos en los que se llega a fantasear incluso sobre las células ganglionares. El pasaje antes citado, de un investigador tan exacto y concienzudo como Binz, en el que se describe cómo la aurora del despertar va extendiéndose paulatinamente por los dormidos grupos de células de la corteza cerebral, no es menos fantástico ni menos inverosímil que las tentativas de explicación de Scherner. Con respecto a éstas, espero poder demostrar que entrañan algo real, aunque sólo haya sido visto muy imprecisamente y no posea el carácter de generalidad al que debe aspirar una teoría de los sueños. Por lo pronto, la teoría de Scherner nos señala, mostrándose en total contraposición a la teoría médica, los extremos entre los que oscila aún hoy en día el esclarecimiento de la vida onírica.

h) Relaciones entre el sueño y las enfermedades mentales

Aquellos que hablan de las relaciones del sueño con las perturbaciones mentales pueden referirse a tres cosas: 1a. A relaciones etiológicas y clínicas, cuando un sueño representa o inicia un estado psicótico o queda como residuo del mismo; 2a. A las transformaciones que la vida onírica sufre en los casos de enfermedad mental; y 3a. A relaciones internas entre el sueño y la psicosis; esto es, a analogías reveladoras de una afinidad esencial. Estas diversas relaciones entre ambas series de fenómenos han constituido en épocas anteriores de la Medicina —y vuelven a constituirlo actualmente— un tema favorito de los autores médicos, como puede verse en la literatura reunida por Spitta, Radestock, Maury y Tissié[21]. Recientemente se ha ocupado de ellas Sante de Sanctis. Mas para los fines de nuestra exposición nos bastará con tratar esta importante materia.

Con respecto a las relaciones clínicas y etiológicas entre el sueño y la psicosis, quiero comunicar aquí, a título de paradigmas, las siguientes observaciones: Hohnbaum (citado por Krauss) manifiesta haber comprobado que la primera manifestación de la demencia había sido consecutiva en muchos casos a un sueño angustioso y terrible, con el que se mostraba relacionada la idea predominante de la perturbación. Sante de Sanctis publica análogas observaciones con respecto a los paranoicos y declara en alguna de ellas al sueño como la *vraie cause déterminat de la folie*. La psicosis puede surgir de una vez con el sueño causal que entraña la idea delirante o puede desarrollarse poco a poco por una serie de sueños a los que aun opone el sujeto un estado de duda. En uno de los casos citados por de Sanctis subsiguieron al sueño inicial leves ataques histéricos y más tarde un estado melancólico-angustioso. Feré (citado por Tissié) comunica un sueño que tuvo por consecuencia una parálisis histérica. En estas observaciones se nos presenta al sueño como etiología de la perturbación mental, aunque con igual razón podría deducirse de ellas que la perturbación mental se exteriorizó por primera vez en la vida onírica, manifestándose en el sueño. En otros ejemplos contiene la vida onírica los síntomas patológicos o permanece limitada a ella la psicosis. Así, Thomayer

---

[21] Entre los autores que con posterioridad a los citados han tratado a estas relaciones se encuentran Feré, Ideler, Lasègue, Pichon, Régis, Vespa, Giessler, Kazowsky, Pachantoni y otros. (*Nota de 1914.*)

llama la atención sobre determinados sueños de angustia, que deben ser considerados como equivalentes de ataques epilépticos. Allison ha descrito casos de locura nocturna *(nocturnal insanity)*, en los que individuos aparentemente sanos durante el día padecen durante la noche alucinaciones, ataques furiosos, etc. Análogas observaciones hallamos en Sante de Sanctis (equivalente onírico paranoico en un alcohólico, voces que acusan a la mujer de infidelidad) y en Tissié. Este último comunica una serie de casos en los que de un sueño se derivaron actos de carácter patológico (presunciones delirantes, impulsos obsesivos). Guislain describe un caso en el que el reposo era sustituido por una locura intermitente.

No cabe duda de que ha de llegar un día en que, junto a la psicología de los sueños, ocupará a los médicos una psicopatología de los mismos.

En los casos de curación de una enfermedad mental se revela con especial claridad el hecho singular de que siendo completamente normal la función diurna, puede perdurar aún la psicosis en la vida onírica. Según Krauss, fue Gregory quien primero hizo notar esta circunstancia. Macario (citado por Tissié) cuenta de un maniaco que revivió en sueños, una semana después de su curación la fuga de ideas y los apasionados impulsos de su enfermedad.

Sobre las transformaciones que la vida onírica experimenta en las psicosis duraderas no se han emprendido hasta el momento sino muy escasas investigaciones. En cambio, la íntima afinidad entre el sueño y la perturbación mental que se revela en la amplia coincidencia de los fenómenos respectivos ha sido estudiada desde muy temprano. Después de Maury, trató de ella cabanis en sus *Rapports du physique et du moral*, y tras él, Lélut, J. Moreau y muy especialmente el filósofo Maine de Biran. Pero la idea de establecer una comparación entre ambos estados es, seguramente, más antigua. En el capítulo que dedica a este paralelo incluye Radestock una serie de citas, en las que se señalan las analogías entre el sueño y la locura. Kant dice que "el loco es un sujeto que sueña despierto", y Krauss define la locura como "un sueño dentro de la vigilia de los sentidos". Schopenhauer escribe que el sueño es una demencia corta, y la demencia, un sueño largo. Hagen define el delirio como una vida onírica no producida por el reposo, sino por la enfermedad, y Wundt escribe en la *Fisiología psicológica*: "En realidad podemos vivir en sueños todos aquellos fenómenos que en los manicomios nos es dado observar".

Spitta enumera las coincidencias en las que se basa esta comparación en la forma siguiente, muy análoga a la de Maury: "1a. Supresión o retraso de la autoconciencia y, por tanto, desconocimiento del estado como tal; así, imposibilidad de experimentar asombro y falta de conciencia moral; 2a. Percepción modificada de los órganos sensoriales: disminuida en el sueño y muy elevada, en general, en la locura; 3a. Enlace de las representaciones entre sí exclusivamente conforme a las leyes de la asociación y la reproducción; así, formación automática de series y, por tanto, desproporción de las relaciones entre las representaciones (exageraciones, fantasmas), y como resultado de todo esto: 4a. Modificación e incluso subversión de la personalidad y a veces de las peculiaridades del carácter (perversiones)."

Radestock agrega aún algunas analogías en relación con el material: "Las alucinaciones e ilusiones son en su mayoría visuales o acústicas. En cambio, los sentidos del olfato y del gusto son, como en los sueños, los que menos elementos proporcionan. En el enfermo febril surgen con el delirio, como en el sujeto de un sueño, recuerdos de un pretérito muy lejano. El durmiente y el enfermo recuerdan cosas que el despierto y el sano parecían haber olvidado". La analogía entre el sueño y la psicosis adquiere su valor total cuando observamos que como el parecido de familia, se extiende a los gestos y hasta a determinadas singularidades de la expresión fisonómica.

"El sueño concede al sujeto atormentado por sufrimientos físicos y morales aquello que la realidad le negaba —bienestar y dicha—, y del mismo modo surgen en los enfermos mentales las más rientes imágenes de felicidad, poderío, riqueza y suntuosidad. El contenido principal del delirio se halla constituido muchas veces por la imaginada posesión de bienes o realización de deseos, cuya pérdida, ausencia o negación en la realidad nos dan la razón psíquica de la locura. La madre que ha perdido un hijo querido vuelve a vivir, en su delirio, todas las alegrías maternales; el que ha experimentado pérdidas económicas se cree extraordinariamente rico, y la joven engañada se ve amada con infinita ternura."

Este pasaje de Radestock es la síntesis de una sutil exposición de Griesinger (p. 111), que descubre con toda claridad *la realización de deseos* como un carácter de la representación, común al sueño y a la psicosis. Mis propias investigaciones me han mostrado que en esta hipótesis puede hallarse la clave de una teoría psicológica del sueño y de la psicosis.

"El sueño y la locura se caracterizan principalmente por el barroquismo de las asociaciones y la debilidad del juicio." En ambos fenómenos hallamos una *exagerada estimación* de rendimientos anímicos propios, que nuestro juicio normal considera insensatos; a la *rápida sucesión* de las representaciones oníricas corresponde la *fuga de ideas* de la psicosis. En ambas falta toda *medida de tiempo*. La *disociación que la personalidad* experimenta en la vida onírica, y que, por ejemplo, distribuye el conocimiento del sujeto entre su *yo* onírico y otra persona ajena, a la cual rectifica en el sueño al primero, es por completo equivalente a la conocida división de la personalidad en la paranoia alucinatoria; el sujeto del sueño oye también sus propios pensamientos, expresados por voces ajenas. Incluso para las ideas delirantes fijas se encuentra una analogía en los sueños patológicos de retorno periódico (*rêve obsédant*). Los enfermos curados de un delirio suelen manifestar que todo el periodo de su dolencia se les aparece como un sueño, a veces nada desagradable, e incluso que aun durante la enfermedad misma sospecharon, en ocasiones, hallarse soñando, como con gran frecuencia sucede al durmiente.

Después de todo esto no es de extrañar que Radestock concrete su opinión y la de otros muchos autores manifestando que la "locura, anormal fenómeno patológico, debe ser considerada como una intensificación periódica del estado onírico normal" (p. 228).

En la etiología, o mejor aún, en las fuentes de excitación, ha intentado fundar Krauss, quizá más íntimamente de lo que la analogía de los fenómenos perceptibles al exterior lo permite, la afinidad entre el sueño y la locura. El elemento fundamental común es, según él, *la sensación orgánicamente condicionada*, esto es, la sensación de los estímulos somáticos o sensación orgánica general, constituida por aportaciones de todos los órganos (cf. Peisse, citado por Maury, p. 52).

La coincidencia entre el sueño y la perturbación mental, indiscutible y que se extiende hasta detalles característicos, es uno de las más firmes sostenes de la teoría médica en la vida onírica, según la cual el sueño no es sino un proceso inútil y perturbador y la manifestación de una actividad anímica deprimida. Sin embargo, no habremos de esperar que las perturbaciones mentales nos procuren la explicación definitiva de los sueños, pues nuestro conocimiento de dichas perturbaciones es aún muy poco satisfactorio. En cambio, es muy verosímil que una nueva concepción de la vida onírica influya en nuestras opiniones sobre el mecanismo interno de las perturbaciones mentales, y de este modo podemos afirmar que al esforzarnos en esclarecer el enigma de los sueños laboramos también en el esclarecimiento de las psicosis.

Apéndice de 1909

Creo necesario justificar por qué no he continuado mi exposición de la literatura existente sobre los sueños con la publicada en el periodo transcurrido desde la primera edición de la presente obra hasta el momento actual. Ignoro si las razones que para justificar tal omisión puedo aducir parecerán suficientes al lector; pero lo cierto es que fueron las que determinaron mi conducta. Con la introducción que precede quedaban plenamente cumplidos los propósitos que me llevaron a iniciar mi estudio con una exposición de la literatura onírica, y la prosecución de este trabajo hubiera exigido una larga y penosa labor, no compensada por utilidad ninguna real. En efecto: durante los nueve años transcurridos a partir de la primera edición de mi libro no ha surgido ningún punto de vista que haya traído consigo algo nuevo o valioso para la concepción de los sueños. Mi trabajo no ha sido citado en la mayoría de las publicaciones posteriores, y naturalmente, donde menos interés ha despertado ha sido entre los investigadores especializados en estas materias, los cuales han dado un brillante ejemplo de la repugnancia propia de los hombres de ciencia a aprender algo nuevo. *Les savants ne sont pas curieux*, ha dicho Anatole France, el fino ironista. Así, si en la Ciencia hay un derecho a la venganza, estaría justificado que a mi vez despreciara la literatura aparecida después de mi libro. Por otro lado, los pocos críticos que en los periódicos científicos se han ocupado de mi obra han revelado tanta incomprensión, que no les puedo contestar sino invitándolos a leerla de nuevo o, mejor, simplemente a leerla.

En los trabajos de aquellos médicos que se ha decidido a emplear la terapéutica psicoanalítica, y en otros autores, han sido publicados e interpretados conforme a mi procedimiento muchos sueños. Al revisar la presente edición he incorporado a los capítulos correspondientes aquello que en dichos trabajos iba más allá de una simple confirmación de mis observaciones. Por último, un índice bibliográfico, que al final incluyo, contiene las publicaciones más interesantes aparecidas con posterioridad a la edición primitiva. La extensa obra de Sante de Sanctis sobre los sueños, traducida al alemán poco después de su aparición, vio la luz casi al mismo tiempo que mi *Interpretación de los sueños*, de manera que ni yo pude tener noticia anterior de ella ni tampoco el autor italiano de la mía. Desgraciadamente, el aplicado trabajo de Sante de Sanctis es tan pobre en ideas, que no deja siquiera sospechar la posibilidad de los problemas por mí tratados.

No puedo mencionar sino dos obras, en las que el problema de los sueños aparece tratado en forma análoga a la mía. Un filósofo contemporáneo, H. Swoboda, que ha emprendido la labor de extender a lo psíquico la periodicidad biológica (en series de veintitrés a veintiocho días), descubierta por W. Fliess, ha intentado resolver con esta clave, entre otros enigmas, el de los sueños, en un escrito de amplia fantasía[22]. Pero asigna al fenómeno onírico una importancia menor de la que posee, explicando su contenido por la reunión de todos aquellos recuerdos que en la noche correspondiente completan por primera o enésima vez uno de los periodos biológicos. Una comunicación personal del autor me hizo suponer al principio que él mismo no trataba de defender seriamente esta teoría. Pero parece que me he equivocado al deducir dicha conclusión. Mucho más satisfactorio para mí fue el hallazgo casual, en un lugar totalmente inesperado, de una concepción de los sueños cuyo nódulo coincidía en absoluto con el de mi teoría. Descartada por medio de una simple comparación de fecha toda posibilidad de una influencia ejercida por la lectura de mi obra, debo reconocer aquí el único caso de la coincidencia de un pensador independiente con la esencia de mi teoría de los sueños. El libro en el que se halla esta concepción de la vida onírica se publicó en segunda edición en 1900 y ostenta el título de *Fantasías de un realista*, y lleva la firma de Lynkeus *.

Apéndice de 1914

La justificación que antecede fue descrita en 1909. Desde esta fecha han variado mucho las cosas. Mi aportación a la interpretación de los sueños no es omitida ya en los nuevos trabajos sobre esta materia.

---

[22] H. Swoboda: *Die Perioden des menschlchendhen Organismus*, año 1904.
* Nota de 1930: "Ver mi trabajo sobre Josef Popper-Lynkens y la teoría onírica".

Pero la nueva situación me hace imposible continuar la información precedente. La *Interpretación de los sueños* ha hecho surgir toda una serie de nuevos problemas y afirmaciones, que han sido muy discutidos de manera diversa, y, como es lógico, no puedo analizar los trabajos de esta índole hasta haber desarrollado aquellas de mis opiniones a que los autores se refieren. De lo que en esta literatura me ha parecido más valioso trato en los capítulos de la presente edición.

◆　◆　◆

CAPÍTULO II

El método de la interpretación onírica

Ejemplo del análisis de un sueño

El título dado a la presente obra revela qué concepción de la vida onírica intenta incorporarse. Me he propuesto demostrar que los sueños son susceptibles de interpretación, y mi estudio tendrá, con exclusión de otro propósito, hacia este fin, aunque claro está que en el curso de mi labor podrán surgir más aportaciones interesantes al esclarecimiento de los problemas oníricos señalados en el capítulo anterior. La hipótesis de que los sueños son interpretables me sitúa enfrente de la teoría onírica dominante e incluso de todas las desarrolladas hasta el día, excepción hecha por Scherner, pues "interpretar un sueño" quiere decir indicar su "sentido", es decir, sustituirlo por algo que pueda incluirse en la concatenación de nuestros actos psíquicos como un factor de importancia y valor equivalentes a los demás que la integran. Pero, como ya hemos visto, las teorías científicas no dejan lugar alguno al planteamiento de este problema de la interpretación de los sueños, no viendo en ellos un acto anímico, sino un proceso puramente somático, cuyo desarrollo se exterioriza en el aparato psíquico por medio de determinados signos. En cambio, la opinión profana se ha manifestado siempre en un sentido opuesto. Haciendo uso de su perfecto derecho a la inconsecuencia, no puede resolverse a negar a los sueños toda significación, aunque reconoce que son incomprensibles y absurdos, y, guiada por un oscuro presentimiento, se inclina a aceptar que poseen un sentido, si bien oculto, a título de sustitutivos de un diferente proceso mental. De este modo todo quedaría reducido a desentrañar acertadamente la sustitución y penetrar así hasta el significado oculto.

En consecuencia, la opinión profana que se ha preocupado siempre de "interpretar" los sueños, intentándolo por los dos procedimientos esencialmente distintos. El primero toma el contenido de cada sueño en su totalidad y procura sustituirlo por otro contenido, comprensible y análogo en ciertos aspectos. Es ésta la interpretación *simbólica* de los sueños, que, naturalmente, fracasa en todos aquellos que a mas de incomprensibles se muestran embrollados y confusos. La historia bíblica nos da un ejemplo de este procedimiento en la interpretación dada por José al sueño del Faraón. Las siete vacas gordas, sucedidas por otras siete flacas, que devoraban a las primeras, constituye una sustitución simbólica de la predicción de siete años de hambre, que habrían de consumir la abundancia que otros siete de prósperas cosechas produjeran en Egipto. La mayoría de los sueños artificiales creados por los poetas se hallan destinados a una interpretación, pues reproducen el pensamiento concebido por el autor bajo un disfraz, correspondiente a los caracteres de los sueños nos son conocidos por experiencia personal[1]. Un resto de

---

[1] En una novela de W. Jensen —la *Gradiva*— descubrí casualmente varios sueños artificiales tan perfectamente construidos e interpretables como si en lugar de construir una libre creación poética hubieran sido realmente soñados. Interrogado, declaró el autor ignorar por completo mis teorías. Esta coincidencia entre mis investigaciones y la creación poética ha sido utilizada por mí como demostración de la exactitud de mi análisis onírico. (Véase mi obra *El delirio y los sueños* en la "*Gradiva*", de W. Jensen).

la antigua creencia en la significación profética de los sueños perdura aún en la opinión popular de que se refieren principalmente al porvenir, anticipando su contenido, y de este modo el sentido descubierto por medio de la interpretación simbólica es generalmente transferido a un futuro más o menos lejano.

Naturalmente, no es posible indicar norma alguna para llevar a cabo una interpretación simbólica. Ésta depende tan solo del ingenio y de la inmediata intuición del interpretador; razón por la cual pudo elevarse la interpretación por medio de símbolos a la categoría de arte, para el que se precisaba una especial aptitud[2]. En cambio, el segundo de los métodos populares, a que antes aludimos, se mantiene muy lejos de semejantes aspiraciones. Pudiéramos calificarlo de *método descifrador*, pues considera el sueño como una especie de escritura secreta, en la que cada signo puede ser sustituido, mediante una clave prefijada, por otro de significación conocida. Si, por ejemplo, hemos soñado con una "carta" y luego con un "entierro", y consultamos una de las popularísimas "claves" de los sueños, hallaremos que debemos sustituir "carta" por "disgusto" y "entierro" por "esponsales". A nuestro arbitrio queda después construir con las réplicas halladas un todo coherente, que habremos también de trasferir al futuro. En el libro de Artemidoro de Dalcis[3], sobre

---

[2] Manifiesta Aristóteles que el mejor onirocrítico será aquel que con mayor facilidad vea las analogías, pues las imágenes oníricas aparecen, como las reflejadas en el agua, desfiguradas y dislocadas por el movimiento, y acertará mejor aquel que sepa reconocer lo que verdaderamente representan (Büchsenschütz, p. 65).

[3] Artemidoro de Dalcis, nacido probablemente a principios del siglo II de nuestra era, nos ha transmitido en su obra un concienzudo y completo estudio de la interpretación onírica en el mundo grecorromano. Como ya lo observa Th. Gomperz, se esfuerza en basar dicha interpretación en la observación y la experiencia y trata de separar su arte de otros engañosos y arbitrarios. El principio en el que basa su método de interpretación es, según la exposición de Gomperz, idéntico al de la magia, es decir, el principio de la asociación. Un objeto onírico significa aquello cuyo recuerdo se despierta *en el interpretador*. De aquí una inevitable fuente de arbitrariedad e incertidumbre, pues el elemento onírico

la interpretación de los sueños, hallamos una curiosa variante de este "método descifrador" que corrige en cierto modo su carácter de una traducción mecánica. Consiste esa variante en atender no sólo el contenido del sueño, sino a la personalidad y circunstancias del sujeto; de manera que el mismo elemento onírico tendrá para el rico, el casado o el orador diferente significación que para el pobre, el soltero, o por ejemplo, el comerciante. Lo esencial de este procedimiento es que la labor de interpretación no recae sobre la totalidad del sueño, sino separadamente sobre cada uno de los componentes de su contenido, como si el sueño fuese un conglomerado, en el que cada fragmento exigiera una especial determinación. Los sueños incoherentes y confusos son con seguridad los que han incitado a la creación del método descifrador[4].

---

puede despertar simultáneamente en el interpretador el recuerdo de varias cosas distintas o recordar una diferente a cada onirocrítico. La técnica que en los capítulos que siguen habré de exponer se diferencia de ésta en un punto esencial: el de confiar al propio sujeto del sueño el trabajo de interpretación, no atendiendo sino a lo que al mismo se le ocurre sobre cada elemento onírico y no a lo que al intérprete pudiera ocurrírsele. Según recientes comunicaciones del misionero Tfinkdjt (*Anthropos*, 1913), también los modernos onirocríticos orientales conceden una amplia importancia a la colaboración de sujeto. Así, hablando de los intérpretes de sueños entre los árabes mesopotámicos, nos dice: *Pour interpréter exactement un songe, les oniromanciens les plus habiles s'informent de ceux qui les consultent de toutes les circonstances qu'ils regardent nécessaires pour la bonne explication... En un mot, nos oniromanciens ne laissent aucune circonstance leur échapper et ne donnent l'interprétation désirée avant d'avoir parfaitement saisi et reçu toutes les interrogations désirables.* Entre estas preguntas incluyen siempre las encaminadas a procurarse precisos datos sobre las personas más próximas al sujeto (padres, esposa, hijos), así como la fórmula típica: *Habuistine in hac nocte copulam conjugalem ante vel post somnium? L'idée dominante dans l'interprétation des songes consiste á expliquer le réve par son apposé.*

[4] El doctor A. Robitsek me ha hecho observar que los "libros de los sueños" orientales, de los que no son los nuestros sino una lamentable caricatura, efectúan casi siempre la interpretación guiándose por las similicadencia o analogías de las palabras. Estas afinidades se han perdido, naturalmente, en la traducción, y a ello obedece lo arbitrario e inexplicable de las sustituciones que nuestras "claves de los sueños" nos proponen. Los trabajos de Hugo Winckler contienen

De la imposibilidad de utilizar cualquiera de los dos métodos populares reseñados en un estudio científico de la interpretación de los sueños, no cabe dudar un solo instante. El método simbólico es de aplicación limitada y nada susceptible de una exposición general. En el "descifrador" dependería todo de que pudiésemos dar crédito a la "clave" o "libro de los sueños", cosa para la que carecemos de toda garantía. Así, parece que deberemos inclinarnos a dar la razón a los filósofos y psiquiatras y a prescindir con ellos el problema de la interpretación onírica, considerándolo como puramente imaginario y ficticio[5].

Por mi parte he llegado a un mejor conocimiento. Me he visto obligado a reconocer que se trata nuevamente de uno de aquellos casos, nada raros, en los que una antiquísima creencia popular, hondamente arraigada, parece hallarse más próxima a la verdad objetiva que los juicios de la ciencia moderna. Debo, afirmar que los sueños

---

una amplia información sobre esta extraordinaria importancia de los juegos de palabras en las antiguas civilizaciones orientales. El más bello ejemplo de una antigua interpretación onírica que hasta nosotros ha llegao se basa en uno de dichos juegos de palabras. He aquí cómo lo refiere Artemidoro: "Acertadísima, a mi juicio, fue la interpretación dada por Aristandro a un sueño de Alejandro Magno. Preocupado éste por la tenaz resistencia que le oponía la ciudad de Tiro, a la que tenía sitiada, tuvo un sueño, en el que vio a un sátiro bailando sobre su escudo. Aristandro se hallaba casualmente en las cercanías de Tiro incorporado al séquito del monarca, que guerreaba contra los sirios. Dividiendo la palabra *satyros* en, Σα y τυροι dio alientos al rey para insistir con mayor energía en su empeño hasta conseguir apoderarse de la ciudad." (Σα– τυροι= tuya es Tiro.) De todos modos se hallan los sueños tan ligados a la expresión verbal, que Ferenczi observa justificadamente que cada lengua tiene su idioma onírico propio. Los sueños son, en general, intraducibles a un idioma distinto del sujeto, y por esta razón yo opinaba que también lo sería el presente libro. No obstante, el doctor A. A., Brill ha logrado llevar a cabo una versión inglesa (Londres, 1913, George Allen), y los psicoanalistas doctores Hollos y Ferenzci han emprendido la tarea de traducirlo al húngaro (1918).

[5] Con posterioridad a la redacción de la presente obra ha llegado a mi conocimiento un trabajo de Stumpf, coincidente con mis teorías en el propósito de demostrar que los sueños poseen un sentido interpretable. Pero la interpretación se realiza por medio de un símbolo alegórico y carece de alcance general.

poseen realmente un significado, y que existe un procedimiento científico de interpretación onírica, a cuyo descubrimiento me ha conducido el proceso que sigue:

Desde hace muchos años me vengo ocupando, guiado por intenciones terapéuticas, de la solución de ciertos productos psicopatológicos, como las fobias histéricas, las representaciones obsesivas, etc. A esta labor hubo de incitarme la importante comunicación de J. Breuer de que la solución de estos productos, sentidos como síntomas patológicos, equivale a su supresión[6]. En el momento en que conseguimos referir una de estas representaciones patológicas los elementos que provocaron su emergencia en la vida anímica del enfermo logramos hacerla desparecer, quedando el sujeto libre de ella. Dada la importancia de nuestros restantes esfuerzos terapéuticos, y ante el enigma de estos estados, me pareció atractivo continuar el camino iniciado por Breuer hasta llegar a un completo esclarecimiento, no obstante, las grandes dificultades que a ellos se oponían. En otro lugar expondré detalladamente cómo la técnica del procedimiento fue perfeccionándose hasta su forma actual, y cuáles han sido los resultados de mi labor. La interpretación de los sueños surgió en el curso de estos trabajos psicoanalíticos. Mis pacientes, a los que comprometía a referirme todo lo que con respecto a un tema dado se les ocurriera, me relataban también sus sueños, y comprobé que un sueño puede hallarse incluido en la concatenación psíquica, que puede perseguirse retrocediendo en la memoria del sujeto a partir de la idea patológica. De aquí a considerar los sueños como síntomas patológicos y aplicarles el método de interpretación para ellos establecido no había más que un paso.

La realización de esta labor exige cierta preparación psíquica del enfermo. Dos cosas perseguimos en él: una intensificación de su atención sobre sus percepciones psíquicas y una exclusión de la crítica,

---

[6]   Breuer y Freud : *Studien über Hysterie.* Viena 1895.

con la que acostumbra seleccionar las ideas que en él emergen. Para facilitarle concentrar toda su atención en la labor de autoobservación es conveniente hacerle cerrar los ojos y adoptar una postura descansada. El renunciamiento a la crítica de los productos mentales percibidos habremos de oponérselo expresamente. Le diremos, por tanto que el éxito del psicoanálisis depende de que respete y comunique todo lo que atraviese su pensamiento y no se deje llevar a retener unas ocurrencias por creerlas insignificantes o faltas de conexión con el tema dado, y otras, por parecerle absurdas o desatinadas. Habrá de mantenerse en una perfecta imparcialidad con respecto a sus ocurrencias, pues la crítica que sobre las mismas se halla habituado a ejercer es precisamente lo que le ha impedido hasta el momento hallar la buscada solución del sueño, de la idea obsesiva, etcétera.

En mis trabajos psicoanalíticos he observado que la disposición de ánimo del hombre que reflexiona es totalmente distinta de la del que observa sus procesos psíquicos. En la reflexión entra más intensamente en juego una acción psíquica que en la más atenta autoobservación; diferencia que se revela en la tensión expresa la fisonomía del hombre que reflexiona, contrastando con la serenidad mímica del autoobservador. En muchos casos tiene que existir una concentración de la atención; pero el sujeto sumido en la reflexión ejercita, además, una crítica, a consecuencia de la cual rechaza una parte de las ocurrencias emergentes después de percibirlas, interrumpe otras en el acto, negándose a seguir los caminos que abren a su pensamiento, y reprime otras antes que hayan llegado a la percepción, no dejándolas devenir conscientes. En cambio, el autoobservador no tiene que realizar más esfuerzo que el de reprimir la crítica, y si lo consigue acudirá a su conciencia una infinidad de ocurrencias, que de otro modo hubieran permanecido inaprehensibles. Con ayuda de estos nuevos materiales, conseguidos por su autopercepción, se nos hace posible llevar a cabo la interpretación de las ideas patológicas y de los productos oníricos. Como vemos, se trata de provocar un estado que tiene de común con el de adormecimiento anterior al reposo —y seguramente también con el hipnótico— una cierta analogía en la distribución de la energía psíquica (de la atención móvil). En el estado de adormecimiento surgen las "representaciones involuntarias" por el relajamiento de una cierta acción voluntaria —y seguramente también crítica— que dejamos actuar sobre el curso de nuestras representaciones; relajamiento que solemos atribuir a la "fatiga". Estas representaciones involuntarias emergentes se transforman en imágenes visuales y acústicas. (Cf. las observaciones de Schleiermacher y otros autores, incluidas en el capítulo anterior.)[7] En el estado que provocamos para llevar a cabo el análisis de los sueños y de las ideas patológicas renuncia el sujeto, intencionada y voluntariamente, a aquella actividad crítica y emplea la energía psíquica ahorrada o parte de ella en la atenta persecución de los pensamientos emergentes, los cuales conservan ahora su carácter de representaciones. *De este modo se convierte a las representaciones "involuntarias" en "voluntarias".*

Para muchas personas no parece ser fácil adoptar esta disposición a las ocurrencias, "libremente emergentes" en apariencia, y renunciar a la crítica que sobre ellas ejercen en otro caso. Los "pensamientos involuntarios" acostumbran desencadenar una violentísima resistencia, que trata de impedirles emerger. Si hemos de dar crédito a F. Schiller, nuestro gran filósofo poeta, es también una tal disposición condición de la producción poética. En una de sus cartas a Körner, cuidadosamente estudiadas por Otto Rank, escribe Schiller, contestando a las quejas de su amigo sobre su falta de productividad: "El motivo de las quejas reside, a mi juicio, en la coerción de tu razón ejerce sobre tus facultades imaginativas. Expresaré mi

---

[7] H. Silberer ha deducido de la observación directa de esta transformación de las representaciones en imágenes visuales importantes aportaciones a la interpretación onírica (*lahrbuch der Psychoanalyse*, I y II, 1909 y sigs.)

pensamiento por medio de una comparación plástica. No parece ser provechoso para la obra creadora del alma el que la razón examine demasiado penetrantemente, y en el mismo momento en que llegan ante la puerta las ideas que van acudiendo. Aisladamente considerada, puede una idea ser muy insignificante o aventurada, pero es posible que otra posterior le haga adquirir importancia, o que uniéndose a otras, tan insulsas como ella, forme un conjunto nada despreciable. "La razón no podrá juzgar nada de esto si no retiene las ideas hasta poder contemplarlas unidas a las posteriormente surgidas. En los cerebros creadores sospecho que la razón ha retirado su vigilancia de las puertas de entrada; deja que las ideas se precipiten *pêle-mêle* al interior, y entonces es cuando advierte y examina el considerable montón que han formado." "Vosotros, los señores críticos, o como queráis llamaros, os avergonzáis o asustáis del desvarío propio de todo creador original, cuya mayor o menor duración distingue al artista pensador del soñador. De aquí la esterilidad de que os quejáis. Rechazáis demasiado pronto las ideas y las seleccionáis con excesiva severidad." (Carta del 1 de diciembre de 1788.)

Sin embargo, una adopción del estado de autoobservación exenta de crítica o, como describe Schiller, la "supresión de la vigilancia a las puertas de la conciencia", no es nada difícil. La mayoría de los pacientes la consiguen a la primera indicación, y yo mismo la logro perfectamente cuando en el análisis de fenómenos propios voy redactando por escrito mis ocurrencias. El montante de energía, en el que de este modo se disminuye y la actividad psíquica, y con el que se puede elevar la intensidad de la autoobservación, oscila considerablemente según el tema sobre el que la atención debe recaer.

Los primeros ensayos de aplicación de este procedimiento nos enseñan que el objeto sobre el que hemos de concentrar nuestra atención no es el sueño en su totalidad, sino separadamente cada uno de los elementos de su contenido. Si a un paciente aun inexperimentado le preguntamos qué se le ocurre con respecto a un sueño, no sabrá aprehender nada en su campo de visión espiritual. Tendremos, que presentarle el sueño fragmentariamente, y entonces producirá, en relación con cada elemento, una serie de ocurrencias que podremos calificar de "segundas intenciones" de aquella parte del sueño. En esta primera condición, importantísima, se aparta ya, como vemos, nuestro procedimiento de interpretación onírica del método popular, histórica y fabulosamente famoso, de la interpretación por medio del simbolismo, y se acerca, en cambio, al otro de los métodos populares, es decir, el de la "clave". Como este último constituye una interpretación en *détail* y no e*n masse*, y ve en los sueños, desde un principio, algo complejo, un conglomerado de productos psíquicos.

En el curso de mis psicoanálisis de individuos neuróticos he llegado a interpretar muchos millares de sueños: pero es éste un material que no quisiera utilizar aquí para la introducción a la técnica y a la teoría de la interpretación onírica. Aparte de la probable objeción de que se trataba de sueños de neurópatas, que no autorizaban deducción alguna sobre los del hombre normal, existe otra razón que me aconseja prescindir de dicho material. El tema sobre el que dichos sueños recae es siempre, naturalmente, la enfermedad del sujeto, y de este modo habríamos de anteponer a cada análisis una extensa información preliminar y un esclarecimiento de la esencia y condiciones etiológicas de las psiconeurosis, cuestiones tan nuevas y singulares que desviarían nuestra atención de los problemas oníricos. Mi propósito es, por el contrario, crear con la solución de los sueños, una labor preliminar para la de los más intrincados problemas de la psicología de la neurosis. Sin embargo, renuncio a los sueños de los neuróticos, que constituyen la parte principal del material por mí reunido, no podré ya aplicar a la parte restante un severo criterio de selección. Sólo me quedan aquellos sueños que me han sido ocasionalmente relatados por personas de mi amistad, y los que a título de paradigmas aparecen incluidos en la literatura de la vida onírica. Pero ninguno de dichos sueños ha sido sometido al análisis, sin lo cual no me es posible hallar su sentido.

Mi procedimiento no es tan cómodo como el del popular método "descifrador", que traduce todo contenido onírico dado conforme a una clave fija. Por lo contrario, sé que un mismo sueño puede presentar diferentes sentidos, según quien lo sueñe o el estado individual al que se relacione. De este modo se me imponen mis propios sueños como el material de que mejor puedo hacer uso en esta exposición, pues reúne las condiciones de ser suficientemente amplio, proceder de una persona aproximadamente normal y referirse a las más diversas circunstancias de la vida diurna. Seguramente se me objetará que dichos "autoanálisis" carecen de una firme garantía y que en ellos queda abierto el campo a la arbitrariedad. A mi juicio, carece esta objeción de fundamento pues se desarrolla la autobservación en circunstancias más favorables que las que presiden a la observación de una persona ajena; pero aunque así no fuese, siempre sería lícito tratar de averiguar hasta qué punto podemos avanzar en la interpretación de los sueños por medio del autoanálisis. Son muchas otras las dificultades que se oponen a dicha empresa. Habréis, en efecto, de dominar enérgicas resistencias interiores: la comprensible aversión a comunicar intimidades de mi vida anímica y el temor a que los extraños las interpreten equivocadamente. Pero es preciso sobreponerse a todo esto. *Tout psychologiste* —escribe Delboeuf— *est obligé de faire l'aveu même de ses faiblesses s'il croit par la jeter le jour sur quelque problemè obscur.* Asimismo, debo esperar que el lector habrá de sustituir la curiosidad inicial que le inspiren las indiscreciones que me veo obligado a cometer por un interés exclusivamente orientado hacia la comprensión de los problemas psicológicos, que de este modo quedarán esclarecidos.

Escogeré, uno de mis sueños y explicaré en él, prácticamente, mi procedimiento de interpretación. Cada uno de estos sueños precisa de una información preliminar. Habré de rogar al lector haga suyos, durante algún tiempo, mis intereses y penetre atentamente conmigo en los más pequeños detalles de mi vida, pues el descubrimiento del oculto sentido de los sueños exige imperiosamente una transferencia.

Información preliminar

A principios del verano de 1895 sometí al tratamiento psicoanalítico a una señora joven, a la que tanto yo como todos los míos profesábamos una cariñosa amistad. La mezcla de esta relación amistosa con la profesional constituye siempre para el médico—y mucho más para el psicoterapeuta— un inagotable venero de inquietudes. Su interés personal aumenta y en cambio, disminuye su autoridad. Un fracaso puede enfriar la antigua amistad que le une a los familiares del enfermo. En este caso terminó la cura con un éxito parcial: la paciente quedó libre de su angustia histérica, pero no de todos sus síntomas somáticos. No me hallaba yo por aquel entonces completamente seguro del criterio que debía seguirse para dar un fin definitivo al tratamiento de una histeria, y propuse a la paciente una solución que le pareció inaceptable. Llegaba la época del veraneo, tuvimos que interrumpir el tratamiento en un desacuerdo. Así las cosas, recibí la visita de un joven colega y buen amigo mío que había visto a Irma —mi paciente— y a su familia en su residencia veraniega. Al preguntarle yo cómo había encontrado a la enferma, me respondió: "Está mejor, pero no del todo." Sé que estas palabras de mi amigo Otto, o quizá el tono en que fueron pronunciadas, me irritaron. Creí ver en ellas el reproche de haber prometido demasiado a la paciente, y atribuí —con razón o sin ella—la supuesta actitud de Otto en contra mía a la influencia de los familiares de la enferma, de los que sospechaba no ver con buenos ojos el tratamiento. De todos modos, la penosa sensación que las palabras de Otto despertaron en mí no se me hizo muy clara ni precisa, y me abstuve de exteriorizarla. Aquella misma tarde redacté por escrito el historial clínico de Irma con el propósito de enviarlo —como para justificarme— al doctor M., entonces la personalidad que solía dar el tono en nuestro círculo. En la noche inmediata, más bien a la mañana, tuve el siguiente sueño, que senté por escrito al despertar y que es el primero que sometí a una minuciosa interpretación.

Sueño del 23-24 de julio de 1895

En un amplio *hall*. Muchos invitados, a los que recibimos. Entre ellos, Irma, a la que me acerco enseguida para contestar, sin pérdida de momento, a su carta y reprocharle no haber aceptado aún la "solución". Le digo: "Si todavía tienes dolores es exclusivamente por tu culpa". Ella me responde: "¡Si supieras qué dolores siento ahora en la garganta, el vientre y el estómago!…¡Siento una opresión!…" Asustado, la contemplo atentamente. Está pálida y abotagada. Pienso que quizá me haya pasado inadvertido algo orgánico. La conduzco junto a una ventana y me dispongo a reconocerle la garganta. Al principio se resiste un poco, como acostumbran hacerlo en estos casos las mujeres que llevan dentadura postiza. Pienso que no la necesita. Por fin, abre bien la boca, y veo a la derecha una gran mancha blanca, y en otras partes, singulares escaras grisáceas, cuya forma recuerda al de los cornetes de la nariz. Apresuradamente llamo al doctor M., que repite y confirma el reconocimiento… El doctor M. presenta un aspecto muy diferente al acostumbrado: está pálido, cojea y se ha afeitado la barba… Mi amigo Otto se halla ahora a su lado, y mi amigo Leopoldo percute a Irma por encima de la blusa y dice: "Tiene una zona de macidez abajo, a la izquierda, y una parte de la piel, infiltrada, en el hombro izquierdo" (cosa que siento como él, a pesar del vestido). M. dice: "No cabe duda, es una infección. Pero no hay cuidado; sobrevendrá una disentería y se eliminará el veneno…" Sabemos también inmediatamente de qué procede la infección. Nuestro amigo Otto ha puesto recientemente a Irma, una vez que se sintió mal, una inyección con un preparado a base de propil, propilena..., ácido propiónico...trimetilamina (cuya fórmula veo impresa en gruesos caracteres). No se ponen inyecciones de este género tan ligeramente... Probablemente estaría además sucia la jeringuilla.

Este sueño presenta, con respecto a otros muchos, una ventaja; revela en seguida claramente a qué sucesos del último día se halla enlazado y cuál es el tema de que se trata.

Las noticias que Otto me dio sobre el estado de Irma y el historial clínico, en cuya redacción trabajé hasta muy entrada la noche, han seguido ocupando mi actividad anímica durante el reposo. Sin embargo, por la información preliminar que antecede y por el contenido del sueño, nadie podría sospechar lo que el mismo significa. Yo mismo no lo sé todavía. Me asombran los síntomas patológicos de que Irma se queja en el sueño, pues no son los mismos por los que la sometí a tratamiento. La desatinada idea de administrar a un enfermo una inyección de ácido propiónico, y las palabras consoladoras del doctor M. me mueven a risa. El sueño se muestra hacia su fin más oscuro y comprimido que en su principio. Para averiguar su significado habré de someterlo a un penetrante y minucioso análisis.

Análisis

Un amplio "hall"; muchos invitados, a los que recibimos. Durante este verano vivíamos en una villa, denominada "Bellevue", y situada sobre una de las colinas próximas a Kahlenberg. Esta villa había sido destinada anteriormente a casino, y tenía, por tanto, habitaciones de amplitud superior a la corriente. Mi sueño se desarrolló hallándome en "Bellevue", y pocos días antes del cumpleaños de mi mujer. En la tarde que le precedió había expresado mi mujer la esperanza de que para su cumpleaños vinieran a comer con nosotros algunos amigos, Irma entre ellos. Así, mi sueño anticipa esta situación. Es el día del cumpleaños de mi mujer, y recibimos en el gran *hall* de "Bellevue" a nuestros numerosos invitados, entre los cuales se halla Irma.

Reprocho a Irma no haber aceptado aún la "solución". Le digo: "Si todavía tienes dolores, es exclusivamente por tu culpa". Esto mismo hubiera podido decírselo o se lo he dicho realmente en la vida despierta. Por aquel entonces tenía yo la opinión (que luego hube de reconocer equivocada) de que mi labor terapéutica quedaba terminada con la revelación al enfermo del oculto sentido de sus síntomas. Que el paciente aceptara luego o no esta solución —de lo cual depende el éxito o el fracaso del tratamiento— era cosa por la que no podía exigírseme responsabilidad alguna. A este error, felizmente rectificado después, le estoy, sin embargo, agradecido, pues me simplificó la existencia en una época en la que, a pesar de mi inevitable ignorancia, debía obtener resultados curativos. Pero en la frase que a Irma dirijo en mi sueño advierto que ante todo no quiero ser responsable de los dolores que aún la aquejan. Si Irma tiene exclusivamente la culpa de padecerlos todavía, no me puede hacer responsable de ellos. ¿Habremos de buscar en esta dirección el propósito del sueño?

Irma se queja de dolores en la garganta, el vientre y el estómago, y de una gran opresión. Los dolores de estómago pertenecían al complejo de síntomas de mi paciente, pero no fueron nunca muy intensos. Más bien se quejaba de sensaciones de malestar y repugnancia. La opresión o el dolor de garganta y los dolores de vientre apenas si desempeñaban papel alguno en su enfermedad. Me asombra, la elección de síntomas realizada en mi sueño y no me es posible hallar por el momento razón alguna determinante.

Está pálida y abotagada. Mi paciente presenta siempre, por el contrario una rosada coloración. Sospecho que ha superpuesto aquí a ella una tercera persona.

Pienso, con temor, que quizá me haya pasado inadvertida una afección orgánica. Como fácilmente puede comprenderse, es éste un temor constante del especialista que apenas ve enfermos distintos de los neuróticos y se halla habituado a atribuir a la histeria un gran número de fenómenos que otros médicos tratan como de origen orgánico. Por otro lado, se me insinúan —no sé por qué— ciertas dudas sobre la sinceridad de mi alarma. Si los dolores de Irma son de origen orgánico, no me hallo obligado a curarlos. Mi tratamiento no suprime sino los dolores histéricos. Parece realmente como si hubiera deseado que existiera un error en el diagnóstico, entonces no se me podría reprochar fracaso alguno.

La conduzco junto a una ventana y me dispongo a reconocerle la garganta. Al principio se resiste un poco, como acostumbran hacerlo en estos casos las mujeres que llevan dentadura postiza. Pienso que no la necesita. No he tenido nunca ocasión de reconocer la cavidad bucal de Irma. El suceso del sueño me recuerda el reciente reconocimiento de una institutriz, que me había hecho al principio una impresión de juvenil belleza, y que luego, al abrir la boca, intentó ocultar que llevaba dentadura postiza. A este caso se enlazan otros recuerdos de reconocimientos profesionales y de pequeños secretos, descubiertos durante ellos para confusión de médico y enfermo. Mi pensamiento de que Irma no necesita dentadura postiza es, en primer lugar, una galantería para con nuestra amiga, pero sospecho que encierra aún otro significado distinto. En un atento análisis nos damos siempre cuenta de si hemos agotado o no los pensamientos ocultos buscados. La actitud de Irma junto a la ventana me recuerda de repente otro suceso. Irma tiene una íntima amiga, a la que estimo altamente. Una tarde que fui a visitarla, la encontré al lado de la ventana en actitud que mi sueño reproduce, y su médico, el mismo doctor M. me comunicó que al reconocerle la garganta había descubierto una placa de carácter diftérico. La persona del doctor M. y la placa diftérica retornan en la continuación del sueño. Recuerdo ahora que en los últimos meses he tenido razones suficientes para sospechar que también esta señora padece de histeria. Irma misma me lo ha revelado. Pero ¿qué es lo que de sus síntomas conozco? Precisamente que sufre de opresión histérica de la garganta, como la Irma de mi sueño. Así, he sustituido en éste a mi paciente por su amiga. Ahora recuerdo que he acariciado varias veces la esperanza de que también esta señora se confiase a mis cuidados profesionales; pero siempre he acabado por considerarlo improbable, pues es persona de carácter muy retraído. Se *resiste* a la intervención médica, como Irma en mi sueño. Otra explicación sería que *no lo necesita*, pues hasta ahora se ha mostrado suficientemente enérgica para dominar sin auxilio ajeno sus trastornos. Quedan ya tan sólo algunos rasgos que no me es posible adjudicar a Irma ni a su amiga: la palidez, el abotagamiento y la dentadura postiza. Esta última despertó en mí el recuerdo de la institutriz antes citada. A continuación se me muestra otra persona, a la que los rasgos restantes podrían aludir. No la cuento tampoco entre mis pacientes, ni deseo que jamás lo sea, pues se avergüenza ante mí, y no la creo una enferma dócil. Generalmente se halla pálida y en temporada que gozó de excelente salud engordó hasta parecer abotagada[8]. Por tanto, he comparado a Irma con otras dos personas que se resistirán igualmente al tratamiento. ¿Qué sentido puede tener el haberla sustituido por su amiga en mi sueño? Quizá el deseo de que realmente una sustitución, por serme esta señora más simpática o porque tengo una idea más alta de su inteligencia. Resulta, en efecto, que Irma me parece ahora poco inteligente por no haber aceptado mi solución. La otra más lista, cedería antes. *Por fin abre bien la boca*; la amiga de Irma me relataría sus pensamientos con más sinceridad y menor resistencia que aquélla[9].

---

[8] A esta tercera persona pueden también referirse los dolores de vientre, hasta ahora inexplicados, de que Irma se lamenta en el sueño. Trátase de mi propia mujer, y los dolores de vientre me recuerdan una de las ocasiones en que hube de comprobar su resistencia a mis indicaciones médicas. Tengo que confesar que no trato en este sueño con mucha amabilidad a Irma ni a mi mujer; mas ha de disculpárseme el que comparo a ambas al ideal de paciente dócil y manejable.

[9] Sospecho que la interpretación de esta parte del sueño no fue continuada lo bastante para discutir todo su oculto sentido. Prosiguiendo la comparación de las tres mujeres, me desviaría mucho del tema principal. Todo sueño presenta por lo menos un fragmento inescrutable, como un cordón umbilical por el que se hallase unido a lo incognoscible.

En la garganta veo una mancha blanca y escaras de forma seme-jante a los cornetes de la nariz. La mancha blanca me recuerda la difteria y, por tanto, a la amiga de Irma, y además, la grave enfermedad de mi hija mayor, hace ya cerca de dos años, y todos los sobresaltos de aquella triste época. Las escaras que cubren las conchas nasales aluden a una preocupación mía sobre mi propia salud. En esta época solía tomar con frecuencia cocaína para aliviar una molesta rinitis, y había oído decir pocos días antes que una paciente, que usaba este mismo medio, se había provocado una extensa necrosis de la mucosa nasal. La prescripción de la cocaína para estos casos, dada por mí en 1885, me ha atraído severos reproches. Un querido amigo mío, muerto ya en 1885, apresuró su fin por el abuso de este medio.

Apresuradamente llamo al doctor M., que repite el reconocimiento. Esto correspondería sencillamente a la posición que M. ocupaba entre nosotros. Pero "mi apresuramiento" es lo bastante singular para exigir una especial explicación. Evoca en mí el recuerdo de un triste suceso profesional. Por la continuada prescripción de una sustancia que por entonces se creía aún totalmente innocua (sulfonal) provoqué una vez una grave intoxicación en una paciente, teniendo que acudir en busca de auxilio a la mayor experiencia de mi colega el doctor M., más antiguo que yo en el ejercicio profesional. Otras circunstancias accesorias prueban que es éste realmente el suceso a que en mi sueño me refiero. La enferma, que sucumbió a la intoxicación, llevaba el mismo nombre que mi hija mayor. Hasta el momento no se me había ocurrido pensar en ello, pero ahora se me aparece este suceso como una represalia del Destino y como si la sustitución de personas hubiera de proseguir aquí en un distinto sentido: esta Matilde por aquella Matilde; ojo por ojo y diente por diente. Parece como si fuera buscando todas aquellas ocasiones por las que me puedo reprochar una insuficiente conciencia profesional.

El doctor M. está pálido, se ha quitado la barba y cojea. Lo que de verdad entraña esta parte del sueño se reduce a que el doctor M.

presenta a veces tan mal aspecto, que llega a inquietar a sus amigos. Los dos caracteres restantes deben de pertenecer a otras personas. Recuerdo ahora a mi hermano mayor, residente en el extranjero, que llevaba el rostro afeitado y al que, si no me equivoco, se parecía extraordinariamente al doctor M. de mi sueño. Hace algunos días nos llegó la noticia de que un ataque de artritismo a la cadera le hacía cojear un poco. Tiene que existir una razón que me haya hecho confundir en mi sueño a ambas personas en una sola. Recuerdo, en efecto, que me hallo irritado contra ambas por algún motivo: el de haber rechazado una proposición que recientemente les hice.

Mi amigo Otto se halla ahora al lado de la enferma, y mi amigo Leopoldo la percute y descubre una zona de macidez abajo, a la izquierda. Leopoldo es también médico y, además, pariente de Otto. El destino los ha convertido en competidores, pues ejercen igual especialidad y se les compara constantemente entre sí. Ambos han trabajado conmigo durante varios años, mientras fui director de un consultorio público para niños neuróticos, y con gran frecuencia se desarrollan durante esta época escenas como la que mi sueño reproduce. Mientras yo discutía con Otto sobre el diagnóstico de un caso, Leopoldo había reconocido de nuevo al niño y nos aportaba un inesperado dato decisivo. Entre Otto y Leopoldo existe una fundamental diferencia de carácter *. El primero sobresalía por su rapidez de concepción, mientras que el segundo era más lento, pero también más cuidadoso y concienzudo. Si en mi sueño coloco frente a frente a Otto y al prudente Leopoldo, esto es claramente para hacer resaltar al segundo. Trátase de una comparación análoga a la que anteriormente efectué entre Irma, paciente nada dócil, y su amiga, a la que tengo por más inteligente. Advierto también ahora una de las vías sobre las que se

---

* Freud comparó tal diferencia de carácter a la que existe entre dos personajes de una novela, 'Ut mine Stromtid' de Fritz Reuter; ellos son: el alguacil Bräsing y su amigo Karl, uno caracterizado por su rapidez y el otro por su lentitud, pero seguridad. (*Nota de J. N.*)

desplaza la asociación de pensamientos en el sueño, y que va desde la niña enferma al consultorio para niños enfermos. La zona de macidez, abajo a la izquierda, me parece que corresponde en todos sus detalles a un caso en el que me admiró la concienzuda seguridad de Leopoldo. Por otra parte, surge en mí vagamente la idea de algo como una afección metastásica; pero pudiera también ser una relación con la paciente que desearía sustituyera a Irma, esta señora simula, en efecto, y por lo que he podido observar, una tuberculosis.

Una parte de la piel, infiltrada en el hombro izquierdo. Caigo inmediatamente en que se trata de mis propios dolores reumáticos en el hombro, dolores que se hacen sentir siempre que permanezco en vela hasta altas horas de la noche. La letra del sueño confirma esta interpretación, mostrándose aquí un tanto equívoca;...*cosa que ya siento como él*; esto es, que siento en mi propio cuerpo. Además, extraño los términos, nada habituales: "Una parte de la piel infiltrada". A la frase una "infiltración posterior superior izquierda" estamos acostumbrados. Esta frase se referiría al pulmón, y con ello nuevamente a la tuberculosis.

A pesar del vestido. Esto no es, desde luego, sino una interpolación accesoria. En el consultorio acostumbrábamos, como es natural, hacer desnudar a los niños para reconocerlos; detalle que se opone aquí a la forma en que hemos de reconocer a nuestras pacientes adultas. De un excelente clínico solía referirse que nunca reconoció a sus enfermas sino por encima de los vestidos; a partir de aquí se oscurecen mis ideas, o dicho francamente, no me siento inclinado a profundizar más en esta cuestión.

El doctor M. dice: "No cabe duda; es una infección. Pero no hay cuidado; sobrevendrá una disentería y se eliminará el veneno". Todo esto me parece al principio absolutamente ridículo; sin embargo, habré de someterlo, como los demás elementos del sueño, a un cuidadoso análisis. Lo que en la paciente he hallado es una difteritis local. De la época en que mi hija estuvo enferma, recuerdo la discusión sobre difteritis y difteria. Esta última sería la infección general subsiguiente a la difteritis local. Así, es una infección general lo que Leopoldo diagnostica al descubrir la zona de macidez, la cual hace pensar en un foco metastásico. Pero creo que precisamente en la difteria no se presentan jamás esas metástasis. Más bien me recuerdan una piemia.

No hay cuidado. Es ésta una frase de aliento y consuelo, que, a mi juicio, se justifica en la forma siguiente: el fragmento onírico últimamente examinado pretende que los dolores de la paciente proceden de una grave afección orgánica. Sospecho que con esto no quiero sino alejar de mí toda culpa. El tratamiento psíquico no puede ser hecho responsable de la no curación de una difteritis. De todos modos, me avergüenza echar sobre Irma el peso de una enfermedad tan grave no más para que quedarme libre de todo reproche, y necesitando algo que me garantice un desenlace favorable, me parece de perlas poner las palabras de aliento en la boca del doctor M. pero en este punto me coloco por encima del sueño, cosa que necesita explicación.

¿Por qué es este consuelo tan desatinado?

Disentería. Una representación teórica cualquiera de que los gérmenes patógenos pueden ser eliminados por el intestino. ¿Me propondré acaso burlarme así de la inclinación del doctor M. a explicaciones un tanto traídas por los cabellos y a singulares conexiones patológicas? La disentería evoca en mí otras ideas distintas. Hace pocos meses reconocí a un joven que padecía singulares trastornos intestinales y al que otros colegas habían tratado como un caso de "anemia con nutrición insuficiente". Comprobé que se trataba de un histérico, pero no quise ensayar en él mi psicoterapia, y le recomendé que hiciese un viaje por mar. Hace pocos días recibí desde Egipto una desesperada carta de este enfermo, en la que me comunicaba haber padecido un nuevo ataque, que el médico había diagnosticado de disentería. Sospecho, ciertamente, que este diagnóstico es un error de un ignorante colega, que se ha dejado engañar por una de las simulaciones de la histeria; pero de todos modos, no puedo por menos de reprocharme el haber expuesto a mi paciente a contraer, sobre su afección intestinal histérica, una afección orgánica. "Disentería" suena análogamente a "difteria", palabra que no aparece en el sueño.

Habré realmente de aceptar que con el pronóstico optimista que en mi sueño pongo en boca del doctor M. no persigo sino burlarme de él, pues ahora recuerdo que hace años me relató él mismo, con grandes risas, una análoga historia. Había sido llamado a consultar con otro colega sobre un enfermo grave, y ante el optimismo del médico de cabecera hubo de señalarle la presencia de albúmina en la orina del paciente. "*No hay cuidado* —respondió el optimista—; la albúmina se eliminará por sí sola." No cabe duda alguna de que esta parte de mi sueño entraña una burla hacia aquellos de mis colegas ignorantes de la histeria. Como para confirmarlo así, surge ahora en mi pensamiento la siguiente interrogación: ¿Sabe acaso el doctor M. que los fenómenos que su paciente —la amiga de Irma— presenta, y que hacen temer una tuberculosis, son de origen histérico? ¿Ha descubierto la histeria o se ha dejado burlar por ella?

¿Qué motivo puedo tener para tratar tan mal a un amigo? Muy sencillo. El doctor M. está poco conforme como la misma Irma con la "solución" por mi propuesta. De este modo me he vengado ya en mi sueño de dos personas: de Irma, diciéndole que si aún tenía dolores era exclusivamente por su culpa, y del doctor M., con el desatinado pronóstico que pongo en sus labios.

Sabemos inmediatamente de qué procede la infección. Este inmediato conocimiento en el sueño es algo muy singular. Un instante antes no sabíamos nada, pues la infección no fue descubierta hasta el reconocimiento efectuado por Leopoldo.

Nuestro amigo Otto ha puesto recientemente a Irma, una vez que se sintió mal, una inyección. Otto me había referido realmente que durante su corta estancia en casa de la familia de Irma le llamaron de un hotel cercano para poner una inyección a un individuo que se había sentido repentinamente enfermo. Las inyecciones me recuerdan de nuevo a aquel infeliz amigo mío que se envenenó con cocaína. Yo le había aconsejado el uso interno de esta sustancia únicamente durante una cura de desmorfinización, pero el desdichado comenzó a ponerse inyecciones de cocaína.

Con un preparado a base de propil…, propilena…, ácido propiónico. ¿Cómo puede incluirse esto en mi sueño? Aquella misma tarde, después de la cual redacté por cierto el historial clínico de Irma y tuve el sueño que ahora me ocupa, abrió mi mujer una botella de licor, en cuya etiqueta se leía la palabra *ananás* (piña)[10], y que nos había sido regalada por Otto. Tiene éste la costumbre de aprovechar toda ocasión que para hacer un regalo pueda presentársele; costumbre de la que es de esperar le cure algún día una mujer[11]. Destapada la botella emanaba del licor un olor amílico, que me negué a probarlo. Mi mujer propuso regalárselo a los criados; pero yo, más prudente, me opuse, observando humanitariamente que tampoco ellos debían envenenarse. El olor a amílico despertó en mí, sin duda, el recuerdo de la serie química: amil, propil, metil, etc., y este recuerdo proporcionó al sueño el preparado a base de propil. De todos modos, he realizado aquí una sustitución. He soñado con el propil después de haber olido el amil, pero esas sustituciones se hallan quizá permitidas precisamente en la química orgánica.

Trimetilamina. En mi sueño veo la fórmula química de esta sustancia, cosa que testimonia de un gran esfuerzo de mi memoria, y la veo impresa en gruesos caracteres, como si quisiera hacer

---

[10] La palabra "ananás" muestra, una cierta semejanza con el apellido de Irma, mi paciente.

[11] Sobre este punto concreto no se ha mostrado mi sueño nada profético. En otro sentido, si los dolores de estómago de los que Irma se lamentaba en él, dolores de los que yo quería rechazar toda responsabilidad, y para los cuales no fue posible hallar explicación alguna, eran precursores de una grave afección hepática.

resaltar su especial importancia dentro del contexto en que se halla incluida. ¿Adónde puede llevarme la trimetilamina sobre la cual es atraída mi atención en esta forma? A una conversación con otro amigo* mío, que desde hace muchos años sabe de todos mis trabajos en preparación como yo de los suyos. Por aquella época me había comunicado ciertas ideas sobre una química sexual, y entre otras, que la trimetilamina le parecía constituir uno de estos productos del metabolismo sexual. Este cuerpo me conduce, a la sexualidad; esto es, a aquel factor al que adscribo la máxima importancia en la génesis de las afecciones nerviosas, cuya curación me propongo. Irma, mi paciente, es una joven viuda. Si me veo en la necesidad de disculpar el mal éxito de la cura en su caso, habré seguramente de alegrar este hecho al que sus amigos pondrían gustosos el remedio. Pero ¡observemos cuán singularmente construido puede hallarse un sueño! La otra señora, a la que yo quisiera tener como paciente en lugar de Irma, es también una joven viuda.

Sospecho por qué la fórmula de la trimetilamina ha adquirido tanta importancia en el sueño. En esta palabra se acumula un gran número de cosas muy significativas. No sólo es una alusión al poderoso factor "sexualidad", sino también a una persona cuya aprobación recuerdo con agrado siempre que me siento aislado en medio de una opinión hostil o indiferente a mis teorías. Y este buen amigo mío, que tan importante papel desempeña en mi vida, ¿no habrá de intervenir aún más en el conjunto de ideas de mi sueño? Desde luego; posee especialísimos conocimientos sobre las afecciones que se inician en la nariz o en las cavidades vecinas, y ha aportado a la Ciencia el descubrimiento de singularísimas relaciones de los cornetes nasales con los órganos sexuales femeninos. (Las tres escaras grisáceas que advierto en la garganta de Irma.) He hecho que reconociera a esta paciente para comprobar si los dolores de

---

*   Wilhelm Fliess.

estómago que padecía podían ser de origen nasal. Pero se da el caso de que él mismo padece una afección nasal que me inspira algún cuidado. A esta afección, alude sin duda, la piemia, cuya duda surge en mí, asociada a la metástasis de mi sueño.

No se ponen inyecciones de este género tan ligeramente. Acuso aquí, directamente de ligereza a mi amigo Otto. Realmente creo haber pensado algo análogo la tarde anterior a mi sueño, cuando me pareció ver expresado en sus palabras la tarde anterior a mi sueño, cuando me pareció ver expresado en sus palabras o en su mirada un reproche contra mi actuación profesional con Irma. Mis pensamientos fueron, aproximadamente, como sigue: "¡Qué fácilmente se deja influir por otras personas, y cuán ligero es en sus juicios!" Esta parte del sueño alude, además a aquel difunto amigo mío, que tan ligeramente se decidió a inyectarse cocaína. Como ya he indicado antes, al prescribirle el uso interno de esta sustancia no pensé jamás que pudiera administrársela en inyecciones. Al reprochar a Otto su ligereza en el empleo de ciertas sustancias químicas observo que trato de nuevo la historia de aquella infeliz Matilde, de la que se deduce un análogo reproche para mí. Claramente se ve que reúno aquí ejemplos de mi conciencia profesional, pero también de todo lo contrario.

Probablemente estaría, además sucia la jeringuilla. Un nuevo reproche contra Otto, pero de distinta procedencia. Ayer encontré casualmente al hijo de una señora de ochenta y dos años, a la que administro diariamente dos inyecciones de morfina. En la actualidad se halla veraneando, y ha llegado hasta mí la noticia de que padece una flebitis. Inmediatamente pensé que debía tratarse de una infección provocada por falta de limpieza de la jeringuilla. Puedo vanagloriarme de no haber causado un solo accidente de este género en dos años que llevo tratándola a diario. Bien es verdad que la total asepsia de la jeringuilla constituye mi constante preocupación. En estas cosas soy siempre muy concienzudo. La flebitis me recuerda de nuevo a mi mujer, que padeció de esta enfermedad durante un embarazo. Después surge en mí el recuerdo de tres situaciones análogas, de las que fueron, respectivamente protagonistas mi mujer, Irma y la difunta Matilde; situaciones cuya entidad es, sin duda alguna, lo que me ha permitido sustituir entre sí a estas tres personas en mi sueño.

Aquí termina la interpretación emprendida*. Durante ella me ha costado trabajo defenderme de todas las ocurrencias a las que tenía que incitarme la comparación del sentido del sueño con las ideas que tras él se ocultaban. El "sentido" del sueño ha surgido a mis ojos. He advertido una intención que el sueño realiza, y que ha tenido que constituir su motivo. El sueño cumple algunos deseos que los sucesos del día inmediatamente anterior (las noticias de Otto y la redacción del historial clínico) hubieron de despertar en mí. El resultado del sueño es, en efecto, que no soy yo, sino Otto, el responsable de los dolores de Irma. Otto me ha irritado con sus observaciones sobre la incompleta de Irma, y el sueño me venga de él, volviendo en contra suya sus reproches. Al mismo tiempo me absuelve de toda responsabilidad por el estado de Irma, atribuyéndolo a otros factores, que expone como una serie de razonamientos, y presenta las cosas tal y como yo desearía que fuesen en la realidad. *Su contenido es, por tanto, una realización de deseos, y su motivo, un deseo.*

Todo esto resulta evidente; pero también se nos hace comprensible, desde el punto de vista de la realización de deseos, una gran parte de los detalles del sueño. En éste me vengo de Otto no sólo por su parcialidad en el caso de Irma —atribuyéndole una ligereza en el ejercicio de su profesión (la inyección)—, sino también por la mala calidad de su licor, que apestaba a amílico, y hallo una expresión que reúne ambos reproches: una inyección con un preparado a base de propilena. Pero aún no me doy por satisfecho y continúo

---

* Nota de 1909: "aunque tiene que comprenderse que no he consignado todas las ocurrencias durante el proceso de interpretación".

mi venganza situándole frente a su competidor. De este modo me parece que le digo: "Leopoldo me inspira más estimación que tú". Tampoco es Otto el único a quien hago sentir el peso de mi cólera. Me vengo también de mi indócil paciente, sustituyéndola por otra más inteligente y manejable. De igual modo no dejo pasar sin protesta la contradicción del doctor M., sino que, por medio de una transparente alusión, le expreso un juicio de que en este caso se ha conducido como un ignorante ("sobrevendrá una disentería", etc.), y apelo contra él ante alguien en cuya ciencia confío más (ante aquel amigo mío que me habló de la trimetilamina), en la misma forma que apelo de Irma ante su amiga, y de Otto, ante Leopoldo. Anuladas las tres personas que me son contrarias, y sustituidas por otras tres de mi elección, quedo libre de los reproches que no quiero haber merecido. La falta de fundamento de estos reproches queda también amplia y minuciosamente demostrada en mi sueño. No me cabe responsabilidad alguna de los dolores de Irma, pues si continúa padeciéndolos es exclusivamente por su culpa al no querer aceptar mi solución. Esos dolores son de origen orgánico, no pueden ser curados por medio de un tratamiento psíquico, y por tanto, nada tengo que ver en ellos. En tercer lugar, se explican satisfactoriamente por la viudez de Irma (¡trimetilamina!), cosa contra la cual nada me es posible hacer. Además han sido provocados por una imprudente inyección que Otto le administró con una sustancia inadecuada, falta en la que jamás he incurrido. Por último, proceden de una inyección practicada con una jeringuilla sucia, como la flebitis de mi anciana paciente; complicación que nunca he acarreado a mis enfermos. Advierto, ciertamente, que estas explicaciones de los padecimientos de Irma no concuerdan entre sí, sino que se excluyen unas a otras. Toda mi defensa —que no otra cosa constituye este sueño— recuerda vivamente la de aquel individuo al que un vecino acusaba de haberle devuelto inservible un caldero que le había prestado y que rechazaba tal acusación con las siguientes razones:

"En primer lugar, le he devuelto el caldero completamente intacto; además, el caldero estaba ya agujereado cuando me lo prestó. Por último, jamás le he pedido prestado ningún caldero". Las razones son contradictorias, pero bastará con que se aprecie una de ellas para declarar al individuo libre de toda culpa.

En el sueño aparecen otros temas, cuya relación con mis descargos respecto a la enfermedad de Irma no se muestra tan transparente: la enfermedad de mi hija y la de una paciente de igual nombre; la toxicidad de la cocaína; la afección de mi paciente, residente en Egipto; mis preocupaciones sobre la salud de mi mujer, de mi hermano y del doctor M., mis propias dolencias, y el cuidado que me inspira la afección nasal de mi amigo ausente. Pero todo ello puede reunirse en un solo círculo de ideas, que podría rotularse: preocupaciones sobre la salud tanto ajena como propia, y conciencia profesional. Recuerdo haber experimentado una vaga sensación penosa cuando Otto me trajo la noticia del estado de Irma. Del círculo de ideas que intervienen en el sueño quisiera extraer ahora, *a posteriori*, la expresión que en él halla dicha fugitiva sensación. Es como si Otto me hubiera dicho: "No tomas suficientemente en serio tus deberes profesionales; no eres lo bastante concienzudo, y no cumples lo que prometes". Ante este reproche se puso a mi disposición el círculo de ideas indicado para permitirme demostrar hasta qué punto soy un fiel cumplidor de mis deberes médicos y cuánto me intereso por la salud de mis familiares, amigos y pacientes. En este acervo de ideas aparecen singularmente algunos recuerdos penosos, pero todos ellos tienden más a apoyar las inculpaciones que sobre Otto acumulo que a mi propia defensa. El conjunto de pensamientos es impersonal, pero la conexión de este amplio material, sobre el que el sueño reposa, con el tema más restringido del mismo, que ha dado origen a mi deseo de no ser responsable del estado de Irma, no puede pasar inadvertida.

De todos modos, no quiero afirmar haber descubierto por completo el sentido de este sueño ni que en su interpretación no existan lagunas. Podría aún dedicarle más tiempo, extraer de él nuevas aclaraciones y analizar nuevos enigmas, a cuyo planteamiento incita. Sé incluso cuáles son los puntos a partir de los cuales podríamos perseguir nuevas series de ideas, pero consideraciones especiales, que surgen de todo análisis de un sueño propio, me obligan a limitar la labor de interpretación. Aquellos que se precipiten a criticar una reserva tal pueden intentar ser más sinceros que yo. Por el momento me satisfaré con señalar un nuevo conocimiento que nuestro análisis nos ha revelado. Siguiendo el método de interpretación onírica aquí indicado, hallamos que el sueño tiene realmente un sentido, y no es en modo alguno, como pretenden los investigadores, la expresión de una actividad cerebral fragmentaria. *Una vez llevada a cabo la interpretación completa de un sueño, se nos revela éste como una realización de deseos* *.

◆ ◆ ◆

---

* Strachey comenta una carta de Freud a Fliess (12-6-1900) donde aquél, imaginando una placa conmemorativa del lugar y fecha en que descubrió el sentido de los sueños, la redactó así: "En esta casa (Bellevue), el 24 de junio de 1895, el secreto de los sueños le fue revelado al Dr. Sigm. Freud". Pese a todos los homenajes rendidos por la ciudad de Viena a su hijo ilustre (XXVII Congreso Internacional de Psicoanálisis, Viena, 1971), aún no se ha colocado esa placa. *(Nota de J. N.)*

CAPÍTULO III

El sueño es una realización de deseos

Cuando por una angosta garganta desembocamos de repente en una altura de la que parten diversos caminos y desde la que se nos ofrece un variado panorama en distintas direcciones, habremos de detenernos un momento y meditar hacia dónde debemos de volver primero nuestros ojos. Análogamente nos sucede ahora, después de llevar a término la primera interpretación onírica. Nos hallamos envueltos en la luminosidad de un súbito descubrimiento: el sueño no es comparable a los sonidos irregulares producidos por un instrumento musical bajo el ciego impulso de una fuerza exterior y no bajo la mano del músico. No es desatinado ni absurdo ni presupone que una parte de nuestro acervo de representaciones duerme, en tanto que otra comienza a despertar. Es un acabado fenómeno psíquico, y precisamente una realización de deseos; debe ser incluido en el conjunto de actos comprensibles de nuestra vida despierta y constituye el resultado de una actividad intelectual altamente complicada. Pero en el mismo instante en que comenzamos a regocijarnos de nuestro descubrimiento nos vemos agobiados por un cúmulo de interrogaciones. Si, como la interpretación onírica lo demuestra, nos presenta el sueño un deseo cumplido, ¿de dónde procede la forma singular y desorientadora en la que tal realización de deseos queda expresada? ¿Qué transformación han sufrido las ideas oníricas hasta constituir el sueño manifiesto, tal y como al despertar lo recordamos? ¿En qué forma y por qué caminos se ha llevado a cabo esta transformación? ¿De dónde procede el material cuya elaboración ha dado cuerpo al sueño? ¿Cuál es el origen de alguna de las peculiaridades que hemos podido observar en las ideas oníricas; por ejemplo, la de que pueden contradecirse unas a otras? (Véase la historia del caldero, a finales del capítulo anterior.) ¿Puede el sueño revelarnos algo sobre nuestros procesos psíquicos internos, y puede su contenido rectificar opiniones que durante el día mantenemos? Creo conveniente prescindir por el momento de todas estas interrogaciones y seguir un único camino. Nuestro primer análisis nos ha revelado que el sueño nos presenta el cumplimiento de un deseo, y ante todo habremos de investigar si es éste un carácter general del fenómeno onírico o, por el contrario, única y casualmente del contenido del sueño con el que hemos iniciado nuestra labor analítica (el de la inyección de Irma); pues aun sosteniendo que todo sueño posee un sentido y un valor psíquico, no podemos negar *a priori* la posibilidad de que tal sentido no sea el mismo en todos los sueños. El primero que analizamos era una realización de deseos; otro podrá, quizá, presentarse como la realización de un temor; el contenido de un tercero pudiera ser una reflexión, y otros, por último, limitarse sencillamente a reproducir un recuerdo. Nuestra labor se dirigirá, en primer lugar, a averiguar si existen o no sueños distintos de los realizados de deseos.

Fácilmente puede demostrarse que los sueños evidencian frecuentemente, sin disfraz alguno, el carácter de realización de deseos, hasta el punto de que nos asombra cómo el lenguaje onírico no ha encontrado comprensión hace ya mucho tiempo. Hay por ejemplo, un sueño, que puedo provocar siempre en mí, a voluntad y experimentalmente. Cuando en la cena tomo algún plato muy salado, siento por la noche intensa sed, que llega a hacerme despertar. Pero antes que esto suceda tengo siempre un sueño de idéntico contenido: el de que bebo agua a grandes tragos y con todo el placer del sediento. Sin embargo, despierto después y me veo en la necesidad de beber realmente. El estímulo de este sencillo sueño ha sido la sed, que al despertar continúo sintiendo; sensación de la que emana el deseo de beber. El sueño me presenta realizado este deseo, cumpliendo, al hacerlo así, una función que se me revela en seguida. Mi reposo es, generalmente, profundo y tranquilo, y ninguna necesidad física suele interrumpirlo. Si soñando que bebo logro engañar mi sed, me habré evitado tener que despertar para satisfacerla. Se trata, por tanto, de un "sueño de comodidad" *(Bequemlichkeitstraum)*. El sueño se sustituye a la acción, como sucede también en la vida despierta. Desgraciadamente, mi necesidad de agua para calmar mi sed no puede ser satisfecha por medio de un sueño, como mi sed de venganza contra mi amigo Otto y contra el doctor M., pero en ambos casos existe una idéntica buena voluntad por parte del fenómeno onírico.

Este mismo sueño se presentó modificado en una reciente ocasión. Antes de conciliar el reposo, sentí ya sed y agoté el vaso de agua que había encima de mi mesa de noche. Horas después se renovó mi sed y con ella la excitación consiguiente. Para procurarme agua, hubiera tenido que levantarme y coger el vaso que quedaba lleno en la mesa de noche de mi mujer. Adecuadamente a esta circunstancia, soñé que mi mujer me daba a beber en un cacharro de forma poco corriente, que reconocí era un vaso cinerario etrusco, traído por mí de un viaje a Italia y que recientemente había regalado. Pero el agua sabía tan salada —seguramente a causa de la ceniza contenida en el vaso— que desperté en el acto.

Obsérvese con qué minucioso cuidado lo dispone todo el sueño para la mayor comodidad del sujeto. Siendo su exclusivo propósito el de realizar un deseo, puede mostrarse absolutamente egoísta. El amor a la comodidad propia es inconciliable con el respeto a la de otras personas. La intervención del vaso cinerario constituye también una realización de deseos. Me disgusta no poseerlo ya, del mismo modo que me disgusta tener que levantarme para coger el vaso de encima de la mesilla de noche. Por su especial destinación —la de contener cenizas— se adapta, además al resabor salado que ha provocado en mí la sed que habrá de acabar por despertarme[1].

Estos sueños de comodidad eran en mí muy frecuentes durante mis años juveniles. Acostumbrado desde siempre a trabajar hasta altas horas de la noche, me era luego muy penoso tener que despertarme temprano, y solía soñar que me había levantado ya y estaba lavándome. Al cabo de un rato, no podía menos que reconocer que aún me hallaba en el lecho; pero, entre tanto, había logrado continuar durmiendo unos minutos más. Un análogo sueño de pereza, especialmente chistoso, me ha sido comunicado por uno de mis colegas que, por lo visto, comparte mi afición al reposo matinal.

La dueña de la pensión en que vivía tenía el encargo severísimo de despertarle con tiempo para llegar al hospital a la hora marcada, encargo cuyo cumplimiento no dejaba de entrañar graves dificultades. Una mañana dormía mi colega con especial delectación, cuando la patrona le gritó desde la puerta: "¡Levántese usted don José, que es ya la hora de ir al hospital!" A continuación soñó que

---

[1]   Weygandt conocía ya la existencia de esta clase de sueños: "La sed es de las sensaciones que más precisamente advertimos durante el reposo, y despierta siempre en nosotros la representación de que la satisfacemos. La forma en que en el sueño se representa la satisfacción de la sed es muy variada y queda determinada por cualquier recuerdo reciente. Como fenómeno general, señalaremos aquí que la representación de satisfacer la sed sucede siempre un desencanto ante el escaso afecto de la supuesta satisfacción". Pero Weygandt no se da cuenta de la generalidad de la reacción del sueño al estímulo. El que otras personas que sientan sed durante la noche despierten sin soñar nada previamente no constituye una objeción contra mi experimento; lo único que demuestra es que el reposo de esas personas no es suficientemente profundo (Cf. Isaías, 20, 8: "Y será como el que tiene hambre y sueña, y parece que come; cuando despierta, su alma está vacía, o como el que tiene sed y sueña, y parece que bebe; cuando despierta, hállase cansado, y su alma sedienta…")

ocupaba una de las salas del hospital, un lecho sobre el cual colgaba un tarjetón con las palabras: "José H., cand., méd., veintidós años". Viendo esto, se dijo en sueños: "Si estoy ya en el hospital, no tengo por qué levantarme para ir". Y dándose la vuelta continuó durmiendo. Con su razonamiento se había confesado sin disfraz alguno el motivo de su sueño.

He aquí otro sueño cuyo estímulo actúa también durante el reposo: una de mis pacientes, que había tenido que someterse a una operación en la mandíbula, operación cuyo resultado fue desgraciadamente negativo, debía llevar de continuo, sobre la mejilla operada, un determinado aparato. Mas por las noches, en cuanto se dormía, lo arrojaba lejos de sí. Se me pidió que le amonestara por aquella desobediencia al consejo de los médicos, pero ante mis reproches se disculpó la enferma, alegando que la última vez lo había hecho sin darse cuenta y en el transcurso de un sueño. "Soñé que estaba en un palco de la Ópera y que la representación me interesaba extraordinariamente. En cambio, Carlos Meyer se hallaba en el sanatorio y padecía horribles dolores de cabeza. Entonces me dije que, como a mí no me dolía nada, no necesitaba ya el aparato, y lo tiré." Este sueño de la pobre enferma parece la representación plástica de una frase muy corriente que acude a nuestros labios en las situaciones desagradables: "¡Vaya una diversión! ¡Cómo no encuentre nunca otra más agradable…!" El sueño, solicitó a los deseos de la durmiente, le proporcionaban la mejor diversión anhelada. El Carlos Meyer al que traslada sus dolores es aquel de sus amigos que menos simpatías le inspira.

Con igual facilidad descubrimos la realización de deseos en algunos otros de los sueños de personas sanas por mí reunidos. Un amigo mío, que conoce mi teoría onírica y se la ha explicado a su mujer, me dijo un día: "Mi mujer ha soñado ayer que tenía el periodo. ¿Qué puede significar esto?" La respuesta es sencilla: si la joven casada ha soñado que tenía el periodo es, indudablemente, porque aquel mes le ha faltado o se le retrasa, y hemos de suponer que le sería grato verse libre, aún, durante algún tiempo, de los cuidados y preocupaciones de la maternidad. Resulta, que al comunicar su sueño a su marido le anuncia sin saberlo de una manera delicada, su primer embarazo.

Otro amigo me escribió que su mujer había soñado que advertía en su camisa manchas de leche; también esto es un anuncio de embarazo, pero no ya del primero, pues el sueño realiza el deseo de la durmiente de poder criar a su segundo hijo con más facilidad que el primero.

Una joven casada a la que una enfermedad infecciosa de un hijo suyo había apartado durante algunas semanas de toda relación social, soñó, días después del feliz término de la enfermedad, que se hallaba en una reunión de la que formaban parte A. Daudet, Bourget, Prévost y otros escritores conocidos, mostrándose todos muy amables con ella. Daudet y Bourget aparecen en el sueño tal y como la durmiente los conoce por retratos; en cambio, Prévost, del que nunca ha visto ninguno, toma la figura del empleado que había vendido el día anterior a desinfectar el cuarto del enfermo y que había sido la primera persona extraña a la casa que desde el comienzo de la enfermedad de su hijo había visto la sociable señora. Este sueño puede quizá interpretarse, sin dejar laguna alguna, por el pensamiento siguiente de la sujeto: "Ya es hora de que pueda dedicarme a algo más divertido que esta labor de enfermera".

Bastará quizá esta selección para demostrar cómo con gran frecuencia y en las más diversas circunstancias hallamos sueños que se nos muestran comprensibles a título de realizaciones de deseos y evidencian sin disfraz alguno su contenido. Son éstos, en su mayor parte, sueños sencillos y cortos, que se apartan, para descanso del investigador, de las embrolladas y exuberantes composiciones oníricas, que han atraído casi exclusivamente la atención de los autores. A pesar de su sencillez, merecen ser examinados con detención, pues nos proporcionan inestimables datos sobre la vida onírica. Los sueños de forma más sencilla habrán de ser, indudablemente, los de los niños, cuyos rendimientos psíquicos son, con seguridad, menos complicados que los de personas adultas. A mi juicio, la psicología infantil está llamada a prestarnos, con respecto a la psicología del adulto, idénticos servicios que la investigación de la anatomía o el desarrollo de los animales inferiores ha prestado para la estructura de especies zoológicas superiores. Pero hasta el presente no han surgido sino muy escasas tentativas de utilizar para tal fin la psicología infantil.

Los sueños de los niños pequeños son con frecuencia simples realizaciones de deseos, y al contrario de los de personas adultas, muy poco interesantes. No presentan ningún enigma que resolver, pero poseen un valor inestimable para la demostración de que por su última esencia significa el sueño una realización de deseos. Los sueños de mis propios hijos me han proporcionado material suficiente de este género.

A una excursión desde Aussee a Hallstatt, realizada durante el verano de 1896, debo dos ejemplos de estos sueños: uno, de mi hija, que tenía por entonces ocho años y medio, y otro de uno de mis hijos, niño de cinco años y tres meses. Como información preliminar expondré que en aquel verano vivíamos en una casa situada sobre una colina cercana a Aussee, desde la cual se dominaba un espléndido panorama. En los días claros se veía en último término la Dachstein, y con ayuda de un anteojo de larga vista se divisaba la Simonyhuette, cabaña emplazada en la cumbre de dicha montaña. Los niños habían mirado varias veces con el anteojo, pero no sé si habían logrado ver algo. Antes de emprender la excursión, de la que se prometían maravillas, les había dicho yo que Hallstatt se hallaba al pie de la Dachstein. Desde Hallstatt nos dirigimos al valle de Escher, cuyos variados panoramas entusiasmaron a los chicos. Sólo uno de ellos —el de cinco años— parecía disgustado. Cada vez que aparecía a su vista una nueva montaña me preguntaba si era la Dachstein, y a medida que recibía respuestas negativas se fue desanimando, y terminó por enmudecer y rehusar tomar parte en una pequeña ascensión que los demás hicieron para ver una cascada. Le creí fatigado; pero a la mañana siguiente vino a contarme, rebosando de alegría, que aquella noche había subido en sueños a la Simonyhuette, y entonces comprendí que al oírme hablar de la Dachstein, antes de la excursión, había creído que subiríamos a esta montaña y visitaríamos la cabaña de que tanto hablaban los que miraban por el anteojo. Luego, cuando se dio cuenta de que nuestro itinerario era distinto, quedó defraudado y se puso de mal humor. El sueño le compensó de su descanso. Los detalles que de él pudo darme eran, sin embargo, muy pobres: "Para llegar a la cabaña hay que subir escaleras durante seis horas", circunstancia de la que, sin duda, había oído hablar en alguna ocasión.

También en la niña de ocho años y medio despertó esta excursión un deseo, que no habiéndose realizado, tuvo que ser satisfecho por el sueño. Habíamos llevado con nosotros a un niño de doce años, hijo de unos vecinos nuestros, que supo conquistarse en poco tiempo todas las simpatías de la niña. A la mañana siguiente vino ésta a contarme un sueño que había tenido: "Figúrate que he soñado que Emilio era uno de nosotros; os llamaba "papá" y "mamá", y dormía con nosotros en la alcoba grande. Entonces venía mamá y echaba un puñado de bombones, envueltos en papeles verdes y azules, debajo de las camas". Los hermanos de la pequeña, a los que, indudablemente, no ha sido transmitido por herencia el conocimiento de la interpretación onírica, declararon, como cualquier investigador, que aquel sueño era un disparate. Pero la niña defendió parte del mismo y es muy interesante para la teoría de las neurosis saber cuál: "Que Emilio vivía con nosotros puede ser un disparate; pero lo de los bombones, no". Para mí era precisamente esto lo que me parecía oscuro, pero mi mujer me proporcionó la explicación. En el camino desde la estación a casa se habían detenido los niños ante una máquina de la que, echando una moneda, salían bombones envueltos en brillantes papeles de colores. Mi mujer pensando con razón que aquel día había traído ya consigo suficientes realizaciones de deseos, dejó la satisfacción de este último para el sueño, y ordenó a los niños que continuaran adelante. Toda esta escena había pasado inadvertida para mí. La parte de su sueño que mi hija aceptaba como destinada me era, en cambio, comprensible sin necesidad de explicación alguna. Durante la excursión había oído cómo nuestro pequeño invitado aconsejaba, lleno de formalidad, a los niños que esperasen hasta que llegasen el papá o la mamá. Esta sumisión interina quedó convertida por el sueño en una adopción duradera. La ternura de mi hija no conocía aún otras formas de la vida común que aquellas fraternales que su sueño le mostraba: por qué los bombones eran arrojados por la mamá precisamente debajo de las camas constituía un detalle imposible de esclarecer sin interrogar a la niña analíticamente.

Un amigo mío me ha comunicado un sueño totalmente análogo al de mi hijo, soñado por una niña de ocho años. Su padre la había llevado de paseo con otros niños, y cuando se hallaban ya cerca del lugar que se habían propuesto como fin, lo avanzado de la hora los obligó a emprender el regreso, consolándose, los infantiles excursionistas con la promesa de volver otro día con más tiempo. Luego, en el camino atrajo su atención un hombre, inscrito en un poste indicador, y expresaron su deseo de ir al lugar a que correspondía; pero por la misma razón de tiempo tuvieron que contentarse con una nueva promesa. A la mañana siguiente, lo primero que la niña dijo a su padre fue que había soñado que iba con él, tanto al lugar que no habían alcanzado la víspera como aquel otro al que después había prometido llevarlos. Su impaciencia había anticipado, por tanto, la realización de las promesas de su padre *.

Igualmente sincero es otro sueño que la belleza del paisaje de Aussee provocó en otra hija mía de tres años y tres meses. Había hecho por primera vez una travesía en bote sobre el lago, y el tiempo

---

* Freud cita los nombres de esos lugares: "Dornbach (el lugar del paseo), Rohrer Hütte (el lugar no alcanzado) y Hameau (el tercero en el poste)". *(Nota de J. N.)*

había pasado tan rápidamente para ella, que al volver a tierra se echó a llorar con amargura, resistiéndose a abandonar el bote. A la mañana siguiente me contó: "Esta noche he estado paseando por el lago". Esperemos que la duración de este paseo nocturno la satisficiera más.

Mi hijo mayor, que por esta época tenía ocho años, soñó ya una vez con la realización de una fantasía. En su sueño acompañó a Aquiles en el carro de guerra que Diomedes guiaba. La tarde anterior le había apasionado la lectura de un libro de leyendas mitológicas, regalado a su hermana mayor.

Admitiendo que las palabras que los niños suelen pronunciar dormidos pertenecen también al círculo de los sueños, comunicaré aquí uno de los primeros sueños de la colección por mí reunida. Teniendo mi hija menor diecinueve meses, hubo que someterla a dieta durante todo un día, pues había vomitado repetidamente por la mañana. A la noche se le oyó exclamar enérgicamente en sueños: "Ana F(r)eud, f(f)resas, f(f)rambuesas, bollos, papilla". La pequeña utilizaba su nombre para expresar posesión, y el *menú* que a continuación detalla contiene todo lo que podía parecerle una comida deseable. El que la fruta aparezca en él repetida constituye una rebelión contra nuestra policía sanitaria casera, y tenía su motivo en la circunstancia, advertida seguramente por la niña, de que la niñera había achacado su indisposición a un excesivo consumo de fresas. Contra esta observación y sus naturales consecuencias toma ya en sueños su desquite[2].

Si consideramos dichosa a la infancia por no conocer aún al deseo sexual, tenemos, en cambio, que reconocer cuán rica fuente

---

[2] Idéntica función que en esta niña realizó el sueño poco tiempo después en su anciana abuela, que contaba cerca de setenta años. Después de un día de dieta que sus trastornos renales le impusieron, soñó, trasladándose seguramente a los felices días de su juventud, que era invitada a comer y a cenar en casa de unos amigos y que en ambas comidas le eran servidos exquisitos platos.

de desencanto y renunciamiento, y con ello de génesis de sueños, constituye para ella el otro de los dos grandes instintos vitales[3].

Expondré aquí un segundo ejemplo de este género. Un sobrino mío, de veintidós meses, recibió el encargo de felicitarme el día de mi cumpleaños y entregarme como regalo un cestillo de cerezas, fruta rara aún en esta época. Su cometido le debió de parecer muy penoso de cumplir, señalado el cestillo, se limitaba a repetir: "Dent(r)o hay cerezas", por nada del mundo se decidiese a entregármelo. Obligado a ello, supo después hallar una compensación. Hasta aquel día solía contar todas las mañanas que había soñado con el "soldado blanco", un oficial de la Guardia imperial que le inspiró una gran admiración un día que le vio por la calle; pero al día siguiente a mi cumpleaños se despertó diciendo alegremente: "Ge(r)mán, comido todas las cerezas", afirmación que no podía hallarse fundada sino en un sueño[4].

---

[3] Un más penetrante y detenido estudio de la vida anímica de los niños nos muestra, sin embargo, que en su actividad psíquica desempeñan un papel importantísimo inadvertido durante mucho tiempo por los investigadores, fuerzas instintivas de conformación infantil, y por tanto, habremos de dudar de la felicidad que a esta edad atribuyen luego los adultos. (Véase mi obra *Una teoría sexual.*)

[4] No debo dejar de advertir que los niños suelen también tener sueños más complicados y menos transparentes, y que, por otro lado, también en los adultos se presentan, bajo determinadas circunstancias, sueños de sencillo carácter infantil. Los ejemplos expuestos por mí en mi "Análisis de la fobia de un niño de cinco años", y por Jung en su estudio "Sobre los conflictos del alma infantil" (1910), muestran los ricos que en insospechado contenido pueden ser ya los sueños de niños de cuatro a cinco años. También v. Hugh-Hellmuth, Putnam, Raalte, Spielrein, Tausk, Biancheri, Buseman y Wigman han publicado interpretaciones analíticas de sueños infantiles. El último de los autores citados acentúa especialmente la tendencia a la realización de deseos de tales sueños. Por otra parte, parece que los sueños infantiles vuelven a presentarse con singular frecuencia en los adultos colocados en condiciones de vida alejadas de lo corriente. En su libro *Antartie* (1904) escribe Otto Nordenskjöld, de la tripulación que con él invernó entre los hielos: "Nuestros sueños, que no habían sido nunca tan vivos ni numerosos como entonces, indicaban claramente la orientación de nuestro pensamiento. Hasta aquellos de nuestros camaradas que en la vida normal no soñaban sino excepcionalmente, nos relataban largas historias cuando por las mañanas nos reuníamos

Ignoro con qué soñarán los animales. Un proverbio parece, sin embargo, saberlo, pues pregunta: "¿Con qué sueña el ganso?", y responde: "Con el maíz"[5]. Toda la teoría que atribuye al sueño el carácter de realización de deseos se halla contenida en estas dos frases[6].

---

para comunicarnos unos a otros nuestras últimas aventuras en el mundo imaginativo de los sueños. Todas ellas se referían al círculo de relación social del que tan alejados nos hallábamos; pero con frecuencia aparecían adaptados a nuestra situación de momento. Uno de los sueños más característicos fue el de un compañero nuestro que se vio trasladado a los bancos de la escuela y encargado por el profesor de despellejar pequeñísimas focas en miniatura fabricadas expresamente para fines pedagógicos. Comer y beber eran, por lo demás, los centros en derredor de los cuales gravitaban casi siempre nuestros sueños. Uno de nosotros, que tenía la especialidad de soñar con grandes banquetes, se mostraba encantado cuando podía anunciarnos, por la mañana, que había saboreado una comida de tres platos. Otro, soñaba con montañas de tabaco, y otro, por último, veía avanzar a nuestro barco, con las velas henchidas, sobre el mar libre. Uno de estos sueños merece especial mención: El cartero trae el correo y explica largamente por qué ha tardado tanto en llegar hasta nosotros. Se equivocó en la distribución, y sólo con mucho trabajo logró volver a hallar las cartas erróneamente entregadas. Naturalmente, nos ocupábamos en nuestros sueños de cosas aún más imposibles; pero en todos los míos y en los que me han sido relatados por mis camaradas podía observarse una singular pobreza de imaginación. Si todos ellos hubiesen sido anotados, poseeríamos una colección de documentos de un gran interés psicológico. De todos modos, se comprenderá lo encantadores que resultaban para nosotros, ya que podían ofrecernos lo que más ardientemente deseábamos." Citaré aquí también unas palabras de Du Prel: "Mungo Park, llegado en su viaje a través de África a un estado de extrema extenuación, soñaba todas las noches con los fructíferos valles de su país natal. Asimismo, Trenck atormentado por el hambre, se veía sentado en una cervecería de Magdeburgo, ante una mesa colmada de los más suculentos manjares, y Jorge Back, que tomó parte en la primera expedición de Franklin, soñaba siempre con grandes comidas durante los días en que estuvo próximo a la muerte por inanición."

[5] Un proverbio húngaro, citado por Ferenczi afirma, más ampliamente, que "el cerdo sueña con las bellotas y el ganso con el maíz". Un proverbio judío dice asimismo: "¿Con qué sueña la gallina? Con el trigo."

[6] Nada más lejos de mi que afirmar que ningún autor ha pensado antes que yo en deducir un sueño de un deseo. (Véanse los siguientes párrafos del capítulo siguiente.) Aquellos que dan un valor a tales prioridades podrían citarme, ya en

Observamos ahora que hubiéramos llegado a nuestra teoría del sentido oculto de los sueños por el camino más corto con sólo consultar el uso vulgar del lenguaje. La sabiduría popular habla a veces con bastante desprecio de los sueños, parece querer dar la razón a la Ciencia cuando juzga en un proverbio que "los sueños son vana espuma"; mas para el lenguaje corriente es predominantemente el sueño el benéfico realizador de deseos. "Esto no me lo hubiera figurado ni en sueños", exclama encantado aquel que encuentra superada por la realidad sus esperanzas.

◆　◆　◆

la antigüedad, al médico Herófilo, que vivió bajo el primero de los Tolomeos, y distinguía —según Büchsenschütz— tres clases de sueños: los enviados por los dioses; los naturales que surgen por el hecho de que el alma se forma una imagen de lo que es conveniente y de lo que sucederá, y los mixtos, que emergen espontáneamente por aproximación de imágenes, cuando vemos lo que deseamos. De la colección de ejemplos de Scherner extrae Stäroke uno, al que el mismo autor califica de realización de sus deseos (p. 239). Dice Scherner: "El deseo despierto de la durmiente fue colmado en el acto por su fantasía sencillamente porque continuaba intensamente vivo en el ánimo de la misma". Este sueño pertenece a los sueños de estado de ánimo *(Stimmungsträumen)*, y próximos a él se hallan los sueños de "deseo erótico masculino y femenino" y los del "mal humor". Como puede verse, no hay el menor indicio de que Scherner atribuyera a los deseos otra significación, con respecto a los sueños, que la de uno de tantos estados de ánimo de la vida despierta, y mucho menos, por tanto, de que relacionarse los deseos con la esencia de los sueños.

CAPÍTULO IV

La deformación onírica

Sé desde luego que ante mi afirmación de que todo sueño es una realización de deseos y que no existen por tanto, sino sueños optativos, habrán de alzarse rotundas negativas. Se me objetará que la existencia de sueños interpretables como realizaciones de deseos no es cosa nueva y ha sido observada ya por un gran número de autores (cf. Radestock, pp. 137 y 138; Volkelt, pp.110 y 111; Purkinje, p. 456; Tissié, p. 70; M. Simón, p. 42 —sobre los sueños de hambre del barón de Trenck durante su encarcelamiento—; Griesinger, p. 111)[1], pero que el negar en absoluto la posibilidad de otro género de sueños no es sino una injustificada generalización, fácilmente controvertible por fortuna. Existen, en efecto, muchos sueños de contenido penoso que no muestran el menor indicio de una realización de deseos. E. V. Hartman, el filósofo pesimista, es quien más se aleja de esta percepción de la vida onírica. En su *Filosofía de lo inconsciente* escribe (segunda parte, p. 344):

---

[1] Ya Plotino, el filósofo neoplatónico, decía: "Cuando nuestros deseos entran en actividad, acude la fantasía y nos presenta seguidamente el objeto de los mismos". (Du Prel, p. 276.)

"Con los sueños pasan al estado de reposo todos los cuidados de la vida despierta, y no, en cambio, aquello que puede reconciliar al hombre culto con la existencia: el goce científico y artístico…". Pero también observadores menos pesimistas han hecho resaltar la circunstancia de que en los sueños son más frecuentes el dolor y el displacer que el placer (cf. Scholz, p. 33; Volkelt, p. 80, y otros). Las "señoras Sarah Weed y Florence Hallam han formado una estadística de sus sueños, y deducido de ella una expresión numérica para el predominio del displacer en la vida onírica —un 58 por 100 de sueños penosos y un 28.6 por 100 de sueños agradables—. Por otra parte, además de estos sueños que continúan durante el reposo los diversos sentimientos penosos de la vida despierta, existen sueños de angustia, en los que esta sensación, la más terrible de todas las displacientes, se apodera de nosotros hasta que su misma intensidad nos hace despertar, y se da el caso de que los niños, en cuyos sueños se nos ha mostrado la realización de deseos sin disfraz alguno, se hallan sujetos con gran frecuencia a esas pesadillas angustiosas" (cf. las observaciones de Debacker sobre el *pavor nocturnus*).

Los sueños de angustia parecen realmente excluir la posibilidad de una generalización del principio que los análisis incluidos en el capítulo anterior nos llevaron a deducir, es decir, el de que los sueños son una realización de deseos, y hasta demostrar su total absurdo. Sin embargo, no es muy difícil sustraerse a estas objeciones, aparentemente incontrovertibles. Obsérvese tan sólo que nuestra teoría no reposa sobre los caracteres del contenido manifiesto, sino que se basa en el contenido ideológico que la labor de interpretación nos descubre detrás del sueño. Confrontemos, en efecto, el *contenido manifiesto con el latente*. Es cierto que existen sueños en los que el primero es penosísimo. Pero ¿se ha intentado nunca interpretar estos sueños y descubrir el contenido ideológico latente de los mismos? Desde luego, no; y por tanto, no pueden alcanzarnos ya las objeciones citadas, y cabe siempre la posibilidad de que también los sueños penosos y los de angustia se revelen después de la interpretación como realizaciones de deseos[2].

En la investigación científica resulta a veces ventajoso, cuando un problema presenta difícil solución, acumular a él otro nuevo; del mismo modo que nos es más fácil cascar dos nueces apretándolas una contra otra que separadamente. Así, a la interrogación planteada de cómo los sueños penosos y los de angustia pueden constituir realizaciones de deseos, podemos agregar, deduciéndola de las características de la vida onírica hasta ahora examinadas, la de por qué los sueños de contenido indiferente, que resultan ser realizaciones de deseos, no muestran abiertamente este significado. Tomemos el sueño examinado antes con todo detalle de la inyección de Irma; no es de carácter penoso, y la interpretación nos lo ha revelado como una amplia realización de deseos. Mas ¿por qué precisa de interpretación? ¿Por qué no expresa directamente su sentido? A primera vista no nos hace tampoco la impresión de presentar realizado un deseo del durmiente, y sólo después del análisis es cuando nos convencemos de ello. Dando a este comportamiento del sueño, cuyos motivos ignoramos aún, el nombre de "deformación onírica"

---

[2] Es increíble la resistencia que los lectores y los críticos oponen a este razonamiento y a la diferenciación fundamental entre contenido latente y contenido manifiesto. En cambio, debo hacer constar que, de todos los juicios contenidos en la literatura existente sobre la materia, ninguno se acerca tanto a mis afirmaciones, con respecto a este punto concreto, como los expresados por J. Sully en su estudio *Dreams as a revelation*, trabajo meritísimo cuyo valor no puede quedar disminuido por ser aquí la primera vez que lo mencionamos: *It would seem then, alter all, that dreams are not the utter nonsense they have been said to be by such authoritirs as Chaucer. Shakespeare and Milton. The chaotic aggregations of our nightfancy have a significance and comunicate new know-ledge. "Like some letterin cipher, the dream inscription when scrutinised closely loses its first look of balderdash and takes the aspect of a serious, intellegible message. Or to vary the figure slightly, we may say that, like some palimpsest, the dream discloses beneath its worthless surfaces-characters traces of an old and precious communication."* (P. 364.)

(Traumentstellung), surge en nosotros la segunda interrogación: ¿de dónde proviene esta deformación de los sueños?

Si para contestar a esta pregunta echamos mano a las primeras ocurrencias que por su estímulo surgen en nuestro pensamiento, podremos proponer varias soluciones verosímiles; por ejemplo, la de que durante el reposo no existe el poder de crear una expresión correspondiente a las ideas del sueño. Pero el análisis de determinados sueños nos obliga a aceptar una distinta explicación de la deformación onírica. Para demostrarlo expondré la interpretación de otro sueño propio; interpretación que, si bien me fuerza a cometer de nuevo multitud de indiscreciones, compensa este sacrificio personal con un acabado esclarecimiento del problema planteado.

Información preliminar

En la primavera de 1897 supe que dos profesores de nuestra Universidad me habían propuesto para el cargo de profesor extraordinario; hecho que, además de sorprenderme por inesperado, me causó una viva alegría, pues suponía una prueba de estimación, independiente de toda relación personal, por parte de dos hombres de altos merecimientos científicos. Pero en el acto me dije que no debía fundar esperanza alguna en la propuesta de que había sido objeto, pues durante los últimos años había hecho el Ministerio caso omiso de todas las que le habían sido dirigidas, y muchos de mis colegas de más edad, y por lo menos de iguales merecimientos que yo, esperaban en vano su promoción. Careciendo de motivos para esperar mejor suerte, decidí resignarme a que mi nombramiento quedase sin efecto. "Después de todo —me dije—, no soy ambicioso, y ejerzo con éxito mi actividad profesional sin necesidad de título honorífico ninguno, aunque también es verdad que en este caso no se trata de que las uvas estén verdes o maduras, pues lo indudable es que se hallan fuera de mi alcance."

Así las cosas, recibí una tarde la visita de un colega, con el que me unían vínculos de amistad, y que se contaba precisamente entre aquellos cuya suerte me había servido de advertencia. Candidato desde hacía mucho tiempo al nombramiento de profesor, que hace del médico en nuestra sociedad moderna una especie de semidiós ante los ojos de los enfermos, y menos resignado que yo, solía visitar de cuando en cuando las oficinas del ministerio para activar la resolución de su empeño. De una de esas visitas venía la tarde a que me refiero, y me relató que esta vez había puesto en un aprieto al alto empleado que le recibió, preguntándole sin ambages si el retraso de su nombramiento dependía realmente de consideraciones confesionales. La respuesta fue, que en efecto, dadas las corrientes de opinión dominantes, no se hallaba S. E., por el momento, en situación, etc., etc. "Por lo menos sé ya a qué atenerme", dijo mi amigo al final de su relato, con el cual no me había revelado nada nuevo, aunque sí me había afirmado en mi resignación, pues las consideraciones confesionales alegadas eran también aplicables a mi caso*.

A la madrugada siguiente a esta visita tuve un sueño de contenido y formas singulares. Se componía de dos ideas y dos imágenes, en sucesión alternada; mas para el fin que aquí perseguimos nos bastará con comunicar su primera mitad, es decir, una idea y una imagen.

I. Mi amigo R. es mi tío. Siento un gran cariño por él.

II. Veo ante mí su rostro, pero algo cambiado y como alargado resaltando con especial precisión la rubia barba que lo encuadra. A continuación sigue la segunda mitad del sueño, compuesta de otra idea y otra imagen, de las que prescindo, como antes indiqué.

La interpretación de este sueño se desarrolló en la forma siguiente:

Al recordarlo por la mañana me eché a reír, exclamando: "¡Qué disparate!" pero no pude apartar de él mi pensamiento en todo el día, y acabé por dirigirme los siguientes reproches: "Si cualquiera

---

* "Consideraciones confesionales", para Strachey es clara la referencia de Freud al antisemitismo reinante en esa época en Viena. (*Nota de J.N.*)

de tus enfermos tratase de rehuir la interpretación de uno de sus sueños, tachándolo de disparatado, pensarías que detrás de dicho sueño se escondía alguna historia desagradable, cuya percatación intentaba evitarse. Por tanto, debes proceder contigo mismo como un enfermo. Tu opinión de que este sueño es un desatino no significa sino una resistencia interior contra la interpretación y no debes dejarte vencer por ella. Estos pensamientos me movieron a emprender el análisis".

"R. es mi tío". ¿Qué puede significar esto? O he tenido más que un tío, mi tío José[3], protagonista por cierto de una triste historia. Llevado por el ansia de dinero, se dejó inducir a cometer un acto que las leyes castigan severamente y cayó bajo el peso de las mismas. Mi padre, que por entonces (de esto hace ya más de treinta años) encaneció del disgusto, solía decir que el tío José no había sido nunca un hombre perverso, y sí únicamente un imbécil. De este modo, al pensar en mi sueño que mi amigo R. es mi tío José, no quiero decir otra cosa sino que R. es un imbécil. Esto, aparte de serme muy desagradable, me parece al principio inverosímil. Mas para confirmarlo acude el alargado rostro, encuadrado por una cuidada barba rubia, que a continuación veo en mi sueño. Mi tío tenía realmente cara alargada, y llevaba una hermosa barba rubia. En cambio, mi amigo R. ha sido muy moreno; pero, como todos los hombres morenos, paga ahora, que comienza a encanecer, el atractivo aspecto de sus años juveniles, pues su barba va experimentando, pelo a pelo, transformaciones de color nada estéticas, pasando primero al rojo sucio y luego al gris amarillento antes de blanquear definitivamente. En uno de estos cambios se halla ahora la barba

---

[3] Es singular cuánto se limita aquí mi recuerdo despierto a favor de los fines de análisis. En realidad, he conocido a cinco tíos míos, alguno de los cuales han inspirado gran cariño y respeto. Pero en el momento en que he logrado vencer la resistencia que a la interpretación se oponía, me digo: "No he tenido más que un tío, el tío José, y es éste, precisamente, aquel a que mi sueño se refiere".

de mi amigo R., y, según advierto con desagrado, también la mía. El rostro que en sueños he visto es al mismo tiempo el de R. y el de mi tío José, como si fuese una de aquellas fotografías en que Galton obtenía los rasgos característicos de una familia, superponiendo en una misma placa los rostros de varios de sus individuos. Así, habré de aceptar que en mi sueño quiero, efectivamente, decir que mi amigo R. es un imbécil, como mi tío José.

Lo que no sospecho aún es para qué habré podido establecer tal comparación, contra la que todo en mí se rebela, aunque he de reconocer que no pasa de ser harto superficial, pues mi tío José era un delincuente, y R. es un hombre de conducta intachable. Sin embargo, también él ha sufrido los rigores de la Ley por haber atropellado a un muchacho, yendo en bicicleta. ¿Me referiré acaso en mi sueño a este delito? Sería llevar la comparación hasta lo ridículo. Pero recuerdo ahora una conversación mantenida hace unos días con N., otro de mis colegas, y que versó sobre el mismo tema de la detallada en la información preliminar N., al que encontré en la calle, se halla también propuesto para el cargo de profesor, y me felicitó por haber sido objeto de igual honor; felicitación que yo rechacé, diciendo: "No sé por qué me da usted la enhorabuena conociendo mejor que nadie, por experiencia propia, el valor de dichas propuestas". A estas palabras mías, bromeando, repuso N.: "¿Quién sabe? Yo tengo quizá algo especial en contra mía. ¿Ignora usted acaso que fui una vez objeto de una denuncia? Naturalmente, se trataba de una vulgar tentativa de chantaje, y todavía me costó Dios y ayuda librar a la denunciante del castigo merecido. Pero ¿quién me dice que en el Ministerio no toman este suceso como pretexto para negarme el título de profesor? En cambio, a usted no tienen 'pero' que ponerle".

Con el recuerdo de esta conversación se me revela el delincuente de que precisaba para completar la comprensión del paralelo establecido en mi sueño, y al mismo tiempo todo el sentido y la tendencia de este último. Mi tío José —imbécil y delincuente— representa en mi sueño a mis dos colegas, que no han alcanzado aún el nombramiento de profesor, y por el hecho mismo de representarlos tacha al uno de imbécil, y de delincuente al otro. Asimismo, veo ahora con toda claridad para que me es necesario todo esto. Si efectivamente es a razones "confesionales" a lo que obedece el indefinido retraso de la promoción de mis dos colegas, puedo estar seguro de que la propuesta hecha a mi favor habrá de correr la misma suerte. Por el contrario, si consigo atribuir a motivos distintos, y que no pueda alcanzarme el veto opuesto a ambos por la altas esferas oficiales, no tendré por qué perder la esperanza de ser nombrado. En este sentido actúa, mi sueño, haciendo de R. un imbécil, y de N., un delincuente. En cambio, yo, libre de ambos reproches, no tengo ya nada común con mis dos colegas, puedo esperar confiado mi nombramiento y me veo libre de la objeción revelada a mi amigo R. por el alto empleado del Ministerio; objeción que es perfectamente aplicable a mi caso.

A pesar de los esclarecimientos logrados, no puedo dar aquí por terminada la interpretación, pues siento que falta aún mucho que explicar y sobre todo no he conseguido todavía justificar ante mis propios ojos la ligereza con que me he decidido a denigrar a dos de mis colegas, a los que respeto y estimo, sólo por desembarazar de obstáculos mi camino hacia el Profesorado. Claro es que el disgusto que tal conducta me inspira queda atenuado por mi conocimiento del valor que debe concederse a los juicios que en nuestros sueños formamos. No creo realmente que R. sea un imbécil, ni dudo un solo instante de la explicación que N. me dio del enojoso asunto en que se vio envuelto, como tampoco podía creer en realidad que Irma se hallaba gravemente enferma a causa de una inyección de un preparado a base de propilena que Otto le había administrado. Lo que tanto en un caso como en otro expresa mi sueño no es sino mi *deseo de que así fuese*. La afirmación por medio de la cual se realiza este deseo parece más absurda en el sueño de Irma que en el últimamente analizado, pues en éste quedan utilizados con gran habilidad varios puntos de apoyo efectivos, resultando así como una diestra calumnia, en la que "hay algo de verdad". En efecto, mi amigo R. fue propuesto con el voto en contra de uno de los profesores, y N. me proporcionó por sí mismo, inocentemente, en la conversación relatada, material más que suficiente para denigrarle. Repito, no obstante, que me parece necesario más amplio esclarecimiento.

Recuerdo ahora que el sueño contenía aún otro fragmento, del que hasta ahora no me he ocupado en la interpretación. Después de ocurrírseme que E. es mi tío, experimento en sueños un tierno cariño hacia él. ¿De dónde proviene este sentimiento? Mi tío José no me inspiró nunca, naturalmente, cariño alguno; R. es desde hace años, un buen amigo mío, al que quiero y estimo, pero si me oyera expresarle mi afecto en términos aproximadamente correspondientes al grado que él mismo alcanza en mi sueño, quedaría con seguridad un tanto sorprendido. Tal afecto me parece, pues, tan falso y exagerado —aunque esto último en sentido inverso— como el juicio que sobre sus facultades intelectuales expreso en mi sueño al fundir su personalidad con la de mi tío. Pero esta misma circunstancia me hace entrever una posible explicación. El cariño que por R. siento en mi sueño no pertenece al contenido latente; esto es, a los pensamientos que se esconden detrás del sueño. Por el contrario, se halla en oposición a dicho contenido, y es muy apropiado para encubrirse su sentido. Probablemente no es otro su destino. Recuerdo qué enérgica resistencia se opuso en mí a la interpretación de este sueño, y cómo fui aplazándola una y otra vez hasta la noche siguiente, con el pretexto de que todo él no era sino un puro disparate.

Por mi experiencia psicoanalítica sé cómo han de interpretarse estos juicios condenatorios. Su valor no es el de un conocimiento, sino tan sólo el de una manifestación afectiva. Cuando mi hija pequeña no quiere comer una manzana que le ofrecen afirma que está agria sin siquiera haberla probado. En aquellos casos en que mis pacientes siguen esta conducta infantil comprendo en seguida que se trata de una representación que quieren *reprimir*. Esto mismo sucede en mi sueño. Me resisto a interpretarlo, porque la interpretación contiene algo contra lo cual me rebelo, y que una vez efectuada aquélla, demuestra ser la afirmación de que R. es un imbécil. El cariño que por R. siento no puedo referirlo a las ideas latentes de mi sueño, pero sí, en cambio, a esta, mi resistencia. Si mi sueño, comparado con su contenido latente, aparece deformado hasta la inversión, con respecto a este punto habré de deducir que el cariño en él manifiesto sirve precisamente a dicha deformación; o dicho de otro modo: que la deformación demuestra ser aquí intencionada, constituyendo un medio de *disimulación*. Mis ideas latentes contienen un insulto contra R., y para evitar que yo me dé cuenta de ello, llega al contenido manifiesto todo lo contrario; esto es, un cariñoso sentimiento hacia él.

Podía ser éste un descubrimiento de carácter general. Como hemos visto por los ejemplos incluidos en el capítulo III, existen sueños que constituyen francas realizaciones de deseos. En aquellos casos en que dicha realización aparece disfrazada e irreconocible habrá de existir una tendencia opuesta al deseo de que se trate, y a consecuencia de ella no podría el deseo manifestarse sino encubierto y disfrazado. La vida social nos ofrece un proceso paralelo a este que en la vida psíquica se desarrolla, mostrándonos una análoga deformación de un acto psíquico. En efecto, siempre que en la relación social entre dos personas se halle una de ellas investida de cualquier poder, que imponga a la otra determinadas precauciones en la expresión de sus pensamientos, se verá obligada esta última a deformar sus actos psíquicos, al exteriorizarlos; dicho de otro modo a disimular. La cortesía social que estamos habituados a observar cotidianamente no es en gran parte sino tal disimulo. Asimismo, al comunicar aquí a mis lectores las interpretaciones de mis sueños me veo forzado a llevar a cabo esas deformaciones. De esta necesidad de disfrazar nuestro pensamiento se lamentaba también el poeta: Lo mejor que puede hsaber/no te es dado decírselo a los niños*.

En análoga situación se encuentra el escritor político que quiere decir unas cuantas verdades desagradables al Gobierno. Si las expresa sin disfraz alguno, la autoridad reprimirá su exteriorización, *a posteriori,* si se trata de manifestaciones verbales, o preventivamente, si han de hacerse públicas por medio de la imprenta. De este modo el escritor, temeroso de la *censura*, atenuará y deformará la expresión de sus opiniones. Según la energía y la susceptibilidad de esta censura, se verá obligado a prescindir simplemente de algunas formas de ataque, a hablar por medio de alusiones y no directamente o a ocultar sus juicios bajo un disfraz, inocente en apariencia, refiriendo, por ejemplo, los actos de dos mandarines del Celeste Imperio cuando intente publicar los dos altos personajes de su patria. Cuanto más severa es la censura, más chistosos son con frecuencia los medios de que el escritor se sirve para poner a sus lectores sobre la pista de la significación verdadera de su artículo[4].

---

* Goethe (Fausto): "*Das Beste, was du wissen kannst. Darfst du den Buben doch nicht sagen.*"

[4] La señora v. Hugh-Hellmuth ha comunicado un sueño (*Internat. Zeitscher. f. aertzl. Psychoanalyse,* III) que justifica como ningún otro mi adopción del término "censura". La deformación onírica actúa en este sueño como la censura postal, borrando aquellos pasajes que cree inaceptables. La censura postal suprime esos pasajes con una tachadura, y la censura onírica los sustituye, en este caso, por un murmullo inteligible.

Para la mayor comprensión del sueño indicaremos que la sujeto es una señora de cincuenta años, muy distinguida y estimada, y viuda, hacía ya doce años de un jefe del Ejército. Tiene varios hijos, ya mayores, y uno de ellos se hallaba, en la época del sueño, en el frente de batalla.

He aquí el relato de este sueño, al que podríamos dar el título de "sueño de los servicios de amor": la señora entra en el hospital militar N. y manifiesta al centinela que desea hablar al médico director (al que da un nombre desconocido) para ofrecerle sus servicios en el hospital. Al decir esto acentúa la palabra "servicio" de tal manera, que el centinela comprende enseguida que se trata de

La absoluta y minuciosa coincidencia de los fenómenos de la censura con los de la deformación onírica nos autoriza a atribuir a ambos procesos condiciones análogas de la formación de los sueños, dos poderes psíquicos del individuo (corrientes, sistemas), uno de los cuales forma el deseo expresado por el sueño, mientras que el otro ejerce una

---

"servicios de amor". Viendo que es una señora de edad, la deja pasar después de alguna vacilación; pero, en lugar de llegar hasta el despacho del médico director, entra en una gran habitación sombría, en la que se hallan varios oficiales y médicos militares sentados o de pie, en derredor de un larga mesa. La señora comunica su oferta a un médico, que la comprende desde las primeras palabras. He aquí el texto de la misma, tal y como la señora lo pronunció en su sueño: "Yo y muchas otras mujeres, casadas, solteras, de Viena, estamos dispuestas con todo militar, sea oficial o soldado…" Tras de estas palabras, oye (siempre en sueños) un murmullo; pero la expresión, en parte confusa y en parte maliciosa, que se pinta en los rostros de los oficiales, le prueba que los circunstantes comprenden muy bien lo que quiere decir. La señora continúa: "Sé que nuestra decisión puede parecer un tanto singular, pero completamente seria. Al soldado no se le pregunta tampoco, en tiempos de guerra, si quiere o no morir". A esta declaración sigue un penoso silencio. El médico mayor ordena con su brazo la cintura de la señora y le dice: "Mi querida señora, suponed que llegásemos realmente a ese punto…" *(Murmullos.)* La señora se liberta del abrazo, aunque pensando que lo mismo da aquel que otro cualquiera, y responde: "Dios mío, yo soy una vieja, y puede que jamás me encuentre ya en ese caso. Sin embargo, habrá que organizar las cosas con cierto cuidado y tener en cuenta la edad, evitando que una mujer vieja y un muchacho joven … *(Murmullos.)* Sería horrible". El médico mayor: "La comprendo a usted perfectamente". Algunos oficiales, entre los cuales se halla uno que le había hecho la corte en su juventud, se echa a reír, y la señora expresa su deseo de ser conducida ante el médico director, al que conoce, con el fin de poner en claro todo aquello; pero advierte, sorprendida, que ignora el nombre de dicho médico. Sin embargo, aquel otro al que se ha dirigido anteriormente le muestra, con gran cortesía y respeto, una escalera de hierro, estrecha y en espiral, que conduce a los pisos superiores, y le indica que suba hasta el segundo. Mientras sube, oye decir a un oficial: "Es una decisión colosal. Sea joven o vieja la mujer de que se trate, a mi no puede por menos de inspirarme respeto". Con la conciencia de cumplir un deber, asciende la señora por una escalera interminable.

El mismo sueño se reproduce luego dos veces más en el espacio de pocas semanas y con algunas modificaciones que, según la apreciación de la señora, eran insignificantes y perfectamente absurdas.

166

censura sobre dicho deseo y le obliga de este modo a deformar su exteriorización. Sólo nos quedaría entonces por averiguar qué es lo que confiere a esta segunda instancia el poder mediante el cual le es dado ejercer la censura. Si recordamos que las ideas latentes del sueño no son conscientes antes del análisis, y, en cambio, el contenido manifiesto de ellas emanado si es recordado como consciente, podemos sentar la hipótesis de que el privilegio de que dicha segunda instancia goza es precisamente el del acceso a la conciencia. Nada del primer sistema puede llegar a la conciencia sin antes pasar por la segunda instancia, y ésta no deja pasar nada sin ejercer sobre ello sus derechos e imponer a los elementos que aspiran a llegar a la conciencia aquellas trasformaciones que le parecen convenientes. Entrevemos aquí una especialísima concepción de la "esencia" de la conciencia; el devenir consciente es para nosotros un especial acto psíquico, distinto e independiente de los procesos de inteligir o representar, y la conciencia se nos muestra como un órgano sensorial, que percibe un contenido dado en otra parte. No es nada difícil demostrar que la psicopatología no puede prescindir en absoluto de estas hipótesis fundamentales, cuyo detenido estudio habremos de llevar a cabo más adelante.

Conservando esta representación de las dos instancias psíquicas y de sus relaciones con la conciencia, se nos muestra una analogía por completo congruente entre la singular ternura que en mi sueño experimento hacia mi amigo R. —tan denigrado luego en la interpretación— y la vida política del hombre. Supongamos, en efecto, trasladados a un Estado en el que un rey absoluto, muy celoso de sus prerrogativas, y una activa opinión pública luchan entre sí. El pueblo se rebela contra un ministro que no le es grato y pide su destitución. Entonces el monarca, con el fin de mostrar que no tiene por qué doblegarse a la voluntad popular, hará precisamente objeto a su ministro de una alta distinción, para la cual no existía antes el menor motivo. Del mismo modo, si mi segunda instancia, que domina el acceso a la conciencia, distingue a mi amigo R. con una exagerada efusión de ternura, es precisamente porque las tendencias optativas del primer sistema quisieran denigrarle, calificándole de imbécil, en persecución de un interés particular, del que dependen[5].

Sospechamos aquí que la interpretación onírica puede proporcionarnos sobre la estructura de nuestro aparato anímico, datos que hasta ahora habíamos esperado en vano de la filosofía. Pero no queremos seguir ahora este camino, sino que, después de haber esclarecido la deformación onírica, volvemos a nuestro punto de partida. Nos preguntamos cómo los sueños de contenido penoso podían ser interpretados como realizaciones de deseos, y vemos ahora que ello es perfectamente posible cuando ha tenido efecto una deformación onírica; esto es, cuando el contenido penoso no sirve sino de disfraz de otro deseado. Refiriéndose a nuestras hipótesis sobre las dos instancias psíquicas, podremos, decir que los sueños penosos contienen, efectivamente, algo que resulta penoso para la segunda instancia, pero que al mismo tiempo cumplen un deseo de la primera. Son sueños optativos, en tanto que todo sueño parte de la primera instancia, no actuando la segunda, con respecto al sueño, sino defensivamente, y no con carácter creador*. Si nos limitamos

---

[5] Esos sueños hipócritas no son nada raros. Hallándome en una ocasión consagrado al estudio de un determinado problema científico, tuve varias noches, casi seguidas, un sueño fácilmente desorientador, cuyo contenido era mi reconciliación con un amigo del que hace ya tiempo hube de prescindir. A la cuarta o quinta vez conseguí por fin aprehender el sentido de estos sueños. Residía en la incitación a echar a un lado el resto de consideración que aún me inspiraba dicha persona y a desligarme de ella en absoluto. Pero en el sueño se había disimulado hipócritamente este sentimiento, presentándose convertido en su contrario. De otra persona he comunicado un "sueño de Edipo" de carácter hipócrita, en el que los sentimientos hostiles y los deseos de muerte de las ideas latentes quedaban sustituidos por una manifiesta ternura. ("Ejemplo típico de un sueño de Edipo, disfrazado".) Más adelante *(Material y fuente de los sueños)*, citaremos otro género de sueños hipócritas. (El amigo parece ser W. Fliess.)

* Adición de 1930: "Posteriormente encontramos ejemplos en que, al contrario, un sueño realizaba un deseo por parte de la segunda instancia".

168

a tener en cuenta aquello que la segunda instancia aporta al sueño no llegaremos jamás a comprenderlo, y permanecerán en pie todos los enigmas que los autores han observado en el fenómeno onírico.

El análisis nos demuestra en todo caso que el sueño posee realmente un sentido y que éste es el de una realización de deseos. Tomaré, pues, algunos sueños de contenido penoso e intentaré su análisis. En parte son sueños de sujetos histéricos, que exigen una larga información preliminar y nos obligan a adentrarnos a veces en los procesos psíquicos de la histeria. Pero no me es posible eludir estas complicaciones de mi exposición.

En el tratamiento analítico de un psiconeurótico constituyen siempre sus sueños, como ya hubimos de indicar, uno de los temas sobre los que han de versar las conferencias entre médico y enfermo. En ellas comunico al sujeto todos aquellos esclarecimientos psicológicos con ayuda de los cuales he llegado a la comprensión de los síntomas; pero estas explicaciones son siempre objeto, por parte del enfermo, de una implacable crítica, tan minuciosa y severa como la que de un colega pudiera yo esperar. Sin excepción alguna se niegan los pacientes a aceptar el principio de que todos los sueños son realizaciones de deseos, y suelen apoyar su negativa con el relato de sueños que, a su juicio, contradicen rotundamente tal teoría. Expondré aquí algunos de ellos:

"Dice usted que todo sueño es un deseo cumplido —me expone una ingeniosa paciente—. Pues bien: le voy a referir uno que es todo lo contrario. En él se me niega precisamente un deseo. ¿Cómo armoniza usted esto con su teoría?" El sueño a que la enferma alude es el siguiente:

"Quiero dar una comida, pero no dispongo sino de un poco de salmón ahumado. Pienso en salir para comprar lo necesario, pero recuerdo que es domingo y que las tiendas están cerradas. Intento luego telefonear a algunos proveedores, y resulta que el teléfono no funciona. De este modo, tengo que renunciar al deseo de dar una comida."

Como es natural, respondo a mi paciente que tan solo el análisis puede decidir sobre el sentido de sus sueños, aunque concedo, desde luego, que a primera vista se muestra razonable y coherente, y parece constituir todo lo contrario de una realización de deseos. "Pero ¿de qué material ha surgido este sueño? Ya sabe usted que el estímulo de un sueño se halla siempre entre los sucesos del día inmediatamente anterior."

Análisis

Su marido, un honrado y laborioso carnicero, le había dicho el día anterior que estaba demasiado grueso e iba a comenzar una cura de adelgazamiento. Se levantaría temprano, haría gimnasia, observaría un severo régimen en las comidas y, sobre todo, no aceptaría ya más invitaciones a comer fuera de su casa. A continuación relata la paciente, entre grandes risas, que un pintor, al que su marido había conocido en el café, hubo de empeñarse en retratarle, alegando no haber hallado nunca una cabeza tan expresiva. Pero el buen carnicero había rechazado la proposición, diciendo al pintor, con sus rudas maneras acostumbradas, que, sin dejar de agradecerle mucho su interés, estaba seguro de que el más pequeño trozo del trasero de una muchacha bonita habría de serle más agradable de pintar que toda su cabeza, por muy expresiva que fuese. La sujeto se halla muy enamorada de su marido y gusta de embromarle de cuando en cuando. Recientemente le ha pedido que no le traiga nunca caviar. ¿Qué significa esto?

Hace ya mucho tiempo que tiene el deseo de comer caviar como entremés en las comidas, pero no quiere permitirse el gasto que ello supondría. Naturalmente, tendría el caviar deseado en cuanto expresase su deseo a su marido. Pero, por el contrario, le ha pedido que no se lo traiga nunca para poder seguir embromándole con este motivo.

(Esta última razón me parece muy inconsciente. Detrás de esas explicaciones, poco satisfactorias, suelen esconderse motivos inconfesados. Recuérdese a los hipnotizados de Bernheim, que llevan a cabo un encargo poshipnótico y, preguntados luego por los motivos de su acto, no manifiestan ignorar por qué han hecho aquello, sino que inventan un fundamento cualquiera insuficiente. Algo análogo debe de suceder aquí con la historia del caviar. Observo además que mi paciente se ve obligada a crearse en la vida un deseo insatisfecho. Su sueño le muestra también realizada la negación de un deseo. Mas ¿para qué puede precisar de un deseo insatisfecho?)

Las ocurrencias que hasta ahora han surgido en el análisis no bastan para lograr la interpretación del sueño. Habré, pues, de procurar que la sujeto produzca otras nuevas. Después de una corta pausa, como corresponde al vencimiento de la resistencia, declara que ayer fue a visitar a una amiga suya de la que se halla celosa, pues su marido la celebra siempre extraordinariamente.

Por fortuna, está muy seca y delgada y a su marido le gustan las mujeres de formas llenas. ¿De qué habló su amiga durante la visita? Naturalmente, de su deseo de engordar. Además, le preguntó: "¿Cuándo vuelve usted a convidarnos a comer? En su casa se come siempre maravillosamente".

Llegado el análisis a este punto, se me muestra ya con toda claridad el sentido del sueño y puedo explicarlo a mi paciente. "Es como si ante la pregunta de su amiga hubiera usted pensado: "¡Cualquier día te convido yo, para que engordes hartándote de comer a costa mía y gustes luego más a mi marido!" De este modo, cuando a la noche siguiente sueña usted que no puede dar una comida, no hace su sueño sino realizar su deseo de no colaborar al redondeamiento de las formas de su amiga. La idea de que comer fuera de su casa engorda le ha sido sugerida por el propósito que su marido le comunicó de rehusar en adelante toda invitación de este género, como parte del régimen al que pensaba someterse para adelgazar. Fáltanos ahora tan solo hallar una coincidencia cualquiera que confirme nuestra solución. Observando que el análisis no nos ha proporcionado aún dato alguno sobre el "salmón ahumado", mencionado en el contenido manifiesto, pregunto a mi paciente: "¿Por qué ha escogido usted en su sueño precisamente este pescado?" "Sin duda —me responde— porque es el plato preferido de mi amiga." Casualmente conozco también a esta señora y puedo confirmar que le sucede con este plato lo mismo que a mi paciente con el caviar; esto es, que, gustándole mucho, se priva de él por razones de economía.

Este mismo sueño es susceptible de otra interpretación más sutil, que incluso queda hecha necesaria para una circunstancia accesoria. Esas dos interpretaciones no se contradicen, sino que se superponen, constituyendo un ejemplo del doble sentido habitual de los sueños y, en general, de todos los demás productos psicopatológicos. Ya hemos visto que contemporáneamente a este sueño, que parecía negarle un deseo, se ocupaba la sujeto en crearse, en la realidad, un deseo no satisfecho (el caviar). También su amiga había exteriorizado un deseo, el de engordar, y no nos admiraría que nuestra paciente hubiera soñado que a su amiga le había sido negado un deseo. Su deseo propio es, efectivamente, que no se realiza un deseo de su amiga. Pero, en lugar de esto, sueña que no se le realiza a ella otro suyo. Obtendremos, pues, una nueva interpretación si aceptamos que la sujeto no se refiere en su sueño a sí misma, sino a su amiga, sustituyéndose a ella en el contenido manifiesto o, como también podríamos decir, *identificándose* con ella.

A mi juicio es esto, en efecto, lo que ha llevado a cabo, y como signo de dicha identificación se ha creado, en la realidad, un deseo insatisfecho. Pero ¿qué sentido tiene la identificación histérica? Para esclarecer este punto se nos hace precisa una minuciosa exposición. La identificación es un factor importantísimo del mecanismo de los síntomas histéricos, y constituye el medio por el que los enfermos logran expresar en sus síntomas los estados de toda una amplia serie de personas y no únicamente los suyos propios. De este modo sufren por todo un conjunto de hombres y les es posible representar todos los papeles de una obra dramática con sólo sus medios personales. Se me objetará que esto no es sino la conocida imitación histérica, es decir, la facultad que los histéricos poseen de imitar todos los síntomas que en otros enfermos les impresionan, facultad equivalente a una compasión elevada hasta la reproducción. Pero con esto no se hace sino señalar el camino recorrido por el proceso psíquico en la imitación histérica, y no debemos olvidar que una cosa es el acto anímico y otra el camino que el mismo sigue. El primero es algo más complicado de lo que gustamos de representarnos la imitación de los histéricos y equivale a un proceso deductivo inconsciente, como veremos en el siguiente ejemplo: el médico que tiene en su clínica una enferma que presenta determinadas contracciones y advierte una mañana que este especial síntoma histérico ha encontrado numerosas imitadoras entre las demás ocupantes de la sala, no se admirará en modo alguno y se limitará a decir: "La han visto durante un ataque y ahora la imitan. Es la infección psíquica". Está bien; pero tal infección se desarrolla en la forma siguiente: las enfermas saben, por lo general, bastante más unas de otras que el médico sobre cada una de ellas, y se preocupan de sus asuntos respectivos, cambiando impresiones después de la visita. Si una de ellas tiene un día un ataque, las demás se enteran en seguida de que la causa del mismo ha sido una carta que ha recibido de su casa, una renovación de sus disgustos amorosos, etc. Estos hechos despiertan su compasión, y entonces se desarrolla en ellas, aunque sin llegar a su conciencia, el siguiente proceso deductivo: "Si dichas causas provocan ataques como ése, también yo puedo tenerlos, pues tengo idénticos motivos". Si esta conclusión fuera capaz de conciencia, conduciría quizá al temor de padecer esos ataques; mas como tiene efecto en un distinto terreno psíquico, conduce a la realización del síntoma temido. Así, la identificación no es una simple imitación, sino un *apropiación* basada en la misma causa etiológica, expresa una equivalencia y se refiere a una comunidad que permanece en lo inconsciente.

La identificación es utilizada casi siempre en la histeria para la expresión de una comunidad sexual. La histérica se identifica ante todo —aunque no exclusivamente— en sus síntomas con aquellas personas con las que ha mantenido comercio sexual o con aquellas otras que lo mantienen con las mismas personas que ella. Tanto en la fantasía histérica como en el sueño basta para la identificación que el sujeto piense en relaciones sexuales, sin necesidad de que las mismas sean reales. Así, mi paciente no hace más que seguir las reglas de los procesos intelectuales histéricos cuando expresa los celos que su amiga le inspira (celos que reconoce injustificados), sustituyéndose a ella en el sueño e identificándose con ella por medio de la creación de un síntoma (el deseo prohibido). Si tenemos en cuenta la forma expresiva idiomática, podríamos explicar el proceso en la forma que sigue: la sujeto ocupa en su sueño el lugar de su amiga porque ésta ocupa en el ánimo de su marido el lugar que a ella le corresponde y porque quisiera ocupar en la estimación del mismo el lugar que aquélla ocupa[6].

De un modo más sencillo, aunque siempre conforme al mismo principio de que la no realización de un deseo significa la realización de otro, quedó rebatida la contradicción opuesta a mi teoría onírica por otra de mis pacientes, la más ingeniosa de todas ellas cuyos sueños he analizado. Al día siguiente de haberle comunicado que los sueños eran realizaciones de deseos, me relató haber soñado aquella noche que salía de viaje con su suegra para el punto en que habían acordado pasar juntas el verano. Sabía yo que mi paciente se había resistido con toda energía a ir a veranear con su suegra y había logrado por fin eludir la temida compañía alquilando, hacía pocos días, una casa de campo en un lugar muy lejano a la residencia de aquélla.

---

[6] Soy el primero en lamentar la intercalación en el presente estudio de desarrollos correspondientes, como el que antecede, a la psicopatología de la histeria, y que expuestos, además, aislada y fragmentariamente, no pueden tampoco proporcionarnos grandes esclarecimientos. Pero si por medio de ellos quedan indicadas las íntimas relaciones que enlazan los sueños a las psiconeurosis, quedará cumplido el propósito que me guió a acogerlos.

Y ahora el sueño deshacía esta solución tan deseada. ¿Cabía una más absoluta contradicción a mi teoría de la realización de deseos? Mas para hallar la interpretación de este sueño no había más que deducir su consecuencia. Según él, no tenía yo razón. *El deseo de la paciente era precisamente éste: el de que yo no tuviese razón —y el sueño se lo muestra realizado—*. Pero este deseo de que yo no tuviese razón, realizado en relación con el tema de la residencia veraniega, se refería en realidad a un tema distinto y mucho más importante. Por aquellos días había yo deducido del material que los análisis me proporcionaban el hecho de que en un determinado periodo de la vida le había sucedido algo muy importante para la adquisición de su enfermedad, deducción que ella había rechazado por no hallar en su memoria nada correspondiente. Al poco tiempo quedó, sin embargo, demostrado que tenía yo razón. Su deseo de que no la tuviese, transformado en el sueño que la muestra saliendo de veraneo en compañía de su suegra, correspondía, por tanto, al deseo justificado de que aquellos sucesos a que yo me había referido y que aún no habían obtenido confirmación no hubiesen sucedido jamás.

Sin análisis, solamente por una sospecha, me permití interpretar un sueño de un amigo mío que durante ocho años había sido condiscípulo mío en segunda enseñanza. Un día me oyó pronunciar una conferencia sobre mi nuevo descubrimiento de que el sueño constituía una realización de deseos. Aquella noche soñó que *perdía todos sus pleitos* —era abogado— y vino a relatarme su sueño como prueba de la inexactitud de mi teoría. Por mi parte, salí del paso con la evasiva de que no todos los pleitos se pueden ganar, pero en el fondo me dije: "Un hombre que ha sido condiscípulo mío durante ocho años, y que estaba siempre entre los medianos mientras yo era el primero de la clase, ¿no habrá conservado de estos años de colegio el deseo de verme alguna vez en ridículo?"

Una muchacha joven, a la que tenía sometida al tratamiento analítico, me relató —también como prueba de la inexactitud de mis afirmaciones— otro sueño más sombrío: "Recordará usted —me dijo— que mi hermana no tiene ya más que un hijo: Carlos. El mayor, Otto, se le murió cuando todavía vivía yo con ellos. Otto era mi preferido; podía decirse que era yo quien había cuidado de él y le había educado. Naturalmente, también quiero al pequeño, pero no tanto como quise a su hermano. Pues bien: esta noche he soñado que Carlos había muerto y le veía ante mí, colocado ya en su pequeño ataúd con las manos cruzadas y rodeado de velas, tal y como vi a Otto, cuya muerte me causó tan profundo dolor. ¿Qué puede significar este sueño? Usted me conoce y sabe que no soy tan perversa como para desear que mi hermana pierda el único hijo que le queda. ¿O querrá decir que hubiera preferido que muriera Carlos en lugar de Otto, mucho más querido por mí?"

Esta interpretación debía desecharse, desde luego, y así se lo comuniqué a la paciente. Una corta reflexión me reveló luego, sin necesidad de análisis el verdadero sentido del sueño, sentido que la sujeto aceptó y confirmó al dárselo a conocer. Claro está que si pude prescindir del análisis fue tan sólo porque me hallaba previamente en posesión de todos los antecedentes necesarios.

Al quedar huérfana siendo aún muy joven, se fue a vivir con una hermana suya mucho mayor que ella, en cuya casa conoció a un hombre que impresionó profundamente su corazón. Durante algún tiempo pareció que aquellas relaciones, apenas manifestadas, iban a terminar en boda. Pero la hermana estorbó este feliz desenlace, sin que hayan llegado nunca a verse claramente los motivos que para ello pudo tener. Después de la ruptura dejó el pretendiente de visitar la casa, y la muchacha concentró toda su ternura en el pequeño Otto. Muerto éste, abandonó la casa de su hermana y se fue a vivir sola. Pero su amorosa inclinación hacia el amigo de su hermana continuó viva en ella. Su orgullo le ordenaba evitarle, pero le era imposible transferir su amor a otro de los pretendientes que luego la solicitaron. Cuando el hombre amado, que era un conocido literato, daba alguna conferencia, se la hallaba siempre entre los oyentes y no dejaba pasar ocasión alguna que de verle de lejos se le ofreciera. El día inmediatamente anterior a su sueño me había relatado que pensaba asistir a un concierto en el que seguramente podría gozar de la vista de su amor. Este concierto estaba anunciado para el día mismo en que acudió a relatarme el sueño antes detallado. Con todos estos antecedentes no era difícil hallar la interpretación exacta del mismo. Para confirmarla pregunté a la paciente si recordaba algún suceso acaecido después de la muerte de Otto, obteniendo en el acto la respuesta siguiente: "Si, el profesor (título que poseía su amado) fue a casa de mi hermana, después de una larga ausencia, y pude verle junto a la caja del pobre Otto". Esto era precisamente lo que yo esperaba, y mediante ello pude ya dar por terminada la interpretación, expresándola como sigue: "Si ahora muriese el otro niño se repetiría la misma escena. Pasaría usted el día en casa de su hermana, el profesor iría seguramente a dar el pésame y volvería usted a verle en situación idéntica a la de entonces. El sueño no significa sino este su deseo de volver a ver al hombre amado, deseo contra el cual lucha usted interiormente. Sé, además, que lleva usted en el bolsillo el billete para el concierto de hoy. Su sueño es, por tanto, un sueño de impaciencia, que anticipa algunas horas el encuentro que hoy debía realizarse".

Con objeto de encubrir su deseo había escogido la sujeto una triste situación en la que el mismo había de quedar reprimido, pues es natural que el dolor que experimentamos ante la pérdida de una persona querida aleje nuestro pensamiento de nuestros amores. Sin embargo, es muy posible que tampoco en la situación real que luego el sueño copia, esto es, cuando la muerte de Otto, al que tanto quería, consiguiese la muchacha dominar por completo los tiernos sentimientos que la presencia del hombre amado había de inspirarle.

Otra paciente mía, que antes de enfermar se había distinguido por su vivo ingenio y buen humor, cualidades que aún emergían en sus ocurrencias durante las sesiones del tratamiento, tuvo un sueño muy semejante al anterior, pero de muy distinto sentido. En él vio, entre otras muchas cosas, a su única hija, una muchacha de quince años muerta y metida en una caja que no tenía forma de ataúd, sino la de aquellas que se usan para guardar objetos. Le hubiera gustado presentarme este sueño como prueba de la inexactitud de mis teorías, pero la detenía la sospecha de que el singular detalle de la "caja" había de indicar el camino de otra distinta interpretación del sueño[7]. Durante el análisis recordó que en una reunión de la que el día anterior había formado parte, recayó la conversación sobre la palabra inglesa *box* y lo variado de sus significados, pues puede traducirse por caja, palco, cajón, bofetada, etc. De otros elementos del mismo sueño se deducía que la sujeto se había dado cuenta de la afinidad de dicha palabra inglesa con la alemana *Büchse* (estuche) y había recordado que esta última era empleada vulgarmente para designar los genitales femeninos. Teniendo en cuenta la impresión de sus conocimientos de anatomía topográfica, podía, por tanto, suponerse que la niña en la "caja" significaba el feto en la matriz, cuando le comuniqué esta explicación no negó ya que la imagen onírica correspondía realmente a un deseo suyo. Como tantas otras mujeres jóvenes, consideraba cada nuevo embarazo como una desgracia, y se confesaba más de una vez el deseo de que el feto muriese antes del nacimiento. En una ocasión que tuvo un grave disgusto con su marido, llegó a golpearse el vientre, poseída por la cólera, para matar al hijo que en su seno llevaba. El niño muerto de su sueño era, realmente, una realización de deseos, pero de un deseo rechazado hacía ya más de quince años. No debemos, pues, de extrañar que la realización de un deseo tan pretérito resultase irreconocible. En el intervalo tiene que haberse modificado mucho.

Al tratar de los sueños típicos volveremos a ocuparnos del grupo al que pertenecen los dos últimamente consignados, cuyo contenido es

---

[7] Del mismo modo que el "salmón ahumado" en el sueño de la comida fracasada.

la muerte de personas queridas, y demostraremos con nuevos ejemplos que, a pesar de su contenido indeseado, han de ser interpretados, sin excepción alguna como realizaciones de deseos. No un enfermo, sino un inteligentísimo jurisconsulto conocido mío, me relató el siguiente sueño, también con la intención de detenerme en una prematura generalización de la teoría del sueño, realizador de deseos. "Sueño —me relata— que llego a mi casa llevando del brazo a una señora. Un coche cerrado me espera ante la puerta. Se me acerca un señor y, después de justificar su personalidad de agente de Policía, me invita a seguirle. Le pido únicamente que me dé tiempo para ordenar mis asuntos. ¿Cree usted que puedo desear ser detenido?" "Claro que no —tengo que contestarle—. Pero ¿sabe usted por qué le detenían?" "Si; creo que por infanticidio." "¿Infanticidio? Demasiado sabe usted que no puede hablarse de este delito más que con respecto a la madre que mata a su hijo recién nacido." "Exacto".[8] "¿Cuáles son las circunstancias que rodearon su sueño? ¿Qué hizo usted la tarde antes?" "Perdóneme usted, pero preferiría no contarlo. Se trata de algo muy personal y delicado." "Siendo así, tendremos que renunciar a la interpretación de su sueño." "Óigame, entonces no he pasado la noche en mi casa, sino en la de una señora que significa mucho para mí. Al despertar por la mañana hubo de nuevo algo entre nosotros, y después volví a dormirme soñando entonces lo que acabo de contarle." "¿Es una mujer casada?" "Sí." "Y, naturalmente, no querrá usted provocar un embarazo." "No; eso podría delatarnos." "Por tanto, no practica usted con ella el coito normal." "Tomo la precaución de retirarme antes de la eyaculación." "¿Debo suponer que aquella noche realizó usted esta habilidad varias veces y que, en cambio, no quedó usted por la mañana muy seguro de haberlo conseguido?" "Pudiera ser." "Entonces su sueño es una realización de

---

[8] Sucede con frecuencia que al relatarnos un sujeto su sueño suprime, sin darse cuenta, fragmentos del mismo cuyo recuerdo no surge sino después, en el curso del análisis. Estos fragmentos, agregados *a posteriori,* nos proporcionan siempre la clave de la interpretación. Véase lo que después exponemos sobre el olvido de los sueños.

deseos, pues le tranquiliza a usted mostrándose que no ha engendrado un hijo, o lo que es aproximadamente lo mismo, que ha matado usted a un hijo. El proceso deductivo que me ha llevado a esta conclusión es fácilmente evidenciable. Recuerde usted que hace algunos días hablamos sobre la disminución de los nacimientos y sobre la inconsecuencia que supone el haberse permitido realizar el coito en forma que evite la fecundación, mientras que cuando la semilla y el óvulo se han encontrado y han formado un feto es castigada severamente toda intervención. En relación con esto recordamos también la discusión que en la Edad Media se desarrolló sobre el momento en que el alma entraba en el feto, pues sólo a partir de él podía hablarse de asesinato. Seguramente conoce usted también la escalofriante poesía de Lenáu, en la que se equiparan el infanticidio y la evitación de la fecundidad". "Precisamente he estado pensando en Lenáu, sin saber por qué, esta misma mañana." "Sin duda, un nuevo eco de su sueño. Por último, quiero hacerle ver a usted otra pequeña realización de deseo, accesoria, que su sueño presenta. En él llega usted a casa, llevando a la señora del brazo; esto es, *la trae* usted a su casa en lugar de *, como realmente ha sucedido, ir usted a pasar la noche en la de ella. El que la realización de deseos que constituye el nódulo del sueño se oculte bajo una apariencia tan desagradable, obedece quizá a más de una razón. En mi estudio sobre la etiología de la neurosis de angustia podrá usted ver que considero el *coitus interruptus* como uno de los factores causales de la génesis de la angustia neurótica. No me extrañaría, por tanto, que después de un repetido coito de este género permaneciera usted en desagradable estado de ánimo, que pasa a su sueño como elemento de la composición del mismo. De este malestar se sirve usted también para ocultarse la realización de deseos. Pero lo que aún no me parece suficientemente esclarecida es la acusación de infanticidio. ¿Cómo llega usted a la idea de este delito, esencialmente femenino?" "Le confesaré a usted que hace

---

* Strachey recuerda que la expresión "traer a la casa" en alemán (*'heimführen'*) también significa casarse. (*Nota de J. N.*)

años me encontré envuelto en un asunto de este género. Tuve la culpa de que una muchacha intentase borrar por medio del aborto las consecuencias de sus relaciones conmigo. Desde luego, no intervine para nada en la realización de tal propósito, pero durante mucho tiempo tuve el natural temor de que aquello pudiera descubrirse". "Ahora queda todo aclarado, pues este recuerdo nos proporciona otro motivo de que la sospecha de no haber interrumpido el coito en el momento oportuno le fuera a usted penosa."

Esta interpretación onírica debió de impresionar vivamente a un joven médico que la oyó relatar, pues tuvo en seguida un sueño de forma totalmente análoga, aunque sobre distinto tema. Días antes había presentado en las oficinas de Hacienda la declaración jurada de sus ingresos y siendo éstos aun muy pequeños, no había razón alguna que hubiera podido impulsarle ocultarla. En su sueño vio a un amigo suyo que había asistido a la sesión de la Junta de impuestos, y venía a comunicarle que todas las declaraciones habían sido aceptadas sin reparo, pero que la suya había despertado general desconfianza, siendo casi seguro que se le impusiera una fuerte multa por tentativa de defraudación. Este sueño es la realización, descuidadamente encubierta, del deseo de pasar por un médico de grandes ingresos, y recuerda la conocida historia de aquella muchacha, a la que se aconsejaba rompiera con su novio, hombre colérico, que seguramente la maltrataría después de casada. A estos consejos respondió la muchacha: "¡Ojalá me pegase ya!" Su deseo de verse casada es tan vivo, que acepta ya e incluso desea los inconvenientes que el matrimonio habrá de traer consigo.

Reuniendo bajo el rótulo de *sueños negativos de deseos (Gegenwunschtraeume)* todos los de este género, muy frecuentes que parecen contradecir directamente mi teoría, puesto que su contenido manifiesto se halla constituido por la negación de un deseo o por algo evidentemente indeseado, advierto que es posible referirlos en general a dos principios, uno de los cuales no ha sido citado nunca antes de ahora, a pesar de desempeñar, tanto en la vida despierta del hombre como en su vida onírica, un importantísimo papel. Como ya hemos visto, el deseo de que me equivoque es una de las fuerzas determinantes de estos sueños que aparecen siempre en el curso del tratamiento, cuando el enfermo entra en estado de resistencia contra mí. Al ponerle por vez primera al corriente de mi teoría de la realización de deseos puedo también tener la seguridad de provocar en él sueños de este género[9], y lo mismo habrá de suceder, sin duda, con algunos de mis lectores, los cuales se negarán en sueños un deseo sólo para que pueda realizarse el de que yo me equivoque. El último sueño de este género que aquí voy a comunicar demuestra nuevamente lo mismo. Una muchacha joven que, después de penosa lucha contra su familia y contra las autoridades médicas consultadas, había conseguido que le permitieran continuar sometiéndose a mi tratamiento, soñó lo siguiente: "En su casa le habían prohibido que continuara acudiendo a mi consulta. Entonces ella me recordaba la promesa que la había hecho de seguir tratándola gratis si llegaba este caso". Pero yo le respondía: "En cuestiones de dinero no puedo guardar consideraciones a nadie".

No es ciertamente nada fácil descubrir aquí la realización de deseos, pero todos estos casos entrañan, además de éste, otro enigma distinto, cuya solución contribuye al primero. ¿De dónde proceden las palabras que el sueño pone en mis labios? Muy sencillo; por mi parte jamás había dicho a la enferma nada semejante, pero uno de sus hermanos tuvo una vez la amabilidad de hablar de mí en términos análogos. El sueño quiere, por tanto, dar la razón al hermano, y este deseo de dar la razón a su hermano no es cosa que la sujeto sienta sólo en sus sueños, sino que constituye el secreto de su vida y el motivo de su enfermedad.

---

[9] Varios de mis oyentes me han comunicado también en los últimos años sueños negativos que constituyeron su reacción a su primer contacto con mi teoría.

He aquí otro sueño, soñado e interpretado por un médico (August Stärcke), y en el que a primera vista parece imposible hallar realización alguna de deseo. "En la última falange de mi dedo índice advierto una lesión sifilítica primaria."

La claridad y coherencia de este sueño, cuyo único interrogante es lo indeseado de su contenido, pudieran inducirnos a no someterlo a una interpretación aparentemente innecesaria. Pero si no tememos dedicar algún trabajo al análisis, hallaremos que "lesión primaria" (en alemán, *primäraffekt*) puede equipararse a *prima afectivo* (primer amor) y que la repugnante úlcera vista en el sueño revela representar, según palabras del mismo Stärcke, "realizaciones de deseos cargadas de intenso afecto".

El segundo de los factores a que antes aludimos como motivadores de estos sueños negativos de deseos es tan evidente, que, como sucede con las cosas que más a la vista se hallan, corre el peligro de que no lo advirtamos, y éste ha sido, en efecto, mi caso durante mucho tiempo. En la constitución sexual de muchos hombres existe un componente masoquista, surgido por la transformación en su contrario de los componentes agresivos sadistas. A estos hombres los denominamos *masoquistas mentales* cuando no buscan el placer en el dolor físico que se les causa, sino en las humillaciones y torturas espirituales. Claramente se ve, sin necesidad de más amplias explicaciones, que estas personas pueden tener sueños negativos y displacientes, sin que los mismos sean en ellos otra cosa que realizaciones de deseos y la satisfacción de sus inclinaciones masoquistas. He aquí uno de estos sueños:

Un joven, que en años anteriores había atormentado mucho a su hermano, hacia el que se sentía una secreta inclinación homosexual, tiene, después de pasar por una radical transformación de carácter, el sueño siguiente, compuesto de tres partes: I. Su hermano mayor le "hace rabiar". II. Dos adultos coquetean entre sí con propósitos homosexuales. III. Su hermano ha vendido la empresa, cuya dirección se reservaba él para su porvenir. Después de este último fragmento onírico despierta, presa de los más penosos sentimientos. Sin embargo, su sueño no es sino una realización de deseos de carácter masoquista, y podríamos interpretarlo por las ideas siguientes: "Me estaría muy bien empleado que mi hermano realizara ahora esa venta, en la que salgo perjudicado, para castigarme por lo mucho que antes le atormenté".

Espero que los ejemplos y reflexiones que anteceden bastarán para mostrar —hasta nuevas objeciones— la posibilidad de interpretar también los sueños penosos como realizaciones de deseos. De todos modos, habré de volver más adelante sobre este tema de los sueños displacientes. Creo asimismo que tampoco podrá ya nadie considerar como una casualidad el hecho de que en la interpretación de estos sueños lleguemos siempre a temas de los que no hablamos sino a disgusto o en los que nos es desagradable pensar. El penoso sentimiento que esos sueños despiertan es sencillamente idéntico a la repugnancia, que tiende a apartarnos —con éxito casi siempre— de la reflexión o discusión sobre dichos temas, y que todos y cada uno de nosotros hemos de vencer cuando nos vemos obligados a emprender una labor así. Este sentimiento de displacer, que retorna en el sueño, no excluye, sin embargo, la persistencia de un deseo. Todo hombre abriga deseos que no quisiera comunicar a los demás, y otros que ni aun quisiera confesarse a sí mismo. Por otra parte, creemos justificado enlazar el carácter displaciente de todos estos sueños al hecho de la deformación onírica y deducir que si se muestran deformados y aparece en ellos disfrazada la realización de deseos hasta resultar irreconocible, es precisamente porque existe una repugnancia o una intención represora orientadas contra el tema del sueño o contra el deseo que de él emana. Al agregar al conocimiento que ya poseemos de la vida onírica todo lo que el análisis de los sueños displacientes nos ha descubierto, habremos de transformar la fórmula en la que antes intentamos encerrar la esencia del sueño, dándole la siguiente forma: *El sueño es la realización (disfrazada) de un deseo reprimido*[10].

Sólo nos quedan ya por examinar desde este punto de vista los sueños de angustia, los cuales constituyen un orden especial de los sueños de contenido penoso, y cuya interpretación, como realizadores de deseos, habrá de tropezar con la máxima resistencia por parte de los no iniciados. Pero afortunadamente puedo dejar aquí esclarecida esta cuestión con escasas palabras. Dichios sueños no corresponden, en efecto, a una nueva faceta del problema onírico, sino al problema general de la angustia neurótica. La angustia

---

[10] Un gran poeta contemporáneo, del que me han dicho que no quiere ni oír hablar de psicoanálisis y de la interpretación onírica, ha hallado, sin embargo, una fórmula casi idéntica para la esencia del sueño: "La emergencia independiente de intensos deseos reprimidos bajo rostro y nombre falsos". (Spitteler.)

Anticiparé también aquí la aplicación y modificación que Otto Rank ha llevado a cabo de la fórmula básica arriba citada: "El sueño presenta siempre, sobre la base y con el auxilio de material sexual infantil reprimido, deseos generalmente eróticos como realizados en forma encubierta, y simbólicamente disfrazada".

Adición de 1925: "Hasta ahora puedo decir que he adoptado la fórmula de Rank como propia. La versión abreviada, arriba mencionada, me parece adecuada. Sin embargo, el simple hecho de haber mencionado la modificación propuesta por Rank ha sido suficiente como para desatar incontables acusaciones contra el psicoanálisis de que 'todos los sueños tienen un contenido sexual'. Si esa modificación se toma en el sentido en que fue señalada, se demostraría la forma inconsciente que acostumbran los críticos llevar a cabo sus funciones y la ligereza con que los adversarios desestiman aún las más claras afirmaciones que no le dan salida a sus tendencias agresivas, ya que sólo unas páginas antes hice mención de la variedad de deseos cuya realización se ve en los sueños infantiles (deseos de tomar parte en una excursión o navegar en un lago o asistir a una comida que faltó, y así por el estilo); y en otros pasajes he comentado los sueños de hambre, los sueños por el estímulo sed o por necesidades excretorias y también los sueños de comodidad. Aún el mismo Rank no es categórico en afirmarlo. Las palabras que usa son 'también como una regla deseos eróticos', y lo que él dice puede ser ampliamente confirmado en los sueños de la mayoría de los adultos. La situación sería diferente si mis críticos usasen 'sexual' en el sentido empleado ahora corrientemente por el psicoanálisis en el sentido de 'Eros'. Pero es escasamente probable que mis adversarios hayan tenido en la mente el interesante problema de si todos los sueños son creados por fuerzas instintivas libidinales en contraste con las destructivas." (*Nota traducida por del inglés por J. N.*)

que en sueños sentimos sólo aparentemente queda explicada por el contenido de los mismos. Al someter el contenido onírico a la interpretación, advertimos que la angustia del sueño no queda más ni mejor justificada por el contenido del sueño que, por ejemplo, la angustia de una fobia por la representación de que esta última depende. Es, por tanto, ejemplo, cierto que podemos caernos al asomarnos a una ventana, y que por tanto, debemos observar cierta prudencia al efectuarlo, pero no es comprensible por qué en la fobia correspondiente es tan grande la angustia y persigue a los enfermos mucho más allá de sus motivos. La misma explicación se demuestra después, aplicable tanto a la fobia como al sueño de angustia. La angustia no está en ambos casos sino soldada a la representación que la acompaña, y procede de una fuente distinta.

A causa de esta íntima conexión de la angustia onírica con la neurótica tengo que referirme aquí en la discusión de la primera a la segunda. En un cierto estudio sobre la neurosis de angustia (*Neurolog. Zentralblatt,* 1895)* afirmé yo que la angustia neurótica procede de la vida sexual, y corresponde a una libido desviada de su fin, y que no ha llegado a su empleo. Esta fórmula se ha demostrado cada día más verdadera. De ella puede deducirse el principio de que los sueños de angustia poseen un contenido sexual, cuya libido correspondiente ha experimentado una transformación en angustia. Más tarde tendremos ocasión de apoyar esta afirmación con el análisis de algunos sueños de sujetos neuróticos. Asimismo en mis ulteriores tentativas de aproximarme a una teoría del sueño, habré de tratar nuevamente de la condición de los sueños de angustia y de su compatibilidad con la teoría de la realización de deseos.

◆　　◆　　◆

---

* "La neurastenia y la neurosis de angustia", en obras de S. Freud.

CAPÍTULO V

Material y fuentes de los sueños

Al revelarme el análisis que el sueño de la inyección de Irma constituía una realización de deseos, se apoderó de nosotros un vivísimo interés por comprobar si con ello habíamos descubierto un carácter general del fenómeno onírico, y acallamos por el momento todas aquellas otras curiosidades científicas que en el curso de la labor de interpretación habían surgido en nuestro ánimo. Mas ahora, una vez llegados al final del camino que en aquella ocasión elegimos entre todos los que ante nosotros se abrían, podemos ya volver sobre nuestros pasos y escoger un nuevo punto de partida para proseguir en un distinto sentido nuestra exploración de los problemas del sueño, aunque de este modo perdamos de vista por algún tiempo el tema, no agotado aún, ni mucho menos de la realización de deseos.

Desde que mediante la aplicación de nuestro procedimiento de interpretación onírica nos es posible descubrir un contenido *latente* de los sueños, muy superior en importancia a su contenido manifiesto, tenemos que sentirnos incitados a examinar de nuevo uno de los problemas que el fenómeno onírico plantea, para ver si este nuevo conocimiento puede acaso procurarnos la solución de aquellos enigmas y contradicciones que mientras no conocíamos sino el contenido manifiesto de los sueños que nos parecían inasequibles.

En nuestro primer capítulo expusimos detalladamente los juicios de los autores sobre la conexión de los sueños con la vida despierta y sobre la procedencia del material onírico. Recordemos ahora aquellas tres peculiaridades de la memoria onírica que, habiendo sido observadas por muchos, nadie había logrado aun esclarecer. Dichas peculiaridades eran:

1. Que el sueño prefiere evidentemente las impresiones de los días inmediatamente anteriores (Robert, Strümpell, Hildebrandt, Weed-Hallam).

2. Que efectúa una selección conforme a principios diferentes de aquellos a los que se adapta nuestra conciencia despierta, recordando no lo esencial e importante, sino lo accesorio y desatendido.

3. Que dispone de nuestras más tempranas impresiones infantiles, llegando hasta reproducir detalles de dicha edad que os parecen nimios y que en nuestra vida despierta teníamos por olvidados hace ya mucho tiempo[1]. Claro es que donde los investigadores han observado estas peculiaridades de la selección del material onírico ha sido en el contenido manifiesto.

a) Lo reciente y lo indiferente en el sueño

Ateniéndome a mi experiencia personal sobre la procedencia de los elementos emergentes en el contenido onírico, habré de sentar en primer término la afirmación de que en todo sueño puede hallarse

---

[1] Ciertamente, se ve que la teoría de Robert de que el sueño se halla destinado a descargar nuestra memoria de las impresiones sin valor recibidas durante el día, resulta insostenible ante la aparición relativamente frecuente en nuestros sueños de imágenes anémicas indiferentes de nuestra infancia. Siendo así, habría que pensar que el sueño cumplía muy imperfectamente su función.

un enlace con los acontecimientos del *día inmediatamente anterior*. Cualquiera que sea el sueño que escojamos, propio o ajeno, comprobaremos siempre la verdad de este principio que nos proporciona en la investigación del suceso del día anterior que ha podido constituir el estímulo de un sueño, el punto de partida del análisis del mismo. Con gran frecuencia resulta, efectivamente, este cambio el más corto y ventajoso para lograr la interpretación. En los dos sueños que hasta ahora hemos sometido a más minucioso análisis (el de la inyección de Irma y el de mi tío José) esta relación con los sucesos del día anterior aparece tan evidente que no necesita de esclarecimiento ninguno. Con el fin de demostrar su generalidad expondré una serie de ejemplos tomados de mi propia crónica onírica, aunque sin comunicar por ahora de cada sueño más que la parte necesaria para el descubrimiento de la fuente onírica buscada:

1. Voy de visita a una casa en la que sólo después de muchas dificultades se me deja entrar. Mientras tanto hago esperar a una mujer.
   Fuente: Conversación de la tarde anterior con una parienta mía sobre la necesidad de *esperar* antes de realizar una compra que desea.
2. He escrito una *monografía* sobre cierta especie de plantas (indeterminadas en el sueño).
   Fuente: Por la mañana había visto en el escaparate de una librería una *monografía* sobre *los ciclámenes*.
3. Veo en la calle a dos mujeres, *madre e hija*. Esta última ha sido paciente mía.
   Fuente: Una *paciente* a la que tengo en tratamiento me ha comunicado por la tarde las dificultades que su *madre* opone a la continuación del mismo.
4. Voy a la librería y me suscribo a una publicación periódica; el costo de la suscripción es de veinte florines al año.
   Fuente: Mi mujer me ha recordado la tarde anterior que le debo veinte florines del dinero que le doy todas las semanas.

5. Recibo una *carta* del comité socialdemócrata, carta en la que me considera como miembro del mismo.

Fuente: Durante el día he recibido *cartas* del comité electoral liberal y de la Unión humanitaria, de la cual soy socio.

6. Veo a un hombre sobre una *escarpada roca en medio del mar*. Todo ello a la manera pictórica de Böcklin.

Fuente: *Dreyfus en la isla del Diablo* y noticias de parientes míos residentes en Inglaterra, etcétera.

Podríamos preguntarnos si esta conexión del sueño con la vida diurna no va nunca más allá de los sucesos del día inmediatamente anterior, o si por el contrario, puede extenderse a impresiones anteriores, dentro siempre de un próximo pretérito. No es ésta, cuestión de esencial importancia; pero una vez planteada, me inclinaría a resolverla en el sentido del exclusivo privilegio del último día anterior al sueño, o como en adelante lo denominaremos, del *día* del *sueño* (*Traumtag*). Todas las veces he creído hallar que la fuente de un sueño había sido una impresión anterior al mismo, en dos o tres días he podido comprobar después, mediante un detenido examen, que dicha impresión había sido recordada de nuevo en el día del sueño y que, por tanto, entre el momento del mismo y el día de la impresión se había intercalado —precisamente en el día del sueño— una reproducción de dicha impresión, siéndome dado hallar asimismo la ocasión reciente de la que podía haber partido el recuerdo de la impresión más pretérita. En cambio, no he podido nunca comprobar que entre la impresión diurna estimulante y su retorno en el sueño se hallase intercalado un intervalo regular de importancia biológica (como primer intervalo de este género indica H. Swoboda el de dieciocho horas)[2].

---

[2] Como ya indicamos en el capítulo II, ha transportado H. Swoboda a la vida psíquica los intervalos biológicos de veintitrés u veintiocho días descubiertos por W. Fliess, afirmando especialmente que estos periodos son decisivos para la emergencia de los elementos oníricos en los sueños. Si esto resulta cier-

H. Ellis, que también ha dedicado suma atención a este problema, indica que no ha podido hallar en sus sueños, a pesar de haberla buscado "con especial cuidado", una perioricidad de la reproducción. A este propósito relata un sueño en el que, trasladado a España, sale de viaje en dirección a una localidad cuyo nombre era Daraus, Varaus o Zarauz. Al despertar le fue imposible recordar algún lugar de nombre parecido y dejó de ocuparse de su sueño.

---

to, la interpretación onírica no sufriría transformación alguna esencial pero sí obtendríamos una nueva fuente para el origen del material de los sueños. Recientemente he sometido una serie de sueños propios a una investigación encaminada a comprobar la posibilidad de aplicar la "teoría de los periodos" al material onírico, y he escogido para ello elementos especialmente singulares del contenido manifiesto, cuya percepción en la vida diurna podría fijarse cronológicamente con toda seguridad.

Primer sueño. 1-2 octubre de 1910.

(Fragmento) En un lugar indeterminado de Italia. Tres hermanas me enseñan pequeños objetos de arte como si me hallara en una tienda de antigüedades; pero al hacerlo se sientan sobre mis rodillas. Al ver uno de los objetos, digo a una de ellas: "Eso se lo he regalado yo a usted". Mientras pronuncio estas palabras veo claramente el perfil de una mascarilla que reproduce los acusados rasgos de *Savonarola.*

¿Cuándo he visto por última vez una imagen de *Savonarola?* Mis notas de viaje me indican que pasé en Florencia los días 4 y 5 de septiembre. Durante mi estancia en esta ciudad pensé en enseñar a mi compañero de viaje el medallón con los rasgos de *Savonarola,* que marca, sobre el suelo de la Piazza Signoria, el lugar donde el fanático fraile sufrió el suplicio de la hoguera, y si no me equivoco, fue el día 5, por la mañana, cuando cumplí este propósito. De esta impresión a su retorno en el sueño han pasado ciertamente 27+1=28 días, es decir, según Fliess, un "periodo femenino". Por desgracia para la fuerza demostrativa de este ejemplo, he de indicar que *en el mismo día del sueño* vino a verme uno de mis colegas, hombre muy inteligente, al que, por su tétrico y sombrío aspecto, hube de dar, hace ya varios años, el sobrenombre de *Rabbi Savonarola.* Venía a presentarme un individuo enfermo a causa de un accidente que había sufrido viajando en el ferrocarril de Pontebba, línea por la que había pasado yo hacía ocho días, y esta última circunstancia hizo volver a mis pensamientos a mi reciente viaje por Italia. La aparición del singular elemento *Savonarola* en el contenido de mi sueño resulta así explicada por esta visita de mi colega el día inmediatamente anterior al mismo, y el intervalo de veintiocho días queda despojado, por tanto, de toda posible significación.

Pero meses después cayó en la cuenta de que Zarauz era una estación situada entre San Sebastián y Bilbao, línea por la que había viajado doscientos cincuenta días antes del sueño.

Así, habremos de opinar que todo sueño posee un estímulo entre los acontecimientos del día a cuya noche corresponde y que las impresiones del pretérito más próximo (con exclusión del día anterior a la noche del sueño) no muestran el contenido onírico una relación diferente a la de otras impresiones cualesquiera pertenecientes a tiempos indefinidamente más lejanos. El sueño puede

---

Segundo sueño. 10-11 de octubre de 1910.

Realizo nuevamente trabajos de Química en el laboratorio de la Universidad L., el consejero áulico, me invita a trasladarme a otro lugar, y avanza, delante de mí en actitud singularísima, inclinado hacia adelante alzando en su mano con aire agudo (?) (¿perspicaz?) (*scharfsinning* = agudo; *scharfsichtig* = perspicaz) una lámpara o un instrumento. Cruzamos después por un lugar al aire libre ... (El resto del sueño ha sido olvidado.)

Lo más singular del contenido de este sueño es la forma en que L. avanza con la lámpara ante sí, como escrutando la lejanía: Hace ya mucho tiempo que no he visto a L., pero, al examinar mi sueño, descubro que no es él sino una figura sustitutiva de otra más importante; nada menos que de la de Arquímedes. Efectivamente, en el monumento dedicado a Arquímedes en Siracusa, cerca de la fuente de Aretusa, se halla representado el gran físico griego en actitud idéntica a la que L. muestra en mi sueño, graduando la inclinación del gran espejo ustorio y espiando con aguda mirada los movimientos del ejército sitiador. ¿Cuándo he visto por vez primera (y última) este monumento? Según mis notas, fue el 17 de septiembre por la tarde, y desde esta fecha hasta mi sueño han transcurrido 13 + 10 = 23, un "periodo masculino" según Fliess.

Desgraciadamente, la interpretación de este sueño nos demuestra que tampoco en él teníamos necesidad de recurrir a la teoría de los periodos. En efecto, el estímulo que lo provocó fue la noticia, recibida el día anterior, de que la clínica en la que se me cedía un aula para mis conferencias iba a trasladarse próximamente a otro lugar. Ante esta noticia, pensé que el nuevo domicilio de la clínica no ofrecía quizá las comodidades del antiguo, cosa que para mí equivaldría a carecer de aula para mis conferencias, y de aquí retrocedieron mis pensamientos hasta el principio de mi actividad pedagógica, cuando carecía realmente de aula y tropezaba en mis trabajos para obtenerla con la frialdad de los omnipotentes señores consejeros áulicos y profesores. Por esta época me dirigí a L., que ocupaba el cargo de decano y al que creía inclinado a mi favor.

elegir su material de cualquier época de nuestra vida, por lejana que sea, a la que, partiendo de los sucesos de día del sueño (las impresiones "recientes") puedan alcanzar nuestros pensamientos.

Pero ¿a qué obedece esta predilección por las impresiones recientes? Sometiendo a más riguroso análisis uno de los sueños antes citados podremos establecer quizá alguna hipótesis sobre este punto. Elegiré para ello el *sueño de la monografía botánica*.

Contenido onírico: He escrito una monografía sobre una cierta planta. Tengo el libro ante mí y vuelvo en este momento la página

---

Pero no obtuve en él sino una promesa de ayuda que jamás fue cumplida. En mi sueño es él, el Arquímedes que me da 'Base de sustentación' y me guía personalmente a otro lugar. Todos aquellos que se hallen algo familiarizados con la interpretación onírica adivinarán sin dificultad que ni el deseo de venganza ni la conciencia de los valores son ajenos a las ideas de este sueño. He de suponer que sin el estímulo onírico citado no hubiera llegado a mi sueño la figura de Arquímedes. Lo que no puedo asegurar es que la intensa y reciente impresión de la estatua de Siracusa no se hubiese constituido, de todos modos, en estímulo provocador de un sueño en un intervalo distinto.

Tercer sueño. 2-3 de octubre de 1910.

(Fragmento) Algo relativo al profesor Oser, que ha formado por sí mismo el *menú* de mis comidas, cosa que me tranquiliza mucho… (El resto ha quedado olvidado.)

El sueño es la reacción de un trastorno digestivo experimentado en el mismo día y que me hizo pensar si no debiera dirigirme a alguno de mis colegas para que me prescribiese un régimen alimenticio. El hecho de elegir con ese objeto al profesor Oser, fallecido durante el verano anterior, se enlaza a la muerte, acaecida en fecha muy reciente (1 de octubre), de otro profesor de Universidad, al que yo estimaba mucho. ¿Cuándo murió Oser y qué día llegó a mí la noticia de su muerte? Los periódicos la consignaron el día 23 de agosto, y como yo me andaba por esa época en Holanda a donde me remitían con toda regularidad algunos diarios de Viena, debí leerla el 24 o el 25 de dicho mes. Este intervalo no corresponde ya a ningún periodo, pues comprende 7 + 30 +2 = 39, o quizá cuarenta días. Tampoco puedo recordar haber hablado de Oser, o no haberlo recordado, en el intermedio.

Dichos intervalos, no utilizables ya directamente como prueba de la teoría de los periodos, resultan más frecuentes en mis sueños que los regulares. El único hecho constante que el análisis me ha permitido comprobar es la mencionada relación con una impresión del mismo día del sueño.

por la que se hallaba abierto y que contiene una lámina en colores. Cada ejemplar, ostenta, a manera de herbario, un espécimen disecado de la planta.

Análisis: Por la mañana he visto en el escaparate de una librería un libro nuevo, titulado *Los ciclámenes*, seguramente una monografía sobre este género de plantas.

Los ciclámenes son la *flor preferida* de mi mujer. Me reprocho no acordarme sino pocas veces de *traerle flores*, sabiendo lo mucho que le gustan. El tema *traer flores* me recuerda una historia que he relatado hace poco, en un reunión de amigos míos, utilizándola como prueba de que el olvido constituye con gran frecuencia la realización de un propósito de lo inconsciente y permite siempre deducir una conclusión sobre los secretos pensamientos del olvidadizo. Una señora joven, que se hallaba acostumbrada a recibir de su marido un hermoso ramo de flores el día de su cumpleaños, echa de menos esta muestra de cariño en uno de dichos días y rompe a llorar amargamente. El marido no acierta a explicarse este llanto y cuando ella le revela la causa se excusa, alegando haber olvidado totalmente qué día era, y quiere salir en seguida a comprar las *flores*. Pero la mujer continúa desconsolada, viendo en el olvido de su esposo una prueba de que ya no ocupa ella en sus pensamientos igual lugar que antes. Mi mujer ha encontrado hace dos días a esta señora de L., la cual le dijo que se sentía mejor de salud y le preguntó por mí. En años anteriores había acudido a mi consulta para someterse a tratamiento.

A estas asociaciones libres se agregan luego las que siguen: realmente he escrito en una ocasión algo análogo a una monografía sobre una planta —un estudio sobre la *coca*— que orientó la atención de K. Koller sobre la propiedad anestésica de la cocaína. En mi trabajo se indicaba como posible este empleo del citado alcaloide, pero no se estudiaba a fondo la cuestión. En relación con este tema se me ocurre ahora que en la mañana del día siguiente a este sueño (cuya interpretación no tuve tiempo de emprender hasta las últimas horas de la tarde) ocupó durante algún tiempo mi pensamiento la idea de la cocaína dentro de una especie de fantasía diurna que mi imaginación se entretuvo en construir. Pensé, en efecto, que si alguna vez tenía la desgracia de padecer un glaucoma, iría a Berlín y me haría operar, en casa de un amigo mío, por un médico conocido de él, pero al que no revelaría mi personalidad. No sabiendo quién era yo, me hablaría de la facilidad con que, merced a la introducción de la cocaína, podían llevarse a cabo esas operaciones. Por mi parte, me guardaría muy bien de revelar que había tenido participación en dicho descubrimiento. A esta fantasía se enlazaron pensamientos sobre lo embarazoso que es para un médico solicitar para sí propio el auxilio profesional de otros colegas. No dándome a conocer al oculista berlinés, podría pagarle, como otro enfermo cualquiera, sus servicios. Después de surgir en mi memoria el recuerdo de esta ensoñación diurna, advierto que detrás de la misma se esconde el recuerdo de un determinado suceso. Poco tiempo después del descubrimiento de Koller padeció mi padre un glaucoma, siendo operado por el doctor Königstein, oculista y amigo mío. El mismo doctor Koller se encargó de efectuar la anestesia por medio de la cocaína, y al terminar la operación nos hizo observar que para ella nos habíamos reunido las tres personas que habíamos participado en la introducción de dicho alcaloide como anestésico.

Mis pensamientos van ahora, continuando su curso, hasta la última vez en que hube de recordar toda esta historia de la cocaína. Fue esto hace pocos días, cuando leí un escrito de felicitación en el que los alumnos y ex alumnos del laboratorio testimoniaban su agradecimiento al claustro de profesores del mismo. Entre los títulos de gloria de la institución, se cita el descubrimiento en ella realizado por K. Koller de la propiedad anestésica de la cocaína. Advierto ahora, de repente, que mi sueño se halla enlazado a un suceso de la tarde anterior. Dialogando precisamente con el doctor

Königstein sobre una cuestión que me apasiona siempre que me ocupo de ella, le había ido acompañando hasta su casa. En el portal tropezamos con el profesor Gärtner (jardinero) y su joven esposa, no pudiendo yo por menos de felicitarlos por su *floreciente* aspecto. El profesor *Gärtne*r es uno de los autores del escrito a que antes me referí, y debió, sin duda, recordármelo. También la señora de L., cuyo desencanto en el día de su cumpleaños hube antes de relatar, fue citada, aunque con distinto motivo, en la conversación que sostuvimos el doctor Königstein y yo.

Intentaré interpretar también las restantes determinantes del contenido onírico. La monografía contiene un *espécimen* disecado de la planta, como *si de un herbario* se tratara. A la idea *herbario* enlaza un recuerdo de mis tiempos escolares. El director del establecimiento de enseñanza en que yo estudiaba reunió una vez a los alumnos de las clases superiores, y les encargó revisar y limpiar el herbario de la casa, en el que se habían encontrado pequeñas larvas de *polilla (Buecherwurm; literalmente, gusano de los libros).* Desconfiando, sin duda, en la eficacia de mi ayuda, no se me entregaron sino muy pocas hojas, en las que recuerdo había algunos ejemplares de plantas crucíferas. Mis conocimientos de botánica no han sido nunca cosa mayor. Al examinarme de esta disciplina me fue presentada también una crucífera, sin que lograse reconocerla, y habría sido reprobado de no salvarme mis conocimientos teóricos. Desde las crucíferas pasa mi pensamiento a las compuestas. En realidad, la alcachofa es una flor de la familia de las compuestas y precisamente aquella a la que podría denominar mi *flor preferida.* Más cariñosa que yo, suele mi mujer traerme con frecuencia esta flor del mercado.

Veo *ante mí* la monografía que he escrito. Tampoco esto carece de una relación. Aquel amigo mío residente en Berlín al que antes me referí, y que posee en alto grado la facultad de imaginación plástica, me escribió ayer: "No dejo de pensar en tu libro sobre los sueños. *Lo veo terminado ante mí, y paso sus hojas lleno de interés*". Le envidio profundamente esta facultad de visión. ¡Ojalá pudiese ver también yo mi libro terminado ante mí!*

La lámina en colores. Siendo estudiante de Medicina compliqué extraordinariamente mi trabajo por el afán de no estudiar sino en monografías. A pesar de mis limitados medios económicos, adquirí varias importantes publicaciones médicas, cuyas *láminas en colores me encantaban.* Este afán de buscar lo completo en cada cuestión me enorgullecía. Cuando luego comencé a publicar por mi cuenta, tuve que dibujar las láminas correspondientes a mis trabajos, y sé que una de ellas salió tan imperfectamente, que motivó las burlas de un benévolo colega. A esto se enlaza, no sé muy bien cómo, un muy temprano recuerdo infantil. Mi padre tuvo un día la humorada —apenas justificable desde el punto de vista educativo— de entregarnos a mí y a la mayor de mis hermanas, para que lo estropeáramos y destruyéramos a nuestro antojo, un libro con *láminas en colores.* (Descripción de un viaje por Persia). Por entonces tenía yo cinco años y mi hermana no llegaba a tres. El cuadro que formábamos mi hermana y yo, destruyendo gozosamente el libro —al que fuimos arrancando las hojas una por una (*como a una alcachofa*)—, es casi el único perteneciente a aquella edad, del que conservo aún un recuerdo plástico. Cuando después comencé mi vida de estudiante, se desarrolló en mí una gran afición a poseer libros (correspondiente a la inclinación a estudiar en monografías; una *afición* como las que aparecen en las ideas del sueño con respecto a los ciclámenes y a las alcachofas). Llegué a ser un *gusano* de los libros[3] (*cf. herbario*). Desde que hube de comenzar a reflexionar sobre mí mismo, he referido siempre esta primera pasión de mi vida a la impresión infantil

---

*   Se refiere a W. Fliess. *(Nota J. N.)*
[3]   Expresión alemana de sentido idéntico a la castellana "ratón de biblioteca". Pero la mejor inteligencia del análisis impide sustituirla. *(N. del T.)*

antes indicada, o, mejor dicho, he reconocido que dicha escena infantil constituye un *recuerdo encubridor*, de mi posterior bibliomanía. Naturalmente, no tardó en mostrársme que las pasiones nos acarrean con facilidad amargos sinsabores. Teniendo diecisiete años se me acumuló en la librería una elevada cuenta, en ocasión en la que no disponía de medios para saldarla, y apenas me sirvió de excusa para con mi padre el buen motivo de mis gastos. El recuerdo de este suceso de juventud me lleva en seguida a la conversación que con mi amigo el doctor Königstein mantuve la tarde anterior al sueño; conversación en la que tratamos también del reproche que como en el citado suceso juvenil, suele hacérseme ahora, de dejarme arrastrar demasiado por mis aficiones y preferencias.

Por razones que no hacen al caso, prescindiré de continuar aquí la interpretación de este sueño, y me limitaré a indicar el camino que a la misma conduce. Durante la labor de análisis me ha sido recordada repetidamente mi conversación con el doctor Königstein. Pasando revista a los temas en ella tratados, se me hace comprensible el sentido del sueño. Todas las rutas mentales iniciadas, es decir, las referentes a las aficiones de mi mujer y a las mías propias, a la cocaína, a las dificultades de la asistencia médica entre colegas, a mi predilección por los estudios monográficos y mi descuido de determinadas disciplinas, como la botánica, todo esto es continuado en la interpretación, hasta desembocar en una cualquiera de las numerosas ramificaciones de mi diálogo con el oculista. Mi sueño presenta nuevamente el carácter de una justificación, de una defensa de mi derecho análogamente al de la inyección de Irma, antes analizado. Pudiera incluso decirse que continúa el tema que en dicho sueño se iniciaba y lo desarrolla en relación con un nuevo material surgido con posterioridad a él. La misma forma expresiva del sueño, en apariencia indiferente, muestra ahora un particularísimo carácter. Así como en el sueño de Irma trato de justificarme alegando ser un médico concienzudo y aplicado, hago constar ahora, en mi sueño, que soy el autor de un valioso y utilísimo trabajo (sobre la cocaína), y tanto en uno como en otro caso me escudo en la alegación correspondiente para afirmar un derecho. Es como si de los méritos expuestos dedujese una conclusión en la forma siguiente: "...siendo así, creo que puedo permitirme..." Pero en el ejemplo presente puedo prescindir de exponer al detalle la interpretación, pues el propósito que me guiaba al comunicar este sueño era tan sólo el de investigar en un caso práctico la relación del contenido onírico con el suceso estimulador del día del sueño. Mientras no me era conocido sino el contenido manifiesto, no se me evidenciaba más que una sola relación del sueño con una impresión diurna; en cambio, una vez efectuado el análisis, se me revela, en otro suceso del mismo día, una segunda fuente del sueño. La primera de estas impresiones a las que el sueño se refiere es de carácter indiferente, constituyendo una circunstancia accesoria: el haber visto en el escaparate de una librería un libro cuyo título atrae fugitivamente mi atención y cuyo contenido apenas debía interesarme. La segunda impresión posee, en cambio, un alto valor psíquico: he dialogado con mi amigo el oculista durante cerca de una hora, haciéndole determinadas indicaciones de gran interés para ambos, y esta conversación ha provocado en mí la emergencia de recuerdos acompañados de los más diversos sentimientos. Además, nuestro diálogo quedó interrumpido, antes de terminar por la llegada de unos amigos. ¿Qué relación tienen entre sí y con el sueño las dos impresiones diurnas señaladas?

En el contenido manifiesto no encuentro sino una alusión a la impresión indiferente, y de este modo queda confirmado que el sueño acoge con preferencia en dicho contenido aquello que en la vida diurna no posee sino un carácter secundario. Por el contrario, en la interpretación onírica nos conduce todo al suceso importante, justificadamente estimulador. Si, como constituye la única forma acertada, juzgo el sentido del sueño por el contenido latente que el análisis nos ha revelado, habré llegado inopinadamente a un nuevo e importante conocimiento. El enigma de la preferencia exclusiva del sueño por los fragmentos sin valor de la vida diurna desaparece por completo y queda probada la inexactitud de aquellas afirmaciones que pretende que la vida anímica de la vigilia no continúa en el sueño, y que él mismo prodiga, en cambio, actividad psíquica en materia insignificante. La verdad es totalmente opuesta. Aquello que nos ha impresionado durante el día domina también las ideas del sueño, y sólo por aquellas materias que en la vigilia han estimulado nuestro pensamiento nos tomamos el trabajo de soñar.

La explicación más próxima de por qué sueño con la impresión diurna indiferente, siendo otra, justificadamente estimuladora, la que ha provocado mi sueño, es quizá la de que trata nuevamente de un fenómeno de la deformación onírica, proceso que antes atribuimos a un poder psíquico que reina a título de censura. El recuerdo de la monografía sobre los ciclámenes es empleado como si constituyese una *alusión* a mi diálogo con Königstein, idénticamente a como en el sueño de la comida fracasada queda representada la amiga de la sujeto por la alusión *salmón ahumado*. Fáltanos averiguar por conducto de qué elementos intermedios puede entrar la impresión producida por la monografía en una relación alusiva con mi conversación con el oculista, pues a primera vista nos es imposible hallar conexión alguna de este género. En el ejemplo de la comida fracasada queda establecida una relación desde el primer momento, pues el *salmón ahumado* pertenece, a título de plato preferido de la amiga, al círculo de representaciones que la persona de la misma ha de despertar en la sujeto del sueño. Pero en nuestro nuevo ejemplo se trata de dos impresiones separadas, que al principio no tiene nada común, sino el haber surgido en un mismo día. La monografía me ha llamado la atención por la mañana, y la conversación se desarrolla a finales de la tarde. La respuesta que a estos hechos nos da el análisis es la siguiente: dichas relaciones, inexistentes al principio entre las dos impresiones, quedan establecidas subsiguientemente entre los respectivos contenidos de representaciones. En la redacción del análisis he hecho ya resaltar los elementos intermedios correspondientes. A la representación de la monografía sobre los ciclámenes no habría yo enlazado, probablemente, si no hubieran sobrevenido influencias de distinto origen, más que una sola idea: la de que dicha flor es la preferida de mi mujer, o quizá también el recuerdo de la historia de la señora de L., ideas que no creo hubieran bastado para provocar un sueño.

There needs no ghost, my lord, come from the grave, To tell us this. (Hamlet.)

Pero he aquí que el análisis me recuerda que la persona que interrumpió nuestra conversación se llamaba *Gärtner* (jardinero) y que hallé a su mujer floreciente. Además, recuerdo ahora, *a posteriori,* que en mi conversación con Königstein hablé también de una paciente mía que lleva el bello nombre de *Flora.* Por medio de estos elementos intermedios, pertenecientes al círculo de representaciones de la botánica, es como he debido llevar a cabo el enlace de los dos sucesos diurnos, el indiferente y el interesante. A continuación fueron estableciéndose otras relaciones, siendo la primera la de la cocaína, la cual podía unir congruente y justificadamente la persona del doctor Königstein y una monografía botánica escrita por mí. Estas relaciones fortifican la fusión de los dos círculos de representaciones en uno solo, permitiendo de este modo que un fragmento del primer suceso pudiera ser utilizado como alusión al segundo.

Sé que esta explicación será combatida y calificada de arbitraria o artificiosa. ¿Qué hubiera sucedido si no hubiéramos encontrado al profesor *Gärtner* (jardinero) y a su floreciente esposa y si la paciente de que hablamos se hubiese llamado *Ana* y no *Flora*? La respuesta es sencilla. Si estas relaciones de ideas no hubieran existido habrían sido elegidas otras distintas. Nada más fácil, en efecto que establecer relaciones de este género: los chistes, adivinanzas y acertijos que nos hacen reír o nos entretienen en la vida diurna lo demuestran constantemente. El dominio del chiste es limitado. Pero aún hay más; si no hubiera sido posible establecer entre las dos impresiones del día relaciones intermedias suficientemente eficaces, habría tomado el sueño una forma distinta; otra cualquiera de las infinitas impresiones indiferentes que durante el día experimentamos y olvidamos casi en el acto habría tomado para el sueño el lugar de la "monografía" y habría entrado en conexión con el contenido de la conversación y representado a éste en el sueño. El que ninguna otra impresión, sino precisamente la de la monografía, fuese llamada a tomar a su cargo este papel es señal de que era la más apropiada para el establecimiento de la conexión. No debe admirarnos nunca, como al Juanito Listo (*Hänschen Schcalu*), de Lessing, "que sean sólo los ricos los que más dinero tienen".

En el proceso psicológico por medio del cual llega la impresión indiferente a constituirse en representación de lo psíquicamente importante tiene que parecernos todavía muy arduo y singular. En otro capítulo nos plantearemos la labor de aproximar más a nuestra inteligencia las peculiaridades de esta operación aparentemente incorrecta, por el momento, queremos limitarnos al resultado de dicho proceso, resultado que los conocimientos deducidos de numerosísimos análisis oníricos nos fuerzan a aceptar. Lo que del proceso advertimos es como si mediante los indicados elementos intermedios se llevase a cabo un *desplazamiento* de lo que podríamos denominar el "acento psíquico", hasta conseguir que representaciones débilmente provistas de intensidad inicialmente adquieran, por apropiación de la intensidad de otras mejor provistas al principio, una energía que las capacite para forzar el acceso a la conciencia. Esos desplazamientos no nos admiran cuando se trata de la aplicación de magnitudes de afecto o en general de actos motores. Que la solterona sin familia transfiera su ternura a sus animales caseros, que el solterón se convierta en apasionado coleccionista, que el soldado defienda hasta la muerte algo que en realidad no es sino una seda de colores, que en las relaciones amorosas nos colme de felicidad un apretón de manos prolongado durante un segundo o que un pañuelo perdido produzca en Otelo un ataque de ira, son ejemplos de desplazamientos psíquicos que nos parecen incontrovertibles. En cambio, el que del mismo modo y conforme a los mismos principios se establezca una conclusión sobre lo que llega a nuestra conciencia y lo que es usurpado a la misma, esto es, sobre lo que pensamos, nos hace la impresión de algo morboso y lo calificamos de error mental cuando lo observamos en la vida despierta. Anticipando aquí el resultado de consideraciones que más adelante habremos de exponer, revelaremos que el proceso psíquico que hemos reconocido en el desplazamiento onírico se nos demostrará, ya que no patológicamente perturbado, sí distinto de lo normal; esto es, como un proceso de naturaleza más bien *primaria*.

De este modo interpretaremos la inclusión de restos de sucesos secundarios en el contenido del sueño como un fenómeno de la *deformación onírica* (por desplazamiento) y recordaremos que en este proceso deformador vimos una consecuencia de la censura que vigila a la comunicación entre dos instancias psíquicas. Esperamos, por tanto, que el análisis onírico nos descubra siempre la fuente verdadera y psíquicamente importante situada en la vida diurna, cuyo recuerdo ha desplazado su acento sobre el recuerdo indiferente. Esta concepción nos sitúa en abierta contradicción con la teoría de Robert, inutilizable ya para nosotros. En efecto, resulta que el hecho que quería explicar Robert no existe, pues la hipótesis de su existencia se basa en el error que supone la no sustitución del contenido aparente del sueño por el verdadero sentido del mismo. Pero no es ésta la única objeción que puede oponerse a dicha teoría. Si el sueño tuviera realmente la función de libertar nuestra memoria, por medio de una labor psíquica especial de las "escorias" del recuerdo diurno, el trabajo realizado mientras dormimos sería muy superior al que pudiera significar nuestra actividad anímica despierta. Las impresiones indiferentes del día de las que habíamos de proteger nuestra memoria son infinitamente numerosas, y la noche entera no bastaría para hacerlas desaparecer. Mucho más verosímil es que el olvido de las impresiones indiferentes se realice sin intervención activa de nuestros poderes anímicos.

No obstante, parece haber algo que nos advierte que no debemos todavía echar a un lado sin más detenido examen las teorías de Robert. Hemos dejado sin explicar el hecho de que una de las impresiones indiferentes del día —y precisamente del último— proporcione siempre al contenido onírico un elemento. Entre esta impresión y la verdadera fuente onírica en lo inconsciente no siempre existen relaciones desde un principio, sino que, como ya hemos visto antes quedan establecidas después, durante la elaboración del sueño, y como para facilitar el desplazamiento que la misma ha de llevar a cabo. Tiene, que existir una coerción que imponga el establecimiento de dichas relaciones precisamente con la impresión reciente, aunque nimia, y esta última tiene que ser por una cualidad particular cualquiera, apropiada para ello. En caso contrario sería igualmente fácil que las ideas latentes desplazasen su acento sobre un fragmento no esencial de su propio contenido de representaciones.

Los conocimientos que a continuación expongo, deducidos de mis análisis pueden conducirnos a una explicación satisfactoria de esta cuestión. Cuando un día ha traído consigo dos o más sucesos capaces de provocar un sueño, quedan ambos mencionados en el mismo por una única totalidad, como si el fenómeno onírico obedeciese a una coerción que le obligase a *formar con ellos una unidad*. Ejemplo: Una tarde de verano subí a un coche del ferrocarril, en el que encontré a dos amigos míos que no se conocían entre sí. Uno de ellos era un colega mío de gran fama, y el otro, un miembro de una distinguida familia a la que presto mi asistencia profesional. Aunque presenté en seguida a ambos señores, no entablaron durante todo el largo viaje conversación seguida entre ellos, sino que se limitaron a tomar parte en las que por separado hube yo de iniciar con cada uno. En una de ellas rogué a mi colega que recomendase a sus amistades a un conocido común que comenzaba por entonces el ejercicio de la Medicina. Mi colega me observó que estaba convencido de los méritos del principiante, pero que su insignificante figura le había de hacer más difícil el acceso a las casas de personas distinguidas, replicándole yo que precisamente por eso se hallaba necesitado de recomendación. Al otro de mis compañeros de viaje le pregunté poco después por el estado de su tía —madre de una de mis pacientes—, de la que sabía se hallaba gravemente enferma. A la noche siguiente a este viaje soñé que aquel amigo mío para el cual había solicitado ayuda se hallaba en un elegante salón y pronunciaba con toda la serena corrección de un acabado hombre de mundo y ante una selecta concurrencia, en la que situé a todas las personas distinguidas y ricas que me eran conocidas, un discurso necrológico en memoria de la anciana tía de mi compañero de viaje, a la que en mi sueño daba ya por muerta. (Confieso francamente que no me hallaba en muy buenas relaciones con esta señora.) Así, mi sueño había hallado de nuevo conexiones entre las dos impresiones del día y había compuesto por medio de ellas una situación unitaria.

Sobre la base de conocimientos análogamente adquiridos por mi experiencia en *La interpretación de los sueños* sentaré aquí el principio de que para la elaboración onírica existe también una especie de fuerza mayor que la obliga a reunir en una unidad en el sueño todas las fuentes de estímulos dadas[4]. Esta coerción que actúa sobre la elaboración de los sueños se nos revelará en el capítulo que a esta última consagraremos como una parte de la *condensación*, otro proceso psíquico primario.

---

[4] La tendencia de la elaboración onírica a reunir bajo un mismo régimen todo lo interesante dado ha sido ya observada por varios autores. Así, Delage (p. 41) y Delboeuf: *rapprochement forcé* (p. 236). H. Ellis expone algunos bellos ejemplos (pp. 35 y sigs.).

Entraremos ahora en el examen de la cuestión de si la fuente onírica a que el análisis nos conduce tiene que ser siempre un acontecimiento externo —e importante—, o si un suceso interior, es decir, el recuerdo de un suceso psíquicamente importante, o un proceso mental, puede asimismo llegar a constituirse en estímulo onírico. Los numerosos análisis realizados nos permiten contestar a esta interrogación en sentido afirmativo. El estímulo de un sueño puede ser un proceso interior que nuestra actividad intelectual diurna ha actualizado. Creo es éste el momento de agrupar en un esquema las fuentes oníricas descubiertas:

La fuente de un sueño puede ser:

1) Un suceso reciente y psíquicamente importante, representado directamente en el sueño[5].

2) Varios sucesos recientes e importantes, que el sueño reúne en una unidad[6].

3) Uno o varios sucesos recientes e importantes, representados en el contenido manifiesto por la mención de un suceso contemporáneo, pero indiferente[7].

4) Un suceso interior importante (recuerdo, proceso mental) representado siempre en el sueño por la mención de una impresión reciente, pero indiferente[8]. Vemos, que en el contenido manifiesto de todo sueño existe siempre un elemento que repite una expresión del día inmediatamente anterior. Este factor, destinado a ser representado en el contenido manifiesto, puede pertenecer al acervo de representaciones del verdadero estímulo del sueño —como parte esencial o

---

[5] Sueños de la inyección de Irma y del amigo, que es mi tío.

[6] Sueño del discurso necrológico del médico principiante.

[7] Sueño de la monografía botánica.

[8] De este género es la mayoría de los sueños de mis pacientes durante el análisis.

nimia del mismo— o proceder del círculo de ideas de una impresión indiferente, enlazado con el del estímulo onírico por relaciones más o menos numerosas. La aparente multiplicidad de las condiciones depende aquí únicamente de una *alternativa*, esto es, de que *hayan tenido o no lugar un desplazamiento*; alternativa que nos permite explicar los contrastes del fenómeno onírico con igual facilidad que a la teoría médica el progresivo despertar de las células cerebrales.

Observamos, además, en el esquema antes consignado que el elemento psíquicamente importante, pero no reciente (el proceso mental o el recuerdo), puede ser sustituido en el sueño por un elemento reciente, pero psíquicamente indiferente, siempre que en la sustitución se acaten dos condiciones: 1a. que el contenido del sueño sea puesto en relación con los recientemente vividos por el sujeto, y 2a. que el estímulo onírico sea siempre un proceso psíquicamente importante. En un solo caso, 1), quedan cumplidas ambas condiciones por una misma impresión. Si reflexionamos, además, que aquellas impresiones indiferentes que son utilizadas por la elaboración del sueño mientras conservan la propiedad de ser recientes pierden esta aptitud en cuanto envejecen un solo día (o varios como máximo), habremos de decidirnos a suponer que la actualidad de una impresión le da de por sí determinado valor psíquico para la formación de sueños, valor que equivale en cierto modo al de los recuerdos o procesos mentales saturados de afecto. Posteriores reflexiones de orden psicológico nos permitirán adivinar en qué puede fundarse este valor de las impresiones *recientes* para la formación de los sueños[9].

Secundariamente es atraída aquí nuestra atención sobre el hecho de que durante la noche, y sin que nuestra conciencia lo advierta,

---

[9] Cf. mi obra *Una teoría sexual,* en la que trato de la *transferencia.*

pueden tener efecto importantes transformaciones de nuestro material de recuerdos y representaciones. El consejo de "consultar con la almohada", esto es, de dejar pasar una noche antes de tomar alguna decisión importante, se halla plenamente justificado. Pero observamos que con estas consideraciones hemos pasado de la psicología del sueño a la del estado de reposo, acto para el que aún han de presentársenos numerosas ocasiones[10].

Existe, una objeción de que amenaza echar por tierra estas últimas conclusiones. Si las impresiones indiferentes sólo mientras son recientes poseen acceso al contenido onírico, ¿cómo hallamos también en éste elementos de tempranas épocas de nuestra vida que cuando fueron recientes carecieron, según la expresión de Strümpell, de todo valor psíquico y debían, por tanto, hallarse olvidados hace ya mucho tiempo elementos que no son ni recientes ni psíquicamente importantes?

Pero apoyándonos en los resultados obtenidos en psicoanálisis de individuos neuróticos podemos salvar por completo esta objeción.

---

[10] En un trabajo de O. Pötzl, lleno de interesantísimas sugestiones, hallamos una importante contribución al esclarecimiento de la significación de lo reciente para la formación de los sueños. "Imágenes oníricas experimentalmente provocadas y su relación con la visión indirecta", en *Zeitschrift für die ges Neurologie und Psychiatrie*. XXXVII, 1917. Pötzl hacía dibujar a varias personas lo que de una imagen, expuesta en un brevísimo espacio de tiempo, había advertido y al día siguiente interrogaba a dichas personas sobre los sueños que aquella noche habían tenido y les hacía dibujar de nuevo algunos fragmentos de los mismos. De este modo pudo comprobarse que los detalles de la imagen expuesta, inadvertidos por el sujeto del experimento, habían proporcionado material para la elaboración del sueño, mientras que los conscientemente observados y fijados luego en el dibujo no emergían en el contenido manifiesto. Se observó asimismo que el material aprovechado por la elaboración onírica quedaba modificado por ella en su acostumbrada forma *arbitraria* —o, mejor dicho, independiente—y del modo más favorable a las tendencias formadoras del sueño. Las sugestiones de los trabajos de Pötzl rebasan los límites de la obra presente. Nos limitaremos, a hacer resaltar lo mucho que esta nueva forma de estudiar experimentalmente la interpretación de los sueños se aparta de la grosera técnica anterior, consistente en introducir, en el contenido onírico, estímulos perturbadores del reposo.

La explicación es que el desplazamiento que sustituye el material psíquicamente importante por otro indiferente (tanto en el sueño como en el pensamiento despierto) ha tendido ya efecto, en estos casos, en estas tempranas épocas, habiendo quedado fijo desde entonces en la memoria. Esos elementos, originalmente indiferentes, no lo son ya desde que han adquirido, por desplazamientos, el valor del material psíquicamente importante. Aquello que en realidad ha permanecido indiferente no puede tampoco ser reproducido en el sueño.

De las consideraciones que preceden deducirá el lector justificadamente que no existe, a mi juicio, estímulo onírico alguno indiferente y, por tanto, tampoco sueños inocentes. Tal es, en efecto, mi opinión, rotunda y exclusiva, salvo con respecto a los sueños de los niños y quizá algunas breves reacciones oníricas a sensaciones nocturnas. Fuera de estos casos, todo lo que soñamos, o se demuestra psíquicamente importante de un modo manifiesto, o se halla deformado y sólo podemos juzgarlo después de realizar el análisis, el cual nos revelará siempre su importancia. El sueño no se ocupa nunca de cosas nimias, ni nosotros consentimos que nuestro reposo quede alterado por algo que no valga la pena[11]. Los sueños aparentemente inocentes demuestran no serlo en cuanto nos preocupamos de interpretarlos. Siendo ésta nuevamente una afirmación contra la que habrán de elevarse innúmeras objeciones, someteré aquí al análisis una serie de sueños inocentes, aprovechando al mismo tiempo la ocasión para mostrar prácticamente la labor de la deformación onírica.

I. Una señora joven, inteligente y distinguida, pero muy reservada en su vida de relación y hasta un tanto "agua mansa", me refirió un día: "He soñado que llegaba tarde a la plaza y no encontraba ya nada en la carnicería ni en la verdulería". Este sueño muestra, desde

---

[11] H. Ellis, el más amable crítico de la presente obra, escribe: "Es éste el punto a partir del cual no ha de sernos ya posible a muchos seguir a Freud". Pero Ellis no ha realizado ningún análisis onírico y no quiere creer cuán justificado es el juzgar los sueños por su contenido manifiesto.

luego, un contenido inocente; pero como el relato que de él me hace la sujeto no me parece reflejado con exactitud, le ruego que me lo exponga con más detalle. He aquí el nuevo relato. "Va al mercado con su cocinera, la cual lleva la cesta. El carnicero, al que piden algo, les contesta: 'No queda ya', y quiere despacharle otra cosa diferente, observando: 'Esto también es bueno'. Ella rehúsa la oferta y se dirige al puesto de la verdulera, la cual quiere venderle una extraña verdura atada formando manojo y de color negro. Ella dice entonces: 'No he visto nunca cosa semejante. No la compro'. La conexión de este sueño con la vida diurna es facilísima de hallar: La sujeto había llegado tarde aquella mañana al mercado y tuvo que volver a su casa sin haber podido comprar nada." Para describir este suceso podríamos usar la frase "la carnicería estaba cerrada". Pero ¡calle!, ¿no es esta frase —o mejor dicho, la contraria afirmación— una grosera locución con la que se alude a una determinada negligencia en el vestido masculino? Por lo demás, la sujeto no ha empleado la frase en su relato, sino que, por el contrario, ha evitado quizá pronunciarla. Intentemos interpretar los detalles del contenido manifiesto.

Todo lo que en el sueño presenta un carácter verbal, siendo dicho u oído y no solamente pensado —cosa que casi siempre podemos diferenciar con toda seguridad—, procede de aquello que en la vida despierta hemos oído o dicho, aunque la elaboración onírica, considerándolo como materia prima, lo modifique a veces y lo desglose siempre de su contexto (presentándolo aislado)[12]. Estos elementos verbales pueden ser tomados como punto de partida de la interpretación. ¿De dónde proceden, las palabras del carnicero? Soy yo mismo quien las pronunció hace días, al explicar a la sujeto "que en la memoria del adulto *no queda ya nada* de los antiguos sucesos

---

[12] Sobre los elementos verbales en el sueño, véase el capítulo que dedicamos a la elaboración onírica. La indicada procedencia de los mismos no había sido reconocida hasta ahora sino por un solo investigador, Delboeuf, que los (p. 226) a los *clichés* o lugares comunes.

infantiles, pues han sido sustituidos por transferencias y por sueños."
Soy yo, por tanto, el carnicero, y lo que la paciente rechaza es la
posibilidad de esas transferencias al presente de ideas y sentimientos
pretéritos. ¿De dónde proceden las palabras que ella pronuncia en el
sueño: *No he visto nunca cosa semejante. ¡No lo compro!* Analicemos
por separado cada una de estas dos frases. No he visto nunca cosa
semejante es una exclamación que la sujeto pronunció realmente
el día del sueño riñendo a su cocinera. Pero en esta ocasión había
añadido: "¡Hágame el favor de conducirse más correctamente!" Se
nos evidencia aquí un desplazamiento. De las dos frases que dirigió
a su cocinera ha escogido en su sueño la que carece de importancia
reprimiendo, en cambio, la otra —*Hágame el favor de conducirse más
correctamente*—, que es precisamente la que forma sentido con el contenido onírico restante. Esta frase es la que se dirigía a alguien que
se atreviese a hacer proposiciones indecorosas y olvidase "cerrar la
carnicería". La concordancia de estas hipótesis con las alusiones que
luego hallamos en la escena con la verdulera nos demuestra que nos
hallamos sobre la pista de la verdadera interpretación. Una verdura
("alargada", añade luego la sujeto) que se vende por manojos, pero
que además es negra, no puede ser sino una fusión, efectuada por el
sueño, de los espárragos con los rábanos negros *(Rhaphanusniger)*.
La significación onírica del "espárrago" es ya conocida por todos
aquellos que se han ocupado algo de estas materias. Pero también
de otra legumbre *(schwarzer, Rettig)* parece aludir por la analogía de
su mismo nombre, con una locución de sentido sexual *(Schawarzer,
rett'dich)** a aquel mismo tema sexual que desde un principio adi-
vinamos cuando incluimos, en el relato de la paciente, la frase "la
carnicería estaba cerrada". No creo necesario revelar por completo

---

* 'Negro, sepárate'.

el sentido de este sueño; lo expuesto hasta aquí basta para demostrar que es muy significativo y nada inocente[13].

II. Otro sueño inocente de la misma persona y que constituye, en cierto sentido, la pareja del anterior: "Su marido le pregunta: ¿No hay que mandar afinar el piano? Ella contesta: No vale la pena. De todos modos, hay que forrar los macillos". Nuevamente una reproducción de un suceso real del día anterior. Su marido le hizo la pregunta consignada y ella contestó en forma análoga a como en el sueño lo hace. Pero ¿qué significa esto último? Hablando del piano dice que es *una caja indecente y de malos* sonidos (mal tono), que su marido poseía ya antes de casarse[14], etc.; pero la clave de la solución nos la da la frase: *No vale la pena.* Esta frase procede de una visita que la paciente hizo el día del sueño a una amiga suya. Invitada a quitarse la chaqueta, había reusado diciendo: "No vale la pena. Me tengo que marchar en seguida". Al oír relatar esta escena a la sujeto, recuerdo que el día anterior, durante la sesión de análisis, se echó mano al pecho, al notar que se le había desabrochado un botón, como si quisiera decir: "No mire usted, *no vale la pena*". La caja queda así convertida en alusión a la caja torácica, y la interpretación del sueño nos conduce directamente a la época del desarrollo físico

---

[13] Para aquellos a quienes no satisfaga lo consignado en el texto, añadiré aquí que detrás de este sueño se esconde una fantasía en la que yo me conduzco incorrectamente con la sujeto y ella me rechaza. En apoyo de esta interpretación, que algunos juzgarán inaceptable, recordaré la frecuencia con que los médicos son objeto de una acusación tal por parte de pacientes histéricas en las que ha emergido idéntica fantasía, pero no ya deformada y a título de sueño, sino francamente consciente y delirante. El análisis expuesto inició el tratamiento psicoanalítico de la sujeto. En el curso del mismo se demostró que con el sueño analizado repetía la paciente el trauma inicial que constituyó el punto de partida de su neurosis. Posteriormente me ha sido dado comprobar hechos idénticos en otros enfermos que en su infancia habían sido objeto de atentados sexuales y realizaban en sus sueños, el deseo de su repetición.

[14] Como luego veremos claramente en el análisis queda aquí sustituido un elemento por su contrario.

de la paciente, cuando la misma comenzó a sentirse descontenta de la delgadez de sus formas corporales. Las expresiones "indecente" y "mal tono" nos llevan también a esta temprana época, en cuanto recordamos la frecuencia con la que tanto en la alusión como en el sueño suelen sustituirse los pequeños hemisferios del cuerpo femenino a otros, más amplios, pertenecientes también al mismo.

III. Interrumpiré la serie de sueños de esta enferma para intercalar en ella un breve sueño inocente de un joven. Sueña que ha tenido que *ponerse de nuevo el gabán de invierno, cosa terrible*. El motivo de este sueño parece ser, a primera vista, el frío que de repente había vuelto a hacer. Pero un examen más detenido nos muestra que los dos breves fragmentos de que se compone no concuerdan entre sí, pues el tenerse que poner un gabán de invierno, porque hace frío, no es nada *terrible*. Por desgracia para la inocencia de este sueño, la primera ocurrencia que surge en el análisis es la de que una señora había dicho en confianza a nuestro sujeto, el día anterior, que su último hijo debía su existencia a la rotura de un preservativo. El sujeto reconstruye ahora los pensamientos que le sugirió esta confidencia: los preservativos finos presentan el peligro de romperse, y los gruesos son muy molestos. Un preservativo es con un vestido o gabán. Si a él, soltero le ocurriese algo como lo que la señora le ha relatado, sería "terrible". Volvamos ahora a nuestra paciente.

IV. "Mete una vela en el candelero. Pero la vela está rota y no se sostiene. Las muchachas del colegio dicen que es muy desmañada; pero la maestra la defiende diciendo que no es culpa suya."

También aquí hallamos un suceso real como motivo del sueño. El día anterior puso una vela en un candelero, pero no estaba rota. La vela es un objeto que excita los genitales femeninos. Rota, y no pudiéndose mantener derecha, significa la impotencia del hombre *(no es culpa suya)*. Pero ¿cómo es posible que la paciente, cuidadosamente educada, pueda conocer tal empleo de la vela? Casualmente puede indicar el origen de este conocimiento. En una excursión en barca por el Rin, pasó junto a ellos un bote lleno de estudiantes, que con toda tranquilidad iban cantando, a voz en grito, una canción obscena: "Cuando la reina S. cierra las ventanas y con una 'vela de Apolo' (Apollokerze)…"*

La sujeto no oyó bien o no comprendió esta última palabra, y su marido tuvo que explicarle lo que significaba. El texto de la canción queda luego sustituido en el contenido onírico por el inocente recuerdo de una comisión que le encargaron en el colegio y que llevó a cabo muy *desmañadamente*. Esta sustitución queda realizada por medio de un elemento común: *las ventanas cerradas*. La conexión del tema del onanismo con el de la impotencia es suficientemente clara. El elemento "Apolo", del contenido latente, une este sueño con otro anterior, en el que se trataba de la virginal Palas. Todo ello, como vemos, nada inocente.

V. Para que no se crea demasiado fácil el deducir de los sueños conclusiones sobre las verdaderas circunstancias personales del sujeto, expondré un nuevo sueño de esta enferma, inocente también en apariencia. "He soñado algo —me relata— lo que había hecho realmente durante el día; esto es que metía los libros en un pequeño baúl, que luego me costaba trabajo cerrarlo, y lo he soñado tal y como había sucedido." En este caso, hace resaltar especialmente la sujeto la coincidencia entre el sueño y la realidad. Todos estos juicios y observaciones sobre el sueño pertenecen, aunque hayan creado un lugar en el pensamiento despierto, al contenido latente, circunstancia que ya demostraremos con otros ejemplos. La paciente nos dice, en este caso, que lo que el sueño le ha presentado había sucedido realmente el día anterior. Nos ocuparía demasiado lugar exponer por qué camino llegamos a la ocurrencia de recurrir al idioma inglés como medio auxiliar de la interpretación. Baste decir que se trata nuevamente de una pequeña *box* (cf. el ejemplo de la niña en su caja, p. 178) que ha sido

---

* 'Se masturba', es la parte omitida.

llenada hasta el punto de que nada más cabía en ella. En todos estos sueños "inocentes" predomina singularmente el factor sexual como motivo de la censura. Pero es éste un tema de esencial importancia que debemos dejar a un lado por el momento.

b) Lo infantil como fuente onírica

Como tercera de las peculiaridades del contenido onírico, hemos señalado, de acuerdo con todos los autores (incluso Robert), la de que en el sueño pueden emerger impresiones de tempranas épocas de nuestra vida, de las cuales no dispone nuestra memoria en la vigilia. Fácilmente se comprenderá que no es nada sencillo determinar la frecuencia con que esto sucede, pues al despertar no sabemos reconocer el origen de dichos elementos de nuestros sueños. La demostración de que se trata de impresiones de la infancia tiene, por tanto, que realizarse de un modo objetivo, cosa también difícil, dado que sólo en muy raros casos disponemos de los datos necesarios. A. Maury refiere, como especialmente demostrativa, la historia de un individuo que se disponía a hacer un viaje para visitar su ciudad natal, de la que ya no visitaba hacía veinte años, y la noche anterior a la partida soñó que se hallaba en un lugar desconocido y encontraba en la calle a un señor también desconocido, con el que entablaba conversación. Llegando luego al fin de su viaje, comprobó que el lugar de su sueño existía realmente en las cercanías de su ciudad natal y que el incógnito individuo era un anciano amigo de su difunto padre. Esta circunstancia prueba que en su niñez había visto tanto el lugar como al individuo de su sueño, el cual debe interpretarse, además, como un sueño de impaciencia, análogo al de aquella paciente mía que pensaba ver al hombre a quien amaba en un concierto para el que ya tenía tomados los billetes y el del niño al que su padre había prometido llevar de excursión a un lugar determinado. No habiendo sometido este sueño al análisis, no nos es posible, naturalmente, indicar los motivos por los que reprodujo, precisamente, esas impresiones de la infancia del sujeto.

Uno de mis discípulos, que se vanagloriaba de que sólo raras veces sufrían sus sueños los efectos de la deformación onírica, me comunicó uno en el que había visto a su *antiguo preceptor acostado con una criada* que había servido en su casa hasta que él tuvo once años. Asimismo le parecía reconocer la habitación en que dicha escena se desarrollaba. Su hermano, al que relató este sueño, le confirmó, con grandes risas, su completa realidad. Recordaba muy bien —pues en la época a que el sueño se refería tenía ya seis años— que la amorosa pareja le emborrachaba con cerveza cuando hallaba ocasión favorable a su nocturno comercio. Nuestro sujeto, que por entonces sólo tenía tres años, no era considerado como obstáculo, aunque dormía en la misma alcoba.

Existe aún otro caso en el que, sin necesidad de interpretación, puede afirmarse que el sueño contiene elementos de la infancia. Sucede esto cuando se trata de sueños de los denominados perennes, es decir, de aquellos que habiendo sido soñados por vez primera en la infancia, retornan después, periódicamente, en la edad adulta. Aunque no he tenido nunca esos sueños *perennes*, puedo citar algunos ejemplos de este género que me ha sido dado observar. Un médico cercano ya a los treinta años, me refirió que en su vida onírica solía aparecérsele, desde su más temprana infancia hasta el presente, un león amarillo, cuya figura podía describir con todo detalle. Un día descubrió que esa imagen onírica correspondía a un león de porcelana, perdido o roto hace muchos años, que había en su casa y constituyó, según le dijo su madre, el juguete predilecto de su más temprana niñez, cosa que él no recordaba en absoluto.

Si desde el contenido manifiesto volvemos la vista a las ideas latentes que el análisis nos revela, comprobaremos, con asombro, que también en aquellos sueños en que nunca se nos hubiera ocurrido sospecharlo colaboran esos sucesos infantiles. Al mismo médico del "león amarillo" debo un ejemplo singularmente interesante e instructivo de dicho sueño. Después de leer la descripción que Nansen escribió de su expedición polar, soñó que en medio del desierto de hielo prestaba sus servicios profesionales al valeroso explorador, aplicándole corrientes eléctricas para curarle unos dolores de vientre que le aquejaban. En el análisis de este sueño recordó una anécdota de su niñez, sin la cual no sería posible explicarlo. Teniendo tres o cuatro años, oyó una conversación sobre los *viajes de exploración (Entdeckungsreisen)* y preguntó a su padre si aquello era una enfermedad muy grave, *confundiendo los viajes (Reisen)* con los retortijones *(Reissen).* Las burlas de sus hermanos grabaron para siempre en su memoria el recuerdo de estos sucesos.

En mi sueño de la monografía botánica se da un caso idéntico al que precede. Al analizarlo tropiezo, en efecto, con el recuerdo infantil, conservado, de que teniendo yo cinco años me dio mi padre un libro con láminas en colores, para que lo destruyera a mi antojo. Se me objetará quizá que es dudoso que este recuerdo participase realmente en la confirmación del sueño, siendo más probable que la relación con él quedase posteriormente establecida en la labor analítica; pero la riqueza y el enlace de las asociaciones testimonian en contrario; ciclamen —flor preferida— plato preferido —alcachofas— arrancar, como a una alcachofa, hoja por hoja, (expresión muy usada en aquel tiempo con referencia al proyectado reparto del Imperio chino) —herbario— "gusano de los libros" (cuyo plato preferido son los libros). Además, puedo asegurar que el último sentido de este sueño, que no hemos expuesto, se halla en íntima relación con el contenido de la escena infantil.

En otra serie de sueños nos enseña el análisis que el mismo deseo que ha provocado el sueño que lo realiza procede de la vida infantil, haciéndonos ver, con asombro, que *en el sueño continúa viviendo el niño con sus impulsos infantiles.*

Proseguiré aquí el análisis de un sueño al que ya debemos interesantes esclarecimientos: el de mi amigo R. es mi tío. Hemos llevado la interpretación hasta descubrir como motivo el deseo de ser nombrado profesor, y nos explicamos el cariño del sueño por mi amigo R. como una oposición contra el rebajamiento de mis otros dos colegas contenido en las ideas latentes. Tratándose de un sueño propio, puedo continuar su análisis, declarándome insatisfecho de un sueño propio, puedo continuar su análisis, declarándome insatisfecho con la solución alcanzada. Sé perfectamente que en la vida despierta hubiera sido muy distinta mi opinión sobre mis dos colegas, tan maltratados en las ideas latentes. El poder del deseo de no compartir su suerte en lo que a la promoción a profesor se refiere, me pareció insuficiente para esclarecer por completo la antinomia que se patentiza entre mis juicios en la vida despierta y los del sueño. Si mi ansia de poseer el citado título fuera realmente tan grande, sería prueba de una ambición morbosa que no creo poseer. No sé cómo opinarían sobre este punto aquellos que creen conocerme bien. Quizá sea realmente ambicioso, pero, aunque así fuera, hace ya mucho tiempo que mi ambición hacía cosas muy distintas del título de profesor.

¿De dónde procede entonces la ambición que el sueño me atribuye? Se me ocurre ahora que una anciana campesina profetizó a mi madre que yo sería un grande hombre. Esas profecías deben ser muy frecuentes, pues nunca faltan madres a quienes halagar ni ancianas —campesinas o no— que, viendo pasado su reino en el mundo, vuelven los ojos al porvenir. Supongo que la buena profecía valdría algo a la vieja sibila. ¿Podrá acaso ser esto lo que me ha inspirado ansia de grandeza? Pero en este momento recuerdo otra impresión de posteriores años infantiles, más apropiada para iluminarnos sobre este punto concreto. Un día que nos hallábamos en una cervecería del Prater, a la que solían llevarme mis padres cuando ya tenía yo once o doce años, nos llamó la atención un individuo que iba de mesa en mesa y por una pequeña retribución improvisaba versos sobre el tema que se le indicara. Mis padres me enviaron a llamarle, y el poeta, agradecido al mensajero, improvisó, antes que se le señalara tema alguno, unos versos en los que indicó la posibilidad de que yo llegara a ser ministro. Recuerdo bien la impresión que me causó esta segunda profecía. Sucedió éste en la época del "Ministerio burgués", y mi padre había traído hacía pocos días a casa los retratos de los ministros doctores Herbst, Giskra, Unger, Berger, etc. Varios de estos ministros eran judíos, de manera que todo buen muchacho de esta confesión podía ya decirse que llevaba la cartera de ministro en sus portalibros. Con las impresiones de aquella época debe hallarse también relacionado el que yo decidiese primero estudiar Derecho, no cambiando de idea sino poco antes de comenzar el plazo de inscripción en la Universidad. La carrera de Medicina es incompatible con la política, y, por tanto, con la aspiración de llegar a ministro. Observo ahora, volviendo a mi sueño, que el mismo me traslada desde el insatisfecho presente a los tiempos, preñados de esperanzas, del Ministerio burgués y realiza, en lo que le es posible, mi deseo de *entonces*. Maltratando a mis dos colegas, dignos de la mayor estimación, por el hecho de ser judíos, pero bajo el pretexto de que uno es imbécil y el otro delincuente, me conduzco como si fuera el propio ministro; esto es, me pongo en el lugar que el mismo ocupa. ¡Magnífica venganza! El ministro me niega el nombramiento de profesor y yo le despojo de su puesto en mi sueño.

En otro caso me fue dado observar que, aunque el deseo provocador del sueño sea contemporáneo, queda robustecido por lejanos recuerdos infantiles. Trátase aquí de una serie de sueños cuya base común es el vivo deseo de hacer un viaje a Roma. Por la época en que tuve estos sueños pensaba que dicho deseo habría de quedar incumplido aún mucho tiempo, pues los días que yo podía disponer para un viaje pertenecían a la estación en la que precisamente no

debe permanecer en Roma ningún hombre cuidadoso de su salud[15].
En estas circunstancias soñé que veía a través de la ventanilla del tren
el Tíber y el puente de Sant-Angelo; luego echaba a andar el tren en
dirección contraria y pensaba yo que tampoco aquella vez se lograba
mi deseo de visitar la Ciudad Eterna. El paisaje de mi sueño correspondía a un dibujo que el día anterior había visto fugitivamente en
casa de un enfermo. En otro sueño me conduce alguien a lo alto de
una colina y me muestra Roma envuelta en niebla y tan lejana aún,
que me asombro de verla con tanta precisión. El contenido de este
sueño rebasa el espacio que aquí desearíamos concederle. En él puede
reconocerse fácilmente, a título de motivo, el deseo de "ver desde lejos
la tierra de promisión". Lübeck es la primera ciudad que he visto
envuelta en niebla, y la colina de mi sueño tiene como antecedente el
Gleichenberg. En un tercer sueño me encuentro ya en Roma, según
me dice el mismo. Mas, para desencanto mío, veo ante mí un paisaje
que no tiene nada de ciudadano: *un pequeño río de oscuras aguas,*
con negras rocas a un lado, y al otro, extensas praderas matizadas de
grandes flores blancas. Veo a un cierto señor Zucker (azúcar), al que
conozco superficialmente, y decido preguntarle por el camino que lleva
a la ciudad. Descomponiendo el paisaje del sueño en sus elementos,
las flores blancas me recuerdan a *Ravena*, ciudad que conozco y que
sustituyó por algún tiempo a *Roma* como capital de Italia. En los
pantanos de *Ravena* vimos bellísimos nenúfares en medio del agua
negra. El sueño hace crecer estas flores en las praderas, como nuestros
narcisos de Aussee, para evitarnos las molestias que en nuestra estancia en Ravena teníamos que afrontar recuerdan vivamente el valle del
Tepl, junto a Karlsbad. Este último nombre me da la explicación
del singular fragmento de mi sueño, en el que pregunto al señor
Zucker el camino. Descubrimos aquí, en el material con el que el

---

[15] Posteriormente me he convencido, hace ya largos años, de que para la realización de esos deseos, que durante mucho tiempo hemos creído inasequibles no
es preciso sino un poco de decisión.

sueño se halla tejido, dos de aquellas divertidas anécdotas judías que suelen entrañar una profunda sabiduría, amarga a veces, y que con tanta frecuencia citamos en nuestras cartas y conversaciones. En una de ellas se nos cuenta de un judío que se introdujo sin billete en el rápido de Karlsbad. Descubierto y expulsado, volvió a subir y volvió a ser descubierto, pero continuó, tenazmente su manejo, siendo objeto, a cada nueva revisión, de peores tratos. Un conocido que le vio en una de estas ocasiones le preguntó a dónde iba y obtuvo la contestación siguiente: "Si mi *constitución* (física) lo resiste…, hasta *Karlsbad*". Próxima a ésta reposa en mi memoria otra historieta de un judío desconocedor del francés, al que le indujeron a preguntar en París por el camino de la rue Richelieu. También París ha sido durante mucho tiempo objeto de mis deseos, y la felicidad que me invadió al pisar por vez primera su suelo la interpreté como garantía de que también se me lograrían otros deseos. El preguntar el camino es una alusión directa a *Roma*, pues conocido es que "todos los caminos llevan a *Roma*". El nombre *Zucker* (azúcar) alude nuevamente a Karlsbad, balneario al que mandamos los médicos a nuestros enfermos de diabetes, que es una enfermedad *constitucional*. La ocasión de este sueño fue la proposición que mi amigo de Berlín*, me había dirigido de reunirnos en Praga, aprovechando las fiestas de Semana Santa. De los temas que con él pensaba tratar surgen nuevas relaciones con el *azúcar* y la *diabetes*.

Un cuarto sueño, muy próximo al que antecede, me traslada de nuevo a *Roma*. Estoy ante una esquina y me admira el gran número de anuncios y carteles alemanes en ella fijados. El día antes había escrito —con profética visión— a mi amigo que Praga o debía ser una residencia muy agradable para dos viajeros alemanes. Así, mi sueño expresaba al mismo tiempo el deseo de reunirme con mi amigo en *Roma* y no es una ciudad bohemia, y el de que en Praga se observase

---

* W. Fliess.

una mayor tolerancia con respecto al uso del alemán, deseo este último que procedía sin duda de mis tiempos de estudiante. Por otro lado, recuerdo que en los tres primeros años de mi vida debí de comprender el checo pues he nacido en un pueblo de Moravia cuya población era eslava en su mayoría. Unos versos infantiles checos que oí teniendo diecisiete años se grabaron tan fácilmente en mi memoria, que todavía puedo repetirlos de corrido, a pesar de no tener la menor idea de su significación. Vemos, pues, que tampoco estos sueños carecen de múltiples relaciones con impresiones de mis primeros años infantiles.

Durante mi último viaje por Italia, en el que visité, entre otros lugares, el lago Trasimeno, se me reveló, después de haber llegado hasta el Tíber y haber tenido que emprender, contra mi deseo, el regreso, hallándome a ochenta kilómetros de Roma, el refuerzo que mi anhelo de la Ciudad Eterna proporcionaban determinadas impresiones de mi infancia. Madrugaba por aquellos días el plan de ir a *Nápoles* al siguiente año, sin detenerme en *Roma*, cuando recordé una frase que debía de haber leído en alguno de nuestros clásicos: "No puede decidirse quién hubo de pasear más febrilmente arriba y abajo por su cuarto después de haber hecho el plan de marchar hacia *Roma*, si Aníbal o el rector *Winckelmann*". En mi viaje había yo seguido las huellas de *Aníbal*; como a él me había sido imposible llegar a *Roma* y había tenido que retroceder hasta *Campania. Aníbal*, con quien me hallaba ahora estas analogías, fue mi héroe favorito durante mis años de Instituto, y al estudiar las guerras púnicas, todas mis simpatías fueron para los cartagineses y no para los romanos. Más adelante, cuando en las clases superiores fui comprendiendo las consecuencias de pertenecer a una raza extraña al país en que se ha nacido, y me vi en la necesidad de adoptar una actitud ante las tendencias antisemitas de mis compañeros, se hizo aún más grande ante mis ojos la figura del guerrero semita. Aníbal y *Roma* simbolizaron para mí, respectivamente, la tenacidad del pueblo judío y la organización de la Iglesia católica. La importancia que el movimiento antisemita ha adquirido desde entonces para nuestra vida espiritual contribuyó a la fijación de los pensamientos y sentimientos de aquella época. El deseo de ir a Roma llegó de este modo a convertirse, con respecto a mi vida onírica, en encubridor y símbolo de otros varios, para cuya realización debía laborar con toda la tenacidad y resistencia del gran *Aníbal*, y cuyo cumplimiento parece a veces tan poco favorecido por el Destino como el deseo de entrar en Roma que llenó toda la vida de aquel héroe.

Se me revela ahora el suceso de juventud que manifiesta aún su poder en todos estos sentimientos y sueños. Tendría yo diez o doce años cuando mi padre comenzó a llevarme consigo en sus paseos y a comunicarme en la conversación sus opiniones sobre las cosas de este mundo. Una de estas veces, y para demostrarme que yo había venido al mundo en mucho mejor época que él, me relató lo siguiente: "Cuando yo era joven salí a pasear un domingo por las calles del lugar en que tú naciste bien vestido y con una gorra nueva en la cabeza. Un cristiano con el que me crucé me tiró de un golpe la gorra al arroyo, exclamando '¡Bájate de la acera, judío!' 'Y tú, ¿qué hiciste?', pregunté entonces a mi padre. 'Dejar la acera y recoger la gorra', me respondió tranquilamente. No pareciéndome muy heroica esta conducta de aquel hombre alto y robusto que me llevaba de la mano, situé frente a la escena relatada otra que respondía mejor a mis sentimientos: aquella en la que Amílcar Barca[16], padre de Aníbal, hace jurar a su hijo que tomará venganza de los romanos. Desde entonces tuvo Aníbal un puesto en mis fantasías".

Todavía creo poder perseguir mi predilección por el general cartaginés hasta un periodo más temprano de mi infancia, resultando así que no se trataría nuevamente en este caso sino de la transferencia a un nuevo objeto de una relación afectiva ya constituida. Uno

---

[16] En la primera edición de esta obra aparecía el nombre de Asdrúbal en lugar del de Amílcar, extraño error cuya explicación he dado en mi *Psicopatología de la vida cotidiana*.

de los primeros libros que cuando aprendía a leer cayeron en mis manos fue la obra de Thiers titulada *El Consulado y el Imperio*, y recuerdo que pegué en la espalda de mis soldados de madera cartulinas con los nombres de los mariscales, siendo ya entonces *Massena (Manasés)** mi preferido. (Esta predilección puede explicarse también por la circunstancia de coincidir, con cien años de diferencia, la fecha de nuestro nacimiento.) El paso de los Alpes hace también coincidir a *Napoleón con Aníbal*. El desarrollo de este ideal guerrero podría quizá perseguirse, a través de años aún más tempranos de mi infancia, hasta los deseos de mis relaciones —tan pronto amistosas como hostiles— con un niño de un año mayor que yo habían de despertar en el más débil de todos.

Cuando más ahondamos en el análisis de los sueños, más frecuentemente descubrimos las huellas de sucesos infantiles que desempeñan, en el contenido latente, el papel de fuentes oníricas.

Vimos ya que sólo muy raras veces llegan a constituir los recuerdos, reproducidos sin modificación ni corte alguno, todo el contenido manifiesto de un sueño. Sin embargo, existen varios ejemplos comprobados de este género de sueños, a los que añadiré algunos más, relacionados nuevamente con escenas infantiles. Uno de mis pacientes tuvo un sueño que constituía la completa reproducción, apenas deformada, de un incidente de carácter sexual, reproducción que fue reconocida en el acto como un fidelísimo recuerdo. La huella mnémica de dicho incidente no había desaparecido por completo de la memoria despierta del sujeto, pero si se mostraba ya un tanto borrosa y oscura, y su vivificación constituyó un resultado de la labor analítica anterior. Cuando tenía doce años había ido el sujeto a visitar a un compañero suyo que se hallaba en cama, y que al hacer un movimiento, seguramente casual, mostró sus desnudeces. Poseído por una especie de obsesión a la vista de los

---

* Judaizando el nombre.

genitales de su amigo, descubrió el visitante los suyos y echó mano al miembro del otro; pero al ver que éste le miraba con disgusto y asombro se turbó extraordinariamente y retiró su mano. Veintitrés años más tarde repitió un sueño esta escena con todos sus detalles y hasta con los mismos matices de los sentimientos que en ella surgieron, aunque modificándola en el sentido de adjudicar al sujeto el papel pasivo en lugar del activo y sustituir la persona del compañero del colegio por otra, perteneciente al presente.

Regularmente, sin embargo, no es representada la escena infantil en el sueño sino por una alusión, y tiene que ser desarrollada y completada por medio del análisis. La comunicación de ejemplos de este género no puede poseer gran fuerza demostrativa, pues carecemos de toda garantía sobre la exactitud de los sucesos infantiles correspondientes, los cuales no son reconocidos por la memoria cuando pertenecen a épocas muy tempranas. El derecho a deducir de sueños estos sucesos infantiles surge, durante la labor psicoanalítica, de toda una serie de factores, cuyo testimonio conjunto parece merecedor de crédito. Separadas de su contexto para los fines de la interpretación onírica, no harán quizá estas referencias de sueños a sucesos infantiles sino muy escasa impresión, sobre todo teniendo en cuenta que ni siquiera puedo comunicar todo el material sobre el que la interpretación se apoya. Sin embargo, no creo que estos motivos sean suficientes para prescindir de su exposición.

I. Todos los sueños de una de mis pacientes presentan como carácter común el apresuramiento. Se apura *(sie hetgtsich)* para llegar a tiempo a alguna parte, o perder un tren, etc. En uno de estos sueños se dispone a visitar a una amiga suya. Su madre le aconseja que tome un coche, *pero ella echa a correr y cae al suelo una y otra vez.* El análisis nos muestra en estos sueños reminiscencias de juegos infantiles de dicho carácter (*Kinderhetzerein*; sabido es también que los vieneses llaman *Hetz* a la confusión o el tumulto, provocados intencionadamente para la consecución de determinados fines), y con respecto especialmente al sueño antes detallado, el recuerdo del conocido trabalenguas infantil consistente en pronunciar con la mayor rapidez posible, como si de una palabra se tratara, la frase *la vaca corrió hasta que se cayó (Die Kuh rannte bis sie fie)*. Todos estos inocentes juegos entre infantiles amiguitos son recordados por constituir la sustitución de otros menos inocentes.

II. *Otro sueño de una paciente distinta.* "Está en una amplia habitación, llena de diversos aparatos, que le parece corresponder a la idea que ella se forma de un establecimiento ortopédico. Oye decir que yo no tengo tiempo y que en la sesión de tratamiento participaron hoy otros cinco. No queriendo aceptar esta comunidad, se niega a echarse en la cama —o lo que sea— para ella destinada y permanece en pie en un rincón, esperando que yo diga que no es verdad. Las otras se burlan de ella mientras tanto. Son tonterías suyas. Al mismo tiempo le parece como si estuviera haciendo pequeños cuadrados." La primera parte de este sueño constituye un enlace del mismo con el tratamiento psicoanalítico y la transferencia sobre mí, siendo su segunda parte la que contiene la alusión a una escena infantil. Ambos fragmentos quedan soldados entre sí por la mención de la cama. El "establecimiento ortopédico" se refiere a palabras mías, en las que comparé el tratamiento, por su duración y naturaleza, con un tratamiento *ortopédico*. Asimismo le había dicho yo al principio de la cura que por el momento *no podía dedicarle mucho tiempo*, pero que más adelante le dedicaría una hora diaria. Esta circunstancia despertó en la paciente su antigua susceptibilidad, carácter principalísimo de los niños predestinados a la histeria, los cuales no se consideran nunca satisfechos, por mucho que sea el cariño que se les demuestre. Mi paciente era la menor de seis hermanas (de aquí, con *otras cinco*), y como tal, la preferida del padre; sin embargo, le parecía que el mismo no le dedicaba aún tiempo y atención suficiente. *El esperar que yo digo que no es verdad* se deriva de los hechos siguientes: su sastre le había enviado un vestido, y ella había entregado su importe al pequeño aprendiz que fue a llevárselo, preguntando después a su marido si tendría que pagar nuevamente en el caso de que aquel chiquillo perdiese el dinero. El marido, para *embromarla* contestó afirmativamente (las *burlas* del sueño), y ella repitió una y otra vez su pregunta, *esperando que acabase por decirle que no era verdad.* A esto corresponde, en el contenido latente, la idea de si me tendrá que pagar el doble cuando me dedique doble tiempo, idea de carácter "roñoso" o "sucio" *(schmutzig).* (La falta de limpieza en la época infantil es sustituida con gran frecuencia en los sueños por la avaricia, siendo el adjetivo *schmutzig,* con su doble significado de "roñoso" y "sucio", lo que constituye el puente entre ambas representaciones.) Si el fragmento onírico de "Esperar que yo diga que no es verdad", etc., constituye una representación indirecta de la palabra *schmutzig,* concordarán con ello el *permanecer en pie en un rincón y el no querer echarse en la cama,* a título de elementos de una escena infantil en la que la paciente fue castigada a *permanecer en pie en un rincón* por haber ensuciado la cama, amenazándosela, además, con que papá ya no la querría y sus hermanas se burlarían de ella, etc. Los pequeños cuadrados aluden a una sobrinita suya que le han enseñado la habilidad matemática de inscribir cifras, creo que en nueve cuadrados, de manera que sumadas en cualquier dirección den 15.

III. *Un sueño masculino.* "Ve a dos muchachos peleándose. Por los utensilios que en derredor de ellos advierte, deduce que son aprendices de tonelero. Uno de ellos tiene derribado al otro. El caído lleva pendientes con piedras azules. Con el bastón en alto, se dirige hacia el vencedor para castigarle. Pero el muchacho se refugia al lado de una mujer que hay junto a una valla, como si de su madre se tratase. Es una mujer de aspecto humilde y está de espaldas al durmiente.

Luego se vuelve y le dirige una mirada tan torva y feroz, que echa a correr asustado. Antes advierte que los párpados inferiores de la mujer, laxos y caídos, dejan asomar la carne roja."

Este sueño ha aprovechado, con gran amplitud, triviales sucesos del día anterior. En él vio, efectivamente, dos muchachos que reñían en la calle, teniendo uno de ellos derribado al otro, y cuando se dirigió a ellos para separarlos, emprendieron ambos la fuga. El elemento "aprendices de tonelero" queda aclarado *a posteriori* por otro sueño en cuyo análisis empleó el sujeto la locución "desfonda el tonel". Sobre los "pendientes con piedras azules", observa que son un adorno muy llevado por las *prostitutas*. Con esta asociación concuerda la reminiscencia de una conocida canción en la que se trata de dos *muchachos*. "El otro muchacho se llamaba María" (esto es, era una muchacha). La mujer en pie junto a la valla; después de la escena de la riña estuvo paseando por la orilla del Danubio y aprovechó lo solitario de aquellos lugares para orinar *contra una valla*. Continuando su paseo, encontró una mujer, ya entrada en años y decentemente vestida, que le sonrió amable y quiso hacerle aceptar su tarjeta.

La mujer de su sueño aparece junto a la valla en actitud idéntica a la suya cuando se puso a orinar; corresponde, a la representación de una mujer orinando, y con esta representación concuerda perfectamente la repugnante visión de la carne roja asomando por el borde de los párpados inferiores, visión que no puede referirse sino a la de los genitales femeninos, abiertos cuando la mujer se pone en cuclillas para orinar. El sujeto debió de presenciar alguna vez, en su infancia este espectáculo, y el mismo resurge ahora, en su recuerdo, bajo la forma de "herida" o "carne viva". Su sueño reúne las dos ocasiones en que siendo niño le fue dado contemplar los genitales de sus infantiles compañeras al *derribarlas* jugando y al *orinar*. En el análisis surge también el recuerdo de los castigos o amenazas de que su padre le hizo objeto al descubrir su temprana curiosidad sexual.

IV. Detrás del siguiente sueño de una señora mayor se esconde toda una serie de recuerdos infantiles reunidos en una fantasía.

"Sale apresuradamente a hacer varias comisiones. Al llegar al 'Graben', se desploma en el suelo de rodillas, como "reventada". En derredor suyo se arremolina un grupo de gente en el que predominan los cocheros de punto, pero nadie la auxilia. Varias veces intenta en vano incorporarse. Por fin debe de haberlo conseguido, pues la meten en un coche que va a llevarla a su casa. A través de la ventanilla le arrojan una pesada cesta muy voluminosa (parecida a una cesta de la compra)."

La sujeto de este sueño es aquella paciente que en su vida onírica es siempre apurada, como de niña apuraba ella a las demás. La primera escena de su sueño procede, sin duda alguna, del recuerdo de haber visto caer a un caballo en la calle o en las carreras, accidente al que alude también la expresión "como reventada". En años anteriores había sido la sujeto una gran *amazona*, y es de suponer que en sus años infantiles sirviera también alguna de *caballo* a sus compañeros de juego. A este tema de la "caída" pertenece su primer recuerdo infantil, referente al hijo de su portero, muchacho de diecisiete años, que, habiendo sufrido en la calle un ataque epiléptico, fue traído a su casa en su coche. Ella no presenció esta escena, sino que solamente la oyó relatar, pero la representación del ataque epiléptico y del "caído" adquirió un gran poder sobre su fantasía e influyó después en la forma de sus ataques histéricos. Cuando una mujer sueña que "cae", suele esto tener, casi siempre, un sentido sexual. Con ello se convierte en una "mujer caída". En nuestro sueño resulta esta interpretación más indudable por el lugar en el que la paciente cae: el "Graben", plaza de Viena, conocida como mercado de la prostitución; la "cesta de la compra" es susceptible de varias interpretaciones. En primer lugar, recuerda las muchas "cestas" que la sujeto ha dado a sus pretendientes (expresión alemana equivalente a la española "dar calabazas") y que luego, en una ocasión, cree haber recibido a su vez.

Con este tema se halla también relacionado el que *nadie la quiera ayudar a levantarse,* circunstancia que interpreta como un signo de desprecio. La señora de la compra recuerda, además, determinadas fantasías, descubiertas en el análisis, en las que se imagina casada con persona de condición muy inferior a la suya y tiene que ir personalmente a la compra. Por último, también puede interpretarse la "cesta" como alusión a una *sirviente.* A esta representación se añaden recuerdos infantiles referentes a una *cocinera* que, al ser despedida por ladrona, *cayó de rodillas,* suplicante. En la época de este suceso tenía la sujeto doce años. Recuerda también a una doncella que fue despedida por mantener relaciones sexuales con el *cochero* de la casa, el cual la tomó después en matrimonio, rehabilitándola. Este recuerdo nos da la fuente de los *cocheros* del sueño (en el que se niegan, al contrario de como sucedió en la historia real recordada, a "levantar a la mujer caída"). Queda aún por explicar el detalle de arrojar la cesta dentro del coche, y *precisamente a través de la ventanilla.* Este hecho le recuerda la *facturación* de los equipajes en las estaciones, el galanteo por la *ventana* en su residencia campestre y triviales impresiones de su estancia en dicha residencia, como la de haber visto a un caballero que desde el jardín iba arrojando ciruelas al interior de su casa, haciéndolas penetrar por una ventana a la que se hallaba asomada una señora, y la del miedo de su hermanita al ver asomarse a la ventana de su cuarto a un aldeano bobo. Por último, emerge detrás de estos recuerdos la oscura reminiscencia de una doncella que tenían en la finca y que solía "perderse" por el campo con un criado. La sujeto tenía por entonces diez años, y es muy posible que advirtiese alguna vez los manejos de aquellos enamorados, los cuales fueron despedidos ("facturados", "echados fuera", circunstancia que el sueño representa antinómicamente por la cesta "echada dentro del coche"). A esta historia nos aproximan asimismo, en el análisis, otros caminos. Para designar el equipaje de un criado se usa en Viena la expresión despectiva "las siete ciruelas" *(Sieben Zwetschker):* "¡Coja usted sus siete ciruelas y márchese!"

En mi colección de sueños existe un gran número de éstos, cuyo análisis nos conduce a impresiones infantiles oscuramente recordables u olvidadas por completo, pertenecientes, con gran frecuencia, a los tres primeros años de la vida del sujeto. Sin embargo, sería aventurado deducir de ellos conclusiones sobre la vida onírica en general, pues se trata de sueños de sujetos neuróticos —histéricos especialmente—, y el papel que en ellos desempeñan las escenas infantiles pudiera muy bien depender de la naturaleza de la neurosis y no de la escena del fenómeno onírico. De todos modos, resulta que también en el análisis de mis propios sueños, independiente de todo motivo terapéutico, tropiezo con igual frecuencia, en el contenido latente, con una escena de mi niñez, o descubro que toda una serie de sueños desemboca en los caminos que parten de un suceso infantil. Ya he detallado varios ejemplos de este género y aún habrán de presentárseme diversas ocasiones de comunicar algunos más. Por lo pronto, creo que la mejor manera de terminar el examen de la cuestión que venimos estudiando será exponer algunos sueños propios en los que aparecen conjuntamente, como fuentes oníricas, motivos recientes y sucesos infantiles olvidados hace ya mucho tiempo.

En una ocasión en el que al regresar de un viaje hube de acostarme, fatigado y hambriento, actuaron durante mi reposo las grandes necesidades de la vida, y tuve el siguiente sueño: "Entro en una cocina en demanda de un plato de *Mehlspeise*, plato hecho con harina, leche y huevos; literalmente, 'manjar de harina'. En la cocina encuentro tres mujeres. Una de ellas, que es la dueña de la casa, da vueltas a algo entre sus manos, como si estuviese haciendo albóndigas, y me responde que tengo que esperar hasta que acabe. Me impaciento y me marcho, ofendido. Me pongo un gabán, pero el primero que cojo me queda demasiado largo. Al quitármelo, observo con sorpresa que está forrado de piel. Otro que cojo después tiene un largo bordado de dibujo turco. En esto viene un desconocido, de alargado rostro y perilla corta, y me impide ponerme el gabán, alegando que es el suyo. Le muestro entonces que está bordado a la turca. Pero él me pregunta: '¿Qué le importan a usted los (bordados, dibujos) turcos...?' No obstante, permanecemos juntos en buena armonía".

En el análisis de este sueño recuerdo inesperadamente la primera novela que leí —tendría yo unos trece años—, empezándola por el final del primer tomo. Nunca he sabido cómo se titulaba ni quién era su autor, pero, en cambio, conservo un vivo recuerdo de su desenlace. El protagonista pierde la razón y repite incansablemente los nombres de las tres mujeres que han significado la mayor felicidad y la más amarga desgracia de su vida. *Pelagia* es uno de estos nombres. No sé aún para qué podrá serme útil en el análisis este recuerdo. A las tres mujeres de mi sueño se asocian ahora las tres Parcas que tejen los destinos de los hombres, y sé que una de las tres mujeres —en el sueño, la dueña de la casa— es la madre, que da la vida al hombre, y con ella, como a mí en este ejemplo, el primer alimento. En el seno femenino coinciden el hambre y el amor. Una anécdota cuenta que un joven, gran admirador de la belleza femenina, exclamó al oír ponderar la arrogancia de la nodriza que le había amamantado: "¡Lástima no haber podido aprovechar mejor la ocasión!" De esta anécdota me suelo servir para explicar el factor "posterioridad" en el mecanismo de las neurosis. Una de las Parcas mueve las manos una contra otra, como si estuviese haciendo albóndigas, ocupación singular apara una Parca y que precisa de urgente esclarecimiento. Afortunadamente, nos lo proporciona en seguida otro recuerdo infantil aún más temprano. Teniendo yo seis años, mi madre, que procuraba ir dándome las primeras lecciones de cosas, me dijo que estábamos hechos de tierra y que por ello, a la tierra habíamos de volver; cosa que me resistía a aceptar, manifestando mi incredulidad. Entonces, para convencerme, frotó mi madre las palmas de sus manos una contra otra, con movimiento idéntico al de quien hace albóndigas, y me mostró las negras escamas que de este modo quedan arrancadas de la epidermis como prueba de la tierra de que estamos hechos. Asombrado ante esta demostración *ad oculos*, me rendí a la enseñanza contenida en las palabras de mi madre, enseñanza que después había de hallar expresada en la frase de que "todos somos deudores de una muerte a la Naturaleza"[17]. Así, son verdaderamente las Parcas aquellas mujeres que encuentro al penetrar en la cocina en busca de alimento, como acostumbraba hacerlo de niño, cuando sentía apetito y me aconsejaba mi madre que esperase hasta que acabara ella de preparar la comida.

Albóndigas. De por lo menos uno de los profesores a cuya clase asistí en la Universidad, precisamente aquel al que debo mis conocimientos *histológicos (epidermis),* tenía que recordar ante la palabra "albóndigas" *(Knoedl)* a una persona poco grata para él, como autora de un *plagio* de sus obras. Cometer un plagio, apropiarnos algo que hallamos a nuestro alcance, aunque no nos pertenezca, son temas que conducen a la segunda parte del sueño, en la que se me tomó por el *ladrón de gabanes* que durante una temporada realizó numerosísimos hurtos de este género en los sitios de reunión pública. En el curso del análisis se me ha venido a la pluma espontáneamente la palabra *plagio,* y observo ahora que debe pertenecer también al contenido latente, pues puede servir de *puente (Brücke)* entre los diversos fragmentos del contenido manifiesto.

La cadena de asociaciones. *Pelagia (plagio) plagiostomas* (tiburones)[18] —*vejiga de pescado*—enlaza la vieja novela con el asunto Knoedl y con

---

[17] Los dos efectos concomitantes a estas escenas infantiles –el asombro y la aceptación de lo inevitable– emergieron en un sueño algo anterior, que me trajo ya el recuerdo de este suceso de mi niñez. (`Du bist der Natur einen Tod schuldig´, de Shakespeare, según Strachey.) (*Nota de J. N.*)

[18] Tampoco este elemento, añadido ahora, resulta ser arbitrario, pues me recuerda una ocasión en la que el mismo profesor aparecía y que significó un reproche para mí.

los *gabanes*, que aluden indudablemente a un determinado utensilio de la técnica sexual. (Cf. el sueño de Maury "Kilolotería", p. 384.) Ciertamente es este enlace muy forzado e insensato, pero no me hubiese sido posible establecerlo ahora, en la vigilia, si la elaboración onírica no lo hubiese establecido ya con anterioridad. Y aún más: la palabra *Brücke (puente)*, surgida antes en el análisis y correspondiente, además, a un apellido que evoca en mí cariñosos sentimientos, sirve, como si para la tendencia a constituir relaciones no hubiese nada sagrado, para recordarme el Instituto del mismo nombre en el que pasé horas felicísimas, consagrado al estudio y libre de cualquier otro deseo ("Cada día hallaréis un mayor placer en los pechos de la Sabiduría")*, al paso que ahora, mientras sueño, me hallo plagado por las más urgentes necesidades.

Por último emerge el recuerdo de otro querido profesor, cuyo nombre *(Fleischl)* evoca de nuevo algo comestible *(Fleisch-carne)*, como antes *Knoedl (Konoedl-albóndigas),* y además el de una triste escena en la que desempeñan un papel las *escamas epidérmicas* (la madre, dueña de la casa), la demencia (la novel) y un producto que quita el apetito: la cocaína.

De este modo podría proseguir por las laberínticas rutas mentales y esclarecer el fragmento de mi sueño, al que aún no hemos llegado en el análisis; pero los sacrificios personales que ello exigiría son tan grandes que me veo obligado a asilenciar el resto de mi labor de interpretación. Recogeré, tan solo uno de los hilos susceptibles de conducirnos directamente a una de las ideas latentes sobre las que reposa toda la embrollada madeja de este sueño. El desconocido que me impide ponerme el gabán muestra rasgos fisonómicos muy semejantes a los de un comerciante de Spalato en cuya tienda compró mi mujer gran cantidad de telas *turcas*. Este comerciante

---

* So wird´s Euch an der Weisheit Brüslen Mit jedem Tage mehr gelüsten (Cita del Fausto de Goethe).

se llamaba *Popovic*, nombre sospechoso *(Popo-trasero)*, que ya inspiró al humorista Stettenheim una divertida observación. "Después de decirme su nombre, me estrechó la mano, ruborizándose." Este aprovechamiento de nombre propio para un chiste es idéntico a los que mi sueño se permite con los de *Palagia, Knoedl, Brücke* y *Fleichl*. A este uso vicioso de los nombres propios son muy aficionados los niños y constituye una falta de educación; pero si yo incurro en ella en mi sueño, es a modo de venganza, pues mi propio nombre ha sido utilizado muchas veces para tales fines. La general susceptibilidad ante estos juegos con nuestro nombre, al que os sentimos tan unidos como a nuestra *piel*, fue ya observada por Goethe cuando Herder hizo sobre el suyo los versos:

Tú que desciendes de los dioses (Goetter), de los godos (Goten) o del fango (Kot).

También sois *polvo, imágenes de los dioses.*

Advierto ahora que la digresión sobre el uso vicioso de los nombres propios no ha sido sino una preparación de esta queja. Pero dejemos ya esto.

Las compras efectuadas en Spalato me recuerdan otras realizadas en Cattaro, en las que me mostré demasiado económico y *perdí la ocasión* de adquirir algunos bellos objetos. (Véase la anécdota del ama**.) Una de las ideas latentes que el hambre inspira al sueño es la siguiente: *No debemos dejar escapar nada, sino tomar aquello que a nuestro alcance hallemos, aunque al obrar así cometamos una pequeña falta. No debemos desperdiciar ocasión alguna, pues la vida es corta y la muerte inevitable.* Mas por entrañar un sentido sexual y no querer detenerse ante las barreras éticas, tropieza este *carpe diem* con la censura y tiene que ocultarse detrás de un sueño. A este resultado coadyuvan todas las ideas a él contrarias, el recuerdo de la época en que el *alimento espiritual* me era suficiente y, por último, todas

---

** P. 231 de este volumen.

las conveniencias opuestas y hasta la amenaza de los más variables castigos sexuales.

V. La comunicación de otro sueño precisa de una amplia información preliminar. El día anterior fui en coche a la estación del Oeste con objeto de tomar el tren que había de conducirme a Aussee, donde pensaba pasar las vacaciones, y entré en el andén con los viajeros del tren de Ischl, que salía antes que el mío. Momentos después llegó el conde de Thun, que iba a reunirse en Ischl con el emperador. A pesar de la lluvia, venía en coche abierto. El portero del andén no le reconoció y quiso detenerle para pedirle el billete, pero el conde le rechazó con un ademán y pasó sin darle explicación alguna. Después de la partida del tren de Ischl hubiera debido retornar a la sala de espera, pues no está permitida la permanencia en los andenes entre tren y tren, pero queriendo evitarme el calor que en dicha sala reinaba, decidí infringir tal disposición, y conseguí, sin trabajo algún, que me dejaran donde estaba. Como pasatiempo, me dediqué a espiar si llegaba alguien hasta el tren para hacerse reservar el sitio, proponiéndome, si así sucedía, exigir que se me concediese igual derecho. Mientras tanto, estuve tarareando una musiquilla que reconocí —a otro le hubiese quizá sido imposible— como el aria de *Las bodas de Fígaro*:

"Si el señor conde quiere bailar..., quiere bailar..., dígnese indicármelo y yo tocaré".

Durante toda la tarde me había sentido de excelente humor, emprendedor y provocativo, ya había hecho blanco de mis bromas al camarero y al cochero, supongo que sin llegar a ofenderlos. En armonía con las palabras de Fígaro y con mi recuerdo de la comedia de Beaumarchais, que había visto representar en la *Comédie Francaise*, barajaba los más atrevidos y revolucionarios pensamientos: la frase sobre los grandes señores que no se han tomado sino el trabajo de nacer, el derecho feudal que Almaviva quiere ejercitar sobre Susana, y los chistes que nuestros malignos periodistas de oposición se permitan hacer con el nombre del conde *Thun (Thun-hacer)*, llamándole el conde de *Nichts-thun* (de "no hacer nada"). Verdaderamente, no envidio ahora a este político. Junto al emperador le esperan arduos trabajos y preocupaciones, mientras que a mí podría dárseme con toda razón el nombre de conde no "hacer nada", pues voy a gozar de mis vacaciones y saboreo por anticipado todos los placeres que han de proporcionarme.

En estos pensamientos me sorprendió la llegada de un individuo al que conozco como representante del Gobierno en los exámenes de Medicina y que por la cómoda manera que tiene de desempeñar este cargo —durmiéndose en un sillón de tribunal examinador— ha merecido el halagüeño sobrenombre de *Regierungsbeischlaefer, Regierungsvertreteer* (representante del Gobierno); ("Beischlaefer", el que duerme con alguien, el amante). "Regierung" (Gobierno) es, en alemán, femenino; el sobrenombre "Regierungsbeischlaefer" alude, a la especial actividad desplegada por el citado funcionario en el ejercicio de su cargo, y al mismo tiempo significa, literalmente, "el que duerme en el Gobierno". Por su carácter oficial no paga este individuo sino medio billete, y oí que un empleado decía a otro: "¿Dónde colocamos a este señor, que tiene un medio billete de primera?" Yo no gozo de tal prerrogativa, y tengo que pagar billete entero. Al señalarme luego mi sitio en el tren, lo hicieron en un vagón que no teniendo pasillo, carecía de retrete. Todas mis protestas fueron vanas, y hube de consolarme proponiendo al empleado que, por lo menos, hiciera un agujero en el suelo del coche para prevenir posibles necesidades de los viajeros. A las dos y cuarto de la mañana desperté, en efecto, sintiendo la necesidad de orinar y habiendo tenido el siguiente sueño:

"Una multitud —reunión de estudiantes—. Un conde (el de Thun o el de Taaffe) pronuncia un discurso con gesto de burla que la flor preferida de los mismos es el diente de león *(Huflatlich)* y

237

se pone luego en el ojal algo como una hoja toda arrugada, o más bien como los nervios de una hoja enrollados unos con otros. Me levanto indignado[19]; pero al mismo tiempo me asombra sentir tal indignación." Luego, más vagamente, continúa el sueño: "Como si fuera un aula cuyas entradas estuviesen tomadas y hubiese que huir. Atravieso una serie de habitaciones muy bien alhajadas —seguramente habitaciones del Gobierno—, con muebles de color castaño y violeta, y llego por fin a un pasillo en el que veo sentada a una mujer ya entrada en años y muy gruesa, un ama de llaves. Intento pasar sin hablarle, pero ella debe de reconocer que tengo derecho a salir por allí, pues me pregunta si quiero que me acompañe con una luz. Le indico o le digo que permanezca en la escalera y me felicito de la habilidad con que he logrado escapar a toda vigilancia. Una vez abajo encuentro ante mí un angosto sendero de empinada cuesta, por el que echo a andar".

De nuevo vagamente: "...Como si ahora se tratase de escapar de la ciudad, de igual manera que antes de la casa. Tomo un coche de caballo y digo al cochero que me lleve a una estación. Luego, contestando a no sé qué objeción que el cochero me opone, como si hubiese ya retenido sus servicios mucho tiempo y se hallase fatigado, añado: 'Por la vía no puedo ir con usted'". Al decir esto me parece como si hubiera recorrido ya con el coche una distancia que se acostumbra recorrer en ferrocarril. Las estaciones están tomadas. Reflexiono si debo dirigirme a Krems o a Znaim, pero pienso que estará allí la Corte y me decido por Graz y otra ciudad de nombre semejante. Luego estoy ya en el vagón, muy parecido a un tranvía, y llevo en el ojal una cosa larga, singularmente tejida con violetas de un color entre violeta y castaño, hecha de materia rígida. El singular adorno llama la atención de la gente". Aquí se interrumpe esta escena.

---

[19] Dejo sin corregir esta repetición en la que distraídamente en apariencia incurro al redactar el sueño, porque el análisis nos mostrará que posee un sentido.

"De nuevo en la estación, pero acompañado esta vez por un individuo de avanzada edad. Discurro un plan para no ser reconocido y lo veo en el acto realizado. Pensamiento y acción son aquí simultáneos. Mi acompañante finge que no ve por lo menos de un ojo, y yo mantengo ante él un orinal de cristal (que hemos comprado o tenemos que comprar en la ciudad). Este orinal es de forma análoga a la de aquellos que se usan en los hospitales para los enfermos masculinos. Soy, el enfermero de mi acompañante y tengo que darle el orina, porque está ciego. Si el revisor nos ve así habrá de dejarnos escapar sin la menor sospecha. Veo plásticamente la actitud de mi acompañante y su miembro orinado. En este momento despierto con ganas de orinar."

Todo este sueño da, en conjunto, la impresión de una fantasía, que traslada al durmiente al año revolucionario de 1848, evocado en mi pensamiento por la reciente celebración de su cincuentenario (1898), y por una excursión a *Wachau* durante la cual estuve en *Emmersdorf*, localidad que creí erróneamente había constituido el retiro de Fischhof, el *leader* de los estudiantes al que aluden algunos detalles del contenido manifiesto. La asociación de pensamientos me conduce luego a Inglaterra, a casa de mi hermano, el cual solía embromar a su mujer llamándola *Fifty years ago*, título de una poesía de lord Tennyson, acostumbrando a sus hijos a rectificarle diciendo: *Fifteen years ago*. Pero esta fantasía enlazada a los pensamientos que mi encuentro con el conde de Thun me había sugerido, es como una de aquellas fachadas de ciertas iglesias italianas, que carecen de toda conexión orgánica con el edificio a que han sido antepuestas. En cambio, se diferencia de estas fachadas en que presenta diversas lagunas, es confusa y deja pasar a su través varios elementos del interior. La primera situación de mi sueño se halla formada por la acumulación de varias escenas, en las que podemos descomponerla. La provocativa actitud del conde está tomada de un suceso real, del que fui testigo en el colegio cuando tenía *quince años*. Disgustados de la ignorancia y antipatía de uno de nuestros profesores, tramamos contra él una conspiración, a la cabeza de la cual se colocó uno de mis condiscípulos; que por cierto parece haber tomado desde entonces como modelo la figura de *Enrique VIII de Inglaterra*. Por mi parte, fui encargado de iniciar las hostilidades, y una discusión sobre la importancia del Danubio para Austria *(¡Wachau!)* nos proporcionó ocasión de declararnos en franca rebeldía. Entre los conjurados se hallaba el único de mis condiscípulos que pertenecía a una familia aristocrática, muchacho al que por desmesurada estatura denominábamos la "jirafa", y su actitud al ser invitado a dar explicaciones por el profesor de *lengua alemana*, nuestro tirano fue muy semejante al del conde en mi sueño. La declaración de la flor preferida y el ponerse en el ojal algo que tiene también que ser una flor (cosa que evoca en mí el recuerdo de unas orquídeas que el día del sueño llevé a una señora amiga mía, y, además, el de una rosa de *Jericó)* alude claramente a la escena en que Shakespeare nos muestra el punto de partida de la guerra civil en la rosa *roja* y la rosa *blanca**. La mención de Enrique VIII en el análisis inicia el camino que conduce a esta reminiscencia. De ella no hay mucha distancia a la de los claveles blancos y rojos. (Entremedias se intercalaron en el desarrollo analítico dos versos, uno *alemán* y otro *español*: "Rosa, tulipanes y claveles, —todas las flores se marchitan—. Isabelita no llores, —que se marchitan las flores". Este último procede también de Fígaro.) Los claveles blancos son en Viena el distintivo de los *antisemitas*, y los rojos, el de los *socialdemócratas*. Detrás de esto surge el recuerdo de una provocación antisemita durante un viaje en ferrocarril por el bello país de Sajonia *(anglosajones)*. La tercera escena que ha proporcionado elementos para la formación de la situación inicial de mi sueño pertenece a mis primeros años de estudiante. Es una sociedad estudiantil *alemana* se mantenía un debate sobre la relación

---

* 'Enrique VI', de Shakespeare.

de la filosofía con las ciencias naturales. Muy joven aún y lleno de entusiasmo por las doctrinas materialistas, tercié en la discusión, defendiendo calurosamente un punto de vista en exceso unilateral. Un colega más reflexivo y maduro, cuyo apellido pertenece al reino zoológico y que ha revelado más tarde una gran capacidad para organizar y dirigir multitudes, pidió entonces la palabra y rebatió con gran energía mis argumentos. También él —dijo— había guardado los cerdos en su juventud, pero después había retornado, lleno de remordimientos, al hogar paterno. Al acabar su discurso *me levanté indignado* (como en mi sueño), *y en forma grosera* (*saugrob*, "grosera como una cerda") le respondí que, sabiendo que había guardado *cerdos, no me asombraba* ya el tono de sus discursos. (En el sueño *me asombro* del entusiasmo con que tomo la defensa de los nacionalistas alemanes.) Mis palabras provocaron gran escándalo y se me exigió repetidamente que las retirase, pero yo me mantuve firme. El ofendido fue lo bastante sensato para rechazar la inspiración de *provocarme* en duelo, y las cosas no pasaron de aquí.

Los restantes elementos de la escena onírica proceden de estratos más profundos. ¿Qué puede significar la elección del "diente de león" por el conde como flor preferida de los alemanes? Veamos mis asociaciones: *Diente de león (Huflattich)* —*lettuce*[20]—*ensalada*—*perro de la ensalada (Salathund*, expresión de sentido equivalente a la castellana "perro del hortelano"; esto es, el que ni come ni deja comer). Se entrevé aquí una serie de palabras insultantes: *jirafa* (por la división de la palabra alemana *Giraffe* en *Gir-affe,* siendo *Affe* (mono) un insulto corriente), *cochino, cerda, perro*. El análisis me lleva también, a través de un nombre, a la palabra *burro*, y con ella a una burla sobre otro profesor académico. Además traduzco, no sé si acertadamente, *Huflattich* (diente de león) por el término francés *pisse-en-lit.* El conocimiento de esta palabra me ha sido pro-

---

[20] Inglés: lechuga.

porcionado por la lectura de una obra de Zola —*Germinal*—, en la que son enviados unos niños a recoger esta planta para hacer una ensalada. El perro —*chien*— contiene en su nombre una alusión por similicadencia a una de las funciones excrementicias *(chier)*, como *pisse-en-lit* a la otra *(pisser)*. No tardamos en reunir lo indecoroso en todos sus tres estados, pues en el mismo *Germinal* —obra también revolucionaria— se describe una singularísima competencia entre dos individuos en la producción de excreciones gaseosas *(flato)*[21]. Tengo ahora que observar que el camino que a este flato o viento había de conducirme se hallaba trazado hace ya mucho tiempo y va desde las *flores*, a través del verso español de *Isabelita, a Isabel* y *Fernando*, y de aquí, pasando por Enrique VIII y la historia de Inglaterra, al episodio de la Armada Invencible, cuya destrucción por los vientos tempestuosos fue conmemorada en Inglaterra con la acuñación de una medalla en la que se leía: *Fflavit et dissipati sunt.* Ahora bien; estas palabras son las que yo pensaba emplear como lema semihumorístico del capítulo "Terapia", si alguna vez llegaba el caso de exponer ampliamente mi concepción y tratamiento de la histeria. ('Sopló y se disiparon')*.

De la segunda escena de mi sueño no puedo dar aquí, por consideraciones relativas a la censura, una tan detallada solución. En ella ocupo el lugar de una elevada personalidad de aquella época revolucionaria que, según se dice, padecía de *incontinentia alvi;* tuvo también una aventura con un *Águila* (*Adler* apellido), etc., pero *no me creo con derecho a infringir* (*a pesar*, en el sueño) la censura, en

---

[21] No en *Germinal...* sino en *La Terre*, error que advierto después del análisis. Llamaré también la atención del lector sobre las letras iguales existentes en *Huflattich* y *Flatus*.

* Adición de 1925-1930: `Un biógrafo improvisado, el Dr. Fritz Wittels, me ha acusado de haber omitido el nombre de Jehovah en el lema señalado. El medallón inglés contiene el nombre de Dios en caracteres hebreos sobre una nube al fondo. Está ubicado de modo que puede ser tomado como parte del dibujo o de la propia inscripción.

lo que a estas historias se refiere, aunque haya sido un *consejero áulico (aula)* quien me las ha referido. La serie de habitaciones que en mi sueño atravieso debe su estímulo al coche salón de S. E. el conde de Thun, visto desde el andén, pero significa, como muy frecuentemente en la vida onírica, *mujeres* (habitación del Gobierno: mujeres sostenidas a costa del Erario)[22]. La figura del ama de llaves de mi sueño constituye una muestra de ingratitud hacia una anciana señora amiga mía, persona de vivo ingenio que me dispensa siempre una grata acogida en su casa y suele referirme interesantes anécdotas de tiempos pasados. El ofrecimiento que me hace de acompañarme con una luz es una reminiscencia de una encantadora aventura de Grillparzer, que este autor utilizó luego en su *Hero y Leandro* ("Las olas del *mar* y del *amor*"; la *Armada Invencible* y la *tempestad*)[23].

No siéndome tampoco posible exponer en detalle el análisis de los dos fragmentos oníricos restantes, me limitaré a consignar dos escenas infantiles a las que el mismo nos conduce y son, realmente, lo que me ha movido a la comunicación de este sueño. Ya sospechará el lector que lo que me obliga a silenciar los resultados de la labor analítica es el carácter sexual del material mediante ella descubierto. Pero no he de exigirle que se dé por satisfecho con esta sola explicación, pues aunque no cabe discutir la necesidad de hacer ante los demás un secreto de cosas que para nosotros mismos no lo son, también es cierto que en el caso presente no se trata de las razones que me obligan a ocultar la solución sino de los motivos

---

[22] En alemán se designa también a la mujer (*Frau*) con el nombre de *Frauenzimmer*: habitación de la mujer. *(N. del T.)*

[23] Utilizando este fragmento de mi sueño, ha intentado demostrar H. Silberer, en un interesante trabajo *(Phantasie uns Mythus,* 1910), que la elaboración onírica reproduce, a más de las ideas latentes, los procesos psíquicos de la formación de los sueños. ("El fenómeno funcional".) Pero, a mi juicio, no advierte que "los procesos psíquicos de la formación del sueño son, para mí, un material *ideológico* idéntico al restante. En este jactancioso sueño se ve claramente que me siento orgulloso de haber descubierto dichos procesos.

de la censura interior que me oculta a mí mismo el contenido del sueño. Así, añadiré que el análisis revela los tres fragmentos de mi sueño como impertinentes jactancias, derivación o desahogo de una manía de grandezas a largo tiempo reprimida en mi vida despierta, pero que se atreve a llegar con algunas ramificaciones hasta el contenido manifiesto de mi sueño *(me felicito de mi habilidad)* y explica perfectamente mi estado de ánimo, emprendedor y provocativo, de la tarde anterior al mismo. Mi jactancia se extiende a todos los terrenos. Así, la mención de la ciudad de *Graz* se refiere a la locución: *¿Cuánto cuesta Graz?*, que suele usarse cuando se tiene el bolsillo bien repleto. Aquellos de mis lectores que conozcan la insuperable descripción que hace Rabelais de la vida y los hechos de Gargantúa y de su hijo Pantagruel descubrirán sin trabajo alguno la jactancia contenida en el primer fragmento de mi sueño. A las dos escenas infantiles que antes prometí exponer se refiere el material siguiente: Para mi viaje había comprado calzas nuevas de un color *castaño tirando a violeta*, color que aparece varias veces en mi sueño (las violetas, de un color entre *violeta* y *castaño* y hechas de una materia rígida: los muebles de las habitaciones oficiales). Los niños creen que cuando se ponen algo *nuevo llaman la atención de la gente.* Mis familias me relataron una vez la siguiente escena de mi infancia, cuyo recuerdo ha quedado sustituido por el de su relato. Teniendo yo dos años me oriné una vez en la *cama*, y al oírme reprochar la falta traté de *consolar* a mi padre prometiendo comprarle en N. (la ciudad más próxima) una bonita cama *nueva* de color *rojo*. (De aquí, en el sueño, la interpolación de que *hemos comprado o tenemos que comprar el orinal en la ciudad*; hay que cumplir lo que se ha prometido.) (Obsérvese, además, la yuxtaposición del orinal para hombres [masculino] con las calzas (también baúl en alemán) femeninas. En esta promesa se halla contenida toda la infantil manía de grandezas.)

La importancia que para el sueño poseen las cuestiones de orden urinario del niño nos es ya conocida por otra de las interpretaciones oníricas realizadas. (Sueño de la pelea de los muchachos.) Los psicoanálisis de sujetos neuróticos nos han mostrado la íntima relación de la incontinencia nocturna con la ambición como rasgo de carácter*.

De otro suceso infantil —perteneciente ya a mis seis o siete años— conservo un claro recuerdo. Una noche, antes de acostarme, infringí el precepto educativo de no realizar necesidad alguna en la alcoba de mis padres y en su presencia, y en la reprimenda que mi padre me dirigió con este motivo afirmó que nunca llegaría yo a ser nada. Estas palabras debieron herir vivamente mi amor propio, pues en mis sueños aparecen de continuo alusiones a la escena correspondiente, enlazadas casi siempre con una enumeración de mis éxitos y merecimientos, como si quisiera decir: "¿Lo ves cómo he llegado a ser algo?" Este suceso infantil proporciona materiales para el último cuadro de mi sueño, en el que, como venganza, quedan invertidos los papeles. Mi anciano acompañante no es otro que mi padre. La falta de visión de un ojo alude al glaucoma de que padeció[24]. En mi sueño orina él ante mí como yo ante él en mi niñez. Con la alusión al glaucoma le recuerdo la cocaína, en cuya aplicación como anestésico —que tanto facilitó la operación a que hubo de someterse— tuve yo alguna parte. De este modo es como si yo hubiera cumplido mi promesa. Además me burlo de él como está ciego tengo que alcanzarle los lentes (juego de palabras entre *Glass*, cristal, lente, y *Uriglas*, orinal). Por último, aparecen numerosas alusiones a mis conocimientos sobre la teoría de la histeria, de los cuales me enorgullezco[25].

---

*   Párrafo agregado por Freud en 1914, según Strachey.

[24]   Otra interpretación: el individuo de mi sueño es tuerto como *Odin,* el padre de los dioses. *El consuelo de Odin.* La promesa de comprarle una cama nueva que en la indicada escena infantil hice a mi padre para *consolarle.*

[25]   Añadiré aquí parte del material de interpretación. El detalle de mantener el orinal (o el cristal, lente) ante mi acompañante me recuerda la anécdota del campesino que ensaya varios lentes en el óptico, pero no logra leer con ninguno… porque no sabe. La forma en que la familia de labradores, *descrita* por Zola en *La Terre,* trata al padre achacoso e imbécil. El triste desquite de que mi

Las dos escenas infantiles expuestas se hallan, aparte de esto, enlazadas al tema del ansia de grandeza; pero además contribuyó a evocarlas el hecho de verme obligado a viajar en un vagón sin retrete, circunstancia que había de prepararme a sufrir alguna molestia. Así sucedió, en efecto, pues desperté de madrugada con la sensación correspondiente a una necesidad física. El lector se inclinará quizá a atribuir a esta sensación el papel de estímulo del sueño, mas por mi parte he de dar la preferencia a otra explicación diferente: la de

---

padre, en sus últimos días, ensuciase la cama como un niño; por ello soy yo, en mi sueño, su enfermero. "Pensamiento y acción son aquí simultáneos", es un recuerdo de un drama intensamente revolucionario de Oscar Panizza, en el que se presenta, muy irrespetuosamente, a Dios Padre, anciano y paralítico, asistido por un arcángel —una especie de Ganimedes—, que tiene a su cargo la función de impedirle renegar y maldecir, pues siendo en él voluntad y acción una sola cosa, se cumplirían en el acto sus maldiciones. El *hacer planes* es también un reproche, procedente de época posterior, contra mi padre. Todo el contenido de mi sueño, rebelde, ofensivo para la majestad y lleno de burlas con respecto a la más alta autoridad, constituye, en general, una rebelión contra el mismo. El rey es llamado "padre de la nación", y el padre es para el niño la primera y más antigua autoridad de cuya plenitud de poder han surgido, en el curso de la historia de la civilización humana, las restantes autoridades sociales dentro, naturalmente, de los límites que a este principio impone *el matriarcado*). El concepto de la simultaneidad de pensamientos y acción alude al esclarecimiento de los síntomas histéricos, con el cual se relaciona también el *orinal masculino*. Todo vienés sabe muy bien lo que es un *Gschnas*. Se da este nombre a la confección de objetos de aspecto raro y valioso con materiales sin valor y de un carácter cómico. Así, la de armaduras de guerra con cacerolas, estropajos, etc. Nuestros artistas son muy aficionados a presentarse con alguno de estos humorísticos disfraces en sus alegres veladas. Pues bien: me ha sido dado descubrir que los histéricos ejecutan algo parecido, yuxtaponiendo a aquello que han vivido realmente, fantasías extravagantes o terroríficas que construyen inconscientemente, utilizando los materiales más indiferentes y triviales de la realidad. Los síntomas dependen luego de estas fantasías y no del recuerdo de los sucesos reales, sean éstos o no indiferentes. La representación de estas fantasías en mi sueño por medio del *orinal masculino* fue hecho posible por el relato que recientemente me había sido hecho de una divertida *Gschnasabend* (noche de *Gashna*), en la que se había presentado como la "copa de los venenos" de Lucrecia Borgia un recipiente cuyo elemento principal era un orinal del modelo usado en los hospitales para los enfermos masculinos.

que fueron las ideas latentes las que provocaron en mi dicha necesidad. Mi reposo no suele ser interrumpido nunca —y menos a esas horas de la madrugada— por una necesidad física cualquiera, y en mis viajes no he sentido casi nunca, al despertar antes de la hora acostumbrada, la sensación vesical de que aquí se trata. De todos modos, es ésta una cuestión que no importa dejar indecisa.

Desde que mi experiencia en la interpretación onírica me ha demostrado que también de aquellos sueños cuya total interpretación creemos haber conseguido —por haber descubierto sin dificultad sus fuentes y estímulos— parten importantes cadenas de pensamientos que llegan hasta los primeros años infantiles del sujeto, he tenido que preguntarme si no habremos de ver en este hecho una condición esencial del soñar. Si nos fuese permitido generalizar tal hipótesis, diríamos que todo sueño posee, a más de un enlace con lo crecientemente vivido, en su contenido manifiesto, una relación, en su contenido latente con lo vivido en las más lejanas épocas de la existencia del sujeto. De estos sucesos primitivos puede demostrarse realmente en el análisis de la histeria que han permanecido recientes hasta la actualidad. Pero la hipótesis apuntada no parece fácilmente comprobable por ahora. Más adelante, al examinar esta cuestión (capítulo VIII), retornaré sobre la probable significación de estos sucesos de tempranas épocas infantiles con respecto a la formación de los sueños.

De las tres peculiaridades de la memoria onírica antes apuntadas hemos logrado esclarecer satisfactoriamente la referencia a la preferencia de lo secundario en el contenido del sueño, haciéndola depender de la *deformación onírica*. En cambio, no nos ha sido posible derivar de los motivos del sueño ninguna de las dos restantes —la selección de lo reciente y de lo infantil—, aunque así hayamos podido comprobar su efectividad. De ambas volveremos a ocuparnos al tratar de la psicología del estado de reposo o con ocasión de aquellas reflexiones que sobre la estructura del aparato anímico habremos de exponer cuando observemos que a través de la interpretación onírica podemos echar una ojeada, como a través de una ventana, sobre el interior de dicho aparato.

En cambio, quiero recoger aquí sin aplazamiento alguno, otro resultado de los últimos análisis detallados. El sueño posee con frecuencia *varios sentidos.* No sólo pueden yuxtaponerse en él —como hemos visto en algunos ejemplos— varias realizaciones de deseos, sino que un sentido, una realización de deseos puede encubrir a otra, hasta que debajo de todas hallamos la de un deseo de nuestra primera infancia. También en este punto surge la interrogación de si no será éste un carácter general de todo sueño[26].

c) Las fuentes oníricas somáticas

Cuando intentamos despertar el interés de un hombre culto, pero profano en estas materias, por los problemas del fenómeno onírico y le preguntamos con tal propósito cuáles son a su juicio las fuentes de los sueños, observamos casi siempre que el interrogado cree poseer un exacto conocimiento de una parte por lo menos de esta cuestión. Pensará, en efecto, inmediatamente en la influencia que las digestiones perturbadas o difíciles, la posición del durmiente y los pequeños estímulos exteriores manifiestan ejercer la formación de los sueños, y no parecerá sospechar que después de tener en cuenta todos estos factores quede aún algo necesitado de esclarecimiento.

En nuestro capítulo de introducción examinamos con toda minuciosidad el papel que la literatura científica atribuye con respecto a la

---

[26] La acumulación de significaciones del sueño es uno de los problemas más arduos y al mismo tiempo más ricos en contenido de la interpretación onírica. Aquellos que olviden esta posibilidad incurrirán fácilmente en graves errores y sentarán afirmaciones insostenibles sobre la esencia del sueño. Pero sobre esta cuestión no se han realizado aún sino muy escasas investigaciones. Hasta ahora sólo la regular estratificación de símbolos en el sueño de estímulo vesical ha sido objeto de un fundamental estudio (O. Rank).

formación de los sueños a las fuentes somáticas de estímulos. Por tanto, no necesitamos ahora sino recordar los resultados de dicha investigación. Hemos visto que se distinguían tres clases de fuentes oníricas somáticas; los estímulos sensoriales emanados de objetos exteriores, los estados internos de excitación, de base exclusivamente subjetiva, y los estímulos somáticos procedentes del interior del organismo. Observamos asimismo la predilección de los autores por las fuentes somáticas y su tendencia a situar muy en último término las psíquicas o excluirlas totalmente. Al examinar las pruebas aducidas en favor de las primeras, advertimos: 1o. Que la importancia de las excitaciones objetivas de los órganos sensoriales —originadas en parte por estímulos casuales sobrevenidos durante el reposo y en parte por aquellos otros que no pueden ser mantenidos a distancia de la vida anímica durmiente— queda comprobada por numerosas observaciones y confirmada experimentalmente. 2o. Que la función de las excitaciones sensoriales aparece demostrada por el retorno de las imágenes hipnagógicas en los sueños; y 3o. Que la amplia referencia efectuada de nuestras imágenes y representaciones oníricas a un estímulo somático interno no es comprobable en toda su extensión, pero encuentra un punto de apoyo en la influencia, generalmente reconocida, que el estado de excitación de los órganos digestivos, urinario y sexual ejerce sobre el contenido de nuestros sueños.

El *estímulo nervioso* y el *estímulo corporal* serían, las fuentes somáticas de los sueños; esto es, las únicas fuentes oníricas, según algunos autores.

Pero, además de esto, hemos acogido en nuestra introducción toda una serie de dudas referentes no tanto a la exactitud como a la suficiencia de la teoría de los estímulos somáticos.

Por muy seguros que hubieran de sentirse los representantes de esta teoría con respecto a los fundamentos afectivos de la misma —sobre todo en lo relativo a los estímulos nerviosos accidentales y externos, fácilmente comprobables en el sueño—, ninguno de ellos llegó a desconocer por completo la imposibilidad de derivar en su totalidad de estímulos nerviosos exteriores el rico contenido de representaciones del fenómeno onírico. Miss Mary Whiton Calkins ha examinado desde este punto de vista durante seis semanas sus propios sueños y los de otra persona. Sólo en 13.2 por ciento y 6.7 por ciento, respectivamente, pudo descubrirse una percepción sensorial externa, y únicamente dos de los sueños investigados se demostraron derivables de sensaciones orgánicas. De este modo nos confirma aquí la estadística lo que ya una rápida revisión de nuestra propia experiencia nos había hecho sospechar.

Muchos investigadores se conformaron con hacer resaltar el "sueño de estímulo nervioso", entre las demás formas oníricas, como una especie de sueño mejor y más completamente investigada. Spitta dividía los sueños en "sueños de estímulo nervioso" y "sueños de asociaciones"; pero claro está que una solución así no podía considerarse satisfactoria mientras no se hubiera conseguido descubrir el lazo de unión entre las fuentes oníricas somáticas y el contenido de representaciones del sueño.

Resulta, que a la objeción antes señalada, relativa a la insuficiente frecuencia con que nos es posible referir los sueños a fuentes de estímulos exteriores, se agrega ahora la de que la admisión de dichas fuentes oníricas no nos proporciona sino un muy incompleto esclarecimiento de cada sueño. Los representantes de esta teoría nos son deudores de dos importantes explicaciones, por qué la verdadera naturaleza del estímulo exterior no es nunca reconocida, sino singularmente equivocada en el sueño (cf. los sueños del despertador, capítulo 2), y por qué el resultado de la reacción del alma a la percepción de este estímulo, cuya verdadera naturaleza no reconoce, puede ser tan indeterminablemente variable. En respuesta a esta interrogación, alega Strümpell, como ya vimos antes, que a consecuencia de su apartamiento del mundo exterior durante el estado de reposo, no se halla el alma en situación de dar la exacta interpretación del estímulo sensorial objetivo, sino que se ve obligada a construir ilusiones sobre la base de la indeterminada excitación dada. He aquí las propias palabras de Strümpell:

"Cuando durante el reposo, y por efecto de un estímulo nervioso, externo o interno, surge en el alma y es percibido por ella un proceso psíquico cualquiera —sensación, complejo de sensaciones, sentimiento, etc.— despierta este proceso, tomándolas del círculo de impresiones de la vigilia que aún perduran en el alma, imágenes sensitivas, es decir, percepciones anteriores, que aparecen desnudas o revestidas de sus valores psíquicos correspondientes. De este modo reúne dicho proceso en derredor suyo un número más o menos considerable de esas imágenes, las cuales dan a la impresión procedente del estímulo nervioso su valor psíquico. Como lo hacemos al referirnos a nuestra actividad anímica en la vida despierta, decimos también aquí que el alma *interpreta* durante el estado de reposo, las impresiones producidas por estímulo nervioso. Resultado de esta interpretación es el *sueño de estímulo nervioso*; esto es, un sueño cuyos elementos se hallan condicionados por el hecho de que un estímulo de dicho género desarrolla su efecto psíquico en la vida anímica conforme a las leyes de la reproducción."

Idéntica en todo lo esencial a esta teoría es la afirmación de Wundt, de que las representaciones oníricas emanan, en su mayor parte, de estímulos sensoriales —incluso de aquellos pertenecientes a la sensación vegetativa general— siendo, por tanto, casi siempre, ilusiones fantásticas y, sólo en su más pequeña parte, representaciones mnémicas puras elevadas a la categoría de alucinaciones. Para la correlación que de esta teoría resulta entre el contenido onírico y los estímulos del sueño, encuentra Strümpell el excelente paralelo (cap. 2) de "los sonidos que los diez dedos de un individuo profano en música producen al recorrer al azar el teclado de un piano". Conforme a este punto de vista, no aparecería el sueño como un fenómeno anímico originado por motivos psíquicos, sino como el resultado de un estímulo fisiológico que se manifiesta en una sintomatología psíquica por no ser capaz de otra distinta exteriorización del aparato sobre el que el estímulo actúa. En una análoga hipótesis se halla basada, por ejemplo, la explicación que Meynert intentó dar de las representaciones obsesivas por medio de la famosa comparación de la esfera del reloj, en la que resaltan algunas cifras impresas en mayor relieve.

Por predilecta que haya llegado a ser esta teoría de los estímulos oníricos somáticos y por atractiva que parezca, es, sin embargo, fácil descubrir su punto débil. Todo estímulo onírico somático que durante el reposo incita al aparato anímico a su interpretación por medio de la formación de ilusiones, puede motivar un sinnúmero de dichas tentativas de interpretación y, por tanto, alcanzar su representación en el contenido onírico por infinitos elementos diferentes[27]. Pero la teoría de Strümpell y Wundt no nos indica motivo alguno que regule la relación entre el estímulo eterno y la representación onírica elegida para su interpretación, dejando así inexplicada la "singular selección" que los estímulos "llevan a cabo, con gran frecuencia, en su actividad reproductiva" (*Lipps: Hechos fundamentales de la vida onírica*, p. 170). Contra la hipótesis fundamental de toda la teoría de la ilusión, es decir, la de que durante el reposo no se halla el alma en situación de reconocer la verdadera naturaleza del estímulo sensorial objetivo, se han elevado también diversas objeciones. Así, Burdach, el viejo fisiólogo sostiene la afirmación contraria de que también durante el estado de reposo es el alma capaz de interpretar acertadamente las impresiones sensoriales que hasta ella llegan y reaccionar conforme a tal interpretación exacta. En demostración de su aserto, aduce que determinadas impresiones

---

[27] Me permito aconsejar, en general, la lectura de los minuciosos protocolos de sueños experimentalmente provocados, que Mourly Vold ha reunido en dos volúmenes. En ellos podemos ver cuán poco contribuye al esclarecimiento de cada sueño el conocimiento de los estímulos experimentalmente producidos y cuán escasa es la utilidad de esos experimentos para la inteligencia de los problemas oníricos.

sensoriales, importantes para el durmiente, quedan excluidas de la general indiferencia del mismo (la nodriza que despierta al más leve rumor del niño), y que nuestro nombre, pronunciado en voz baja, interrumpe nuestro reposo, mientras que otras impresiones auditivas más intensas pero indiferentes, no obtienen igual resultado, lo cual supone que el alma dormida sabe también diferenciar las impresiones (cap. 2, apart. *e*). De estos hechos deduce Burdach que durante el reposo no existe una incapacidad para interpretar los estímulos sensoriales, sino una *falta de interés* con respecto a ellos. Los mismos argumentos alegados por Burdach en 1830 retornan luego, sin modificación alguna en la impugnación de la teoría de los estímulos somáticos escrita por Lipps en 1883. Según este punto de vista, se nos muestra el alma semejante a aquel durmiente que a la pregunta: "¿Duermes?", contesta: "No"; pero interpelado a seguidas con la petición: "Entonces préstame diez duros", se escuda con la evasiva: "Estoy dormido".

La insuficiencia de la teoría de los estímulos oníricos somáticos puede todavía demostrarse por otro camino diferente. Puede, en efecto, observarse que los estímulos externos no provocan obligadamente sueños, aunque dado el caso de que soñemos aparezcan representados en el contenido onírico. Ante un estímulo epidérmico o de presión sobrevenido durante el reposo, disponemos de diversas reacciones. En primer lugar, podemos hacer caso omiso de él y ver luego, al despertar, que hemos dormido con un apierna fuera de las sábanas o un brazo en mala postura, sin que nada nos lo haya advertido durante la noche. La Patología nos muestra numerosísimos casos en los que diversos estímulos sensoriales y de movimiento intensamente excitantes, no han tenido efecto alguno durante el reposo. En segundo lugar, podemos advertir la sensación mientras dormimos a través de nuestro reposo, como sucede regularmente con los estímulos dolorosos, pero sin entretejer en un sueño el dolor percibido. Asimismo podemos despertar con objeto de poner fin al estímulo[28]. Por último, el que el estímulo nervioso nos induzca a la formación de un sueño no es sino una cuarta reacción posible de frecuencia igual a las otras tres. Esto último no sucedería si *el motivo de los sueños no residiese fuera de las fuentes oníricas somáticas.*

Dándose cuenta de la laguna que antes señalamos en la explicación de los sueños por la intervención de estímulos somáticos, han intentado otros autores —Scherner y luego Volkelt— determinar más estrictamente aquellas actividades anímicas que, tomando como base los estímulos somáticos, hacen surgir toda la variedad de imágenes oníricas. Situando así nuevamente la esencia de los sueños en lo anímico y en una actividad psíquica. Scherner no se limitó a dar una poética descripción, llena de vida, de las peculiaridades psíquicas que se desarrollan en la formación de los sueños, sino que creía firmemente haber descubierto el principio que rige la conducta del alma con respecto a los estímulos que a ella se ofrecen. Desarrollando con plena contingencia su fantasía, libre de sus trabas diurnas, tiende, según Scherner, la elaboración onírica a representar *simbólicamente* la naturaleza del órgano del que se emana el estímulo. Fórmase de este modo una especie de "clave de los sueños" que nos permitiría deducir de las imágenes oníricas las sensaciones somáticas y los estados orgánicos y de excitación que las han provocado. Así, la imagen onírica de un gato es expresión de un malhumorado estado de ánimo, y el pan, con su blanca y lisa superficie representa, en nuestros sueños, la desnudez. El cuerpo humano, en su totalidad es representado por la fantasía onírica con la imagen de una casa, y un órgano aislado, por una parte de la misma. En los "sueños de estímulo dental" corresponden a la boca una alta galería abovedada, y al descenso hasta el tubo digestivo, una escalera. En el "sueño de

---

[28] Cf. El trabajo de K. Landauer sobre "los actos del durmiente", en *Zeitschrift f. d. ges. Neurologie und Psychiatrie.* XXXIX, 1918. Todo observador puede comprobar que el sujeto durmiente lleva a cabo actos plenos de sentido y es capaz de obrar lógica y voluntariamente.

dolor de cabeza" queda precisada la situación dominante de este órgano por la imagen de un techo cubierto de repugnantes arañas semejantes a "sapos" (p. 274). Para designar un mismo órgano suele emplear el sueño diversos símbolos. El pulmón y su actividad respiratoria quedan simbolizados por una estufa encendida y la corriente de aire que aviva su fuego, el corazón, por cajas y cestos vacíos, y la vejiga, por objetos redondos, en forma de bolsa, o simplemente cóncavos. Muy importante es el hecho de que al final del sueño suele aparecer sin disfraz alguno y casi siempre adscrito al cuerpo mismo del sujeto el órgano del que parte del estímulo o la función a él correspondiente. Así, el "sueño de estímulo dental" termina, por lo general, con una escena en la que el sujeto extrae de su boca una larga "muela" (p. 302). Esta teoría de la interpretación onírica no fue ciertamente muy bien acogida por los demás investigadores, que la tacharon de extravagante e incluso se negaron a reconocer lo que, a mi juicio, hay en ella de verdad. Como puede verse, conduce a la habilitación de la interpretación de los sueños por medio de símbolos, empleada por los antiguos, con la única diferencia de que el sector del que ha de extraerse la interpretación queda limitado al perímetro de la personalidad física humana. La carencia de una técnica científica de interpretación tiene que disminuir necesariamente la capacidad de aplicación de la teoría de Scherner. La interpretación onírica en ella basada no excluye tampoco la arbitrariedad, tanto menos cuanto que se admite la posibilidad de que un estímulo halle, en el contenido onírico, diversas representaciones. Así fue ya imposible a Volkelt, continuador de las hipótesis de Scherner, comprobar la simbolización del cuerpo humano en los sueños por medio de la imagen de la casa. También tenía que contribuir a la no aceptación de esta teoría el hecho de considerar la elaboración onírica como una actividad inútil y desprovista de todo fin, asignada al alma, la cual se limitaría a fantasear sobre el estímulo dado, sin tender, ni lejanamente siquiera a algo semejante a una derivación o supresión del mismo.

Existe, por último, otra objeción que conmueve gravemente la construcción teórica de Scherner de la simbolización de estímulos somáticos por los sueños.

No faltando nunca estímulos de este género, y siendo el alma, según opinión general, más accesible a ellos durante el reposo que en la vida despierta, no se comprende cómo no sueña de continuo, a través de toda la noche y cada noche con todos los órganos. Si queremos eludir esta objeción, alegando que para despertar la actividad onírica es necesario que de los distintos órganos —ojos, oídos, boca, intestinos, etc.— emanen estímulos especiales, tropezaremos con la dificultad de demostrar que esos incrementos de excitación son de carácter objetivo, cosa que sólo en un limitado número de sueños nos resulta posible. Si el sueño de volar constituye una simbolización del movimiento de ascenso y descenso de los lóbulos del pulmón al respirar, debería ser soñado con mayor frecuencia, según observa ya Strümpell, o habría de advertirse durante él una intensificación de la actividad respiratoria. Una tercera posibilidad —quizá la más verosímil— es la de que, periódicamente, surjan motivos especiales para consagrar atención a las sensaciones viscerales regularmente existentes. Pero este caso nos lleva más allá de los límites de la teoría de Scherner.

El valor de las especulaciones de Scherner y Volkelt reside en precisar una serie de caracteres del sueño necesitados de explicación y cuyo examen promete conducirnos a nuevos conocimientos. Es perfectamente cierto que los sueños contienen simbolizaciones de órganos y funciones somáticos, y también que el agua indica en ellos, con frecuencia, un estímulo de origen vesical, y que los genitales masculinos pueden ser representados por una columna, una vara enhiesta, etc., etc. Aquellos sueños que, en oposición a la pálida policromía de otros, muestran un extenso campo visual y vivos colores, deberán interpretarse, con seguridad casi completa, como sueños de estímulo visual y vivos colores, deberán interpretarse, con seguridad casi completa, como sueños de estímulo visual. Asimismo, tampoco puede negarse la colaboración de la formación de ilusiones en aquellos otros que contienen ruidos y murmullos de voces. Sueños como el de Scherner, en el que dos filas de bellos adolescentes rubios, situados frente a frente sobre un puente, se atacan, luchan y vuelven a sus posiciones primitivas repetidamente, hasta que el sujeto se sienta sobre el puente y se extrae de la mandíbula una larguísima muela, o como el análogo de Volkelt que muestra al durmiente dos filas de cajones y termina también con la extracción de una muela, y, en general, todas las formaciones oníricas de esta clase, de las cuales comunican ambos autores numerosos ejemplos, no permiten condenar como ociosa invención la teoría de Scherner sin antes investigar el nódulo de verdad que indudablemente contiene. En caso contrario, habríamos de consagrarnos a procurar un distinto esclarecimiento para la supuesta simbolización del presunto estímulo dental.

Nuestros análisis de sueños nos han proporcionado un importante argumento del que aún no hemos hecho uso en la discusión de las fuentes oníricas. Si por medio de un procedimiento que los demás investigadores no han aplicado a los sueños por ellos examinados, conseguimos demostrar que el sueño posee un valor propio, a título de acto psíquico, que el motivo de su formación se halla constituido por un deseo y que el material inmediato para la constitución de su contenido es proporcionado por los sucesos del día anterior, quedará juzgada, sin necesidad de más amplio proceso, toda otra teoría onírica que no utilice un tan importante instrumento de investigación y considere en consecuencia al sueño como una reacción psíquica, inútil y enigmática a estímulos somáticos. Para no hacer objeto a estas teorías de un tal juicio adverso, habríamos de suponer que existan —cosa muy inverosímil— dos clases de sueños, perteneciendo exclusivamente a una de ellas todos los examinados por los investigadores que nos precedieron, y a la otra todos los analizados por nosotros. Descartada esta hipótesis, no nos quedará ya más que incorporar a nuestra teoría de los sueños los hechos en que se basa la de los estímulos oníricos somáticos.

Esta labor quedó ya iniciada cuando sentamos el principio de que la elaboración de los sueños se halla bajo el imperio de una fuerza que la obliga a constituir una unidad con todos los estímulos oníricos simultáneamente existentes. Vimos entonces que cuando, como resto del día anterior, perduran dos o más sucesos que trajeron consigo una impresión, quedan reunidos en un sueño los deseos de ellos emanados, y también que para constituir el material del sueño se reúnen la impresión psíquicamente valiosa y los sucesos indiferentes del día anterior, siempre que puedan establecerse entre ambos elementos representaciones comunicantes. El sueño se nos muestra así como una reacción a todo lo actual simultáneamente dado en la psiquis durmiente, y la labor analítica a que hasta ahora hemos sometido el material onírico nos lo presenta como una colección de restos psíquicos —huellas mnémicas— a los que (por la predilección del material reciente e infantil) hemos tenido que atribuir un carácter psicológicamente indeterminable por el momento. No nos es nada difícil predecir lo que sucederá cuando a estas actualidades mnémicas se agregue durante el estado de reposo, nuevo material de sensaciones. Dichos estímulos resultan asimismo importantes para el sueño por el hecho de ser actuales, y son unidos a las demás actualidades psíquicas, proporcionando con ellas el material para la formación del sueño. O dicho de otro modo: los estímulos sobrevenidos durante el reposo son objeto de una elaboración que los convierte en una realización de deseos, cuyos restantes elementos se hallan constituidos por los restos diurnos psíquicos que ya conocemos. Esta unión no es, desde luego, *obligada*, pues ya hemos visto que podemos reaccionar de varios modos a los estímulos sobrevenidos durante el reposo, pero en aquellos casos en que se lleva a efecto conseguimos hallar un material que constituye en el contenido del sueño una representación de las dos clases de fuentes oníricas, las somáticas y las psíquicas.

La acumulación de material somático a las fuentes oníricas psíquicas no modifica en nada la esencia del sueño, el cual permanece siendo una realización de deseos, cualquiera que sea la forma en que la expresión de la misma quede determinada por el material actual.

La importancia y significación de los estímulos exteriores para el sueño varía conforme a una serie de circunstancias especiales. Imagino que una acción conjunta de los factores individuales fisiológicos y accidentales dados es lo que decide, en cada caso, la conducta que hemos de seguir con respecto a un intenso estímulo objetivo sobrevenido durante el reposo. Según la profundidad habitual y accidental del reposo y la intensidad del estímulo, quedará éste reprimido de manera a no interrumpir nuestro descanso; nos veremos obligados a despertar o intentaremos dominar el estímulo entretejiéndolo en un sueño. Correlativamente a la variedad de estas constelaciones se manifestarán los estímulos con mayor o menor frecuencia en los sueños de un individuo que en los de otro. Así, por lo que a mí respecta, gozo de tan profundo reposo y me defiendo con tal tenacidad contra todo lo que pudiera perturbarlo, que sólo muy raras veces se mezclan en mis sueños causas externas de excitación, al paso que los motivos de orden psíquico me incitan fácilmente a soñar. De todos los sueños propios por mí anotados, sólo hay realmente uno que pueda ser referido a una fuente de estímulos objetivos (una sensación dolorosa), pero precisamente en él creemos muy instructivo comprobar el resultado onírico del estímulo exterior.

"Voy montado en un caballo gris. Al principio monto con inseguridad y torpeza o como si fuese en una difícil postura, distinta de la corriente. Encuentro a mi colega el doctor P., que viene también a caballo, pero con gran arrogancia, y viste un traje de grueso paño.

Al llegar junto a mí, me hace no sé qué advertencia (probablemente la de que voy mal montado). Pero ya voy encontrándome cada vez mejor sobre el inteligentísimo corcel, descanso cómodamente sobre la silla y me siento tranquilo y confiado como si estuviera en mi casa. En lugar de silla lleva el caballo un largo almohadón que cubre por completo su lomo, desde al cuello hasta la grupa. Con gran serenidad paso por el estrecho espacio que dejan entre sí dos carros. Después de avanzar largo trecho por una calle, doy media vuelta y quiero desmontar ante una pequeña capilla abierta, pero luego desmonto realmente junto a otra que le alza poco más allá. El hotel está en la misma calle. Podría dejar que el caballo fuera solo hasta él, pero prefiero llevarlo de la brida. Es como si me avergonzase de llegar allí montado. A la puerta del hotel hay un 'botones' que me enseña una tarjeta que yo mismo he encontrado y se burla de mí. En la tarjeta hay escrito y doblemente subrayado: *No comer*, y después un segundo propósito (impreciso); algo como *No trabajar*. A ello se añade la vaga idea de que me hallo en una ciudad extranjera en la que no trabajo."

Nada indica, a primera vista, que este sueño haya surgido bajo la influencia, o mejor dicho, bajo la coerción de un estímulo doloroso. Durante el día anterior me habían hecho sufrir extraordinariamente, convirtiendo en tortura cada uno de mis movimientos, varios furúnculos de que venía padeciendo. Uno de ellos, situado en la raíz del escroto, había llegado a alcanzar el volumen de una manzana y me causaba, al andar, insoportables dolores. La fatiga, la alteración febril y la desgana consiguiente, unidas a la intensa labor que, a pesar de todo, hube de realizar durante el día, acabaron de ensombrecer mi ánimo. En esta situación no me hallaba ciertamente muy facultado para consagrarme a mis ocupaciones profesionales, pero teniendo en cuenta el carácter de mi padecimiento y la región de mi cuerpo en la que se manifestaba, existía otra actividad para la que, sin duda alguna, me encontraba aún menos capacitado. Tal actividad es la de *montar a caballo*, y precisamente es la que el sueño me atribuye como la más enérgica negación imaginable de mi padecimiento. Ignoro en absoluto el arte de la equitación, no sueño nunca nada que con ella se relacione, y sólo una vez he montado en un caballo, por cierto en pelo y sin que ello me produjera placer alguno. Pero en mi sueño monto como si no tuviera furúnculo ninguno en el periné, o, mejor dicho, *precisamente porque no quiero tenerlo*. La silla, tal y como el sueño la describe, es la cataplasma que me apliqué al acostarme, y cuyo efecto calmante me ha permitido conciliar el reposo. Así protegido, no he advertido, durante algunas horas, indicio alguno de mi padecimiento. Luego, cuando las sensaciones dolorosas comenzaron a hacerse más vivas y amenazaron con despertarme, vino el sueño a tranquilizarme, diciéndome: "Puedes seguir durmiendo. No tienes ningún furúnculo, pues montas a caballo, cosa que no es posible con un divieso en el periné". El dolor quedó de este modo ensordecido y pude, en efecto, seguir durmiendo.

Pero aún hay más. El sueño no se ha limitado a sugerirme la inexistencia del furúnculo, sosteniendo tenazmente una representación incompatible con el mismo —conducta semejante a la que observamos en la demencia alucinatoria de la madre que ha perdido un hijo[29], o en la del comerciante arruinado—, sino que ha utilizado los caracteres de la misma sensación que niega y los de la representación empleada con objeto de reprimirla, para enlazar a la situación onírica los elementos actuales dados en el alma y proporcionarles un medio de expresión. El color gris del caballo en que monto corresponde al del traje que, mi colega el doctor P. llevaba la última vez que le vi. (Un traje de color *sal y pimienta*.) Los alimentos *fuertemente especiados* me han sido indicados como causa de mi

---

[29] Cf. el estudio de Griesinger sobre esta cuestión y las observaciones incluidas en mi segundo ensayo sobre las "psiconeurosis de defensa", en *Neurologisches Zentralblat,* 1896. *(N. del T.)* Estos ensayos figuran en mi obra *Primeras aportaciones a la teoría de las neurosis.*

furunculosis más probablemente que el *azúcar,* en la que se piensa también al investigar la etiología de dicha enfermedad. Mi amigo P. acostumbra mirarme con cierta *arrogancia* desde que me sustituyó en la confianza de una paciente en cuyo tratamiento creía yo haber realizado grandes habilidades (Kunststuecke) —al principio de mi sueño voy montado en una difícil postura como un jinete que realizase *habilidades* ecuestres en el circo—, *(Kunstreiter),* pero que, en realidad, me llevó a donde quiso, como el caballo al inexperto jinete de la conocida anécdota*. De este modo llega el caballo a la categoría de símbolo de dicha paciente (en mi sueño lo encuentro *muy inteligente*). El encontrarme luego a caballo "tan seguro y confiado *como si estuviera en mi casa*", se refiere a la situación que yo ocupaba en casa de dicha enferma hasta que fui sustituido por P. "Yo creí que se mantenía usted más firmemente sobre la silla", me había dicho días antes, aludiendo a este suceso, uno de los pocos grandes médicos de Viena que me son favorables. Por otro lado, ha sido también una difícil habilidad continuar atendiendo a mi labor psicoterápica durante ocho o diez horas diarias no obstante mis dolores. Sé, sin embargo, que en dicho estado no me será posible seguir ejerciendo mi difícil actividad profesional, y el sueño aparece colmado de lúgubres alusiones a las consecuencias de tal interrupción de mi trabajo. *No trabajar y no comer.* Prosiguiendo la interpretación, veo que la elaboración onírica ha conseguido hallar el camino que va desde la situación optativa de montar a caballo hasta muy tempranas escenas de mi infancia (peleas con un sobrino mío, un año mayor que yo, residente hoy en Inglaterra). Mi sueño ha tomado, además, elementos de mis viajes a Italia, pues la calle que en él recorro responde a impresiones visuales recibidas en Verona y en Siena.

Una interpretación más profunda me lleva a ideas latentes de carácter sexual y me hace recordar lo que en una paciente mía, que

---

* "¡Itzig, hacia dónde vas cabalgando? No me lo preguntes a mí, pregúntaselo al caballo."

jamás había estado en Italia, significaban las alusiones oníricas a este bello país (gen-Italien —genitalien ve a Italia—, genitales), recuerdo que no carece de relación con la casa en la que presté mi asistencia facultativa antes de ser sustituido por el doctor P., y con la región de mi cuerpo elegida por el furúnculo.

En otra ocasión me fue también posible defenderme análogamente de un estímulo sensorial que amenazaba interrumpir mi reposo, pero esta vez fue pura casualidad lo que me permitió descubrir la conexión del sueño con el estímulo onírico accidental y llegar así a su comprensión. Hallándome durante el verano en un balneario del Tirol, desperté una mañana con la convicción de haber soñado que el *Papa había muerto*. Todos mis esfuerzos para interpretar este sueño no visual resultaron estériles. Como posible antecedente, no recordaba sino el de haber leído días antes la noticia de que el Pontífice padecía ligera indisposición. Pero en el transcurso de la mañana me preguntó mi mujer: "¿No has oído de madrugada el formidable repique con que nos han obsequiado todas las iglesias y capillas de los alrededores?" No recordaba haber oído nada semejante; pero mi sueño quedaba ya explicado como reacción de mi necesidad de dormir ante el ruido con que los piadosos tiroleses querían despertarme. Después de vengarme de ellos con la deducción que constituye el contenido de mi sueño, proseguí durmiendo sin interesarme en absoluto por el campaneo.

Entre los sueños hasta aquí expuestos hay algunos que podemos citar como ejemplos de elaboración de estímulos nerviosos. Uno de ellos es aquel en que bebo agua a grandes sorbos. En él es, aparentemente, el estímulo somático la única fuente onírica y el deseo emanado de la sensación —la sed— el único motivo onírico. Análogamente sucede en otros sueños sencillos, cuando el estímulo somático basta por sí solo para formar un deseo. El sueño de la enferma que arroja lejos de sí, en el transcurso de la noche, el aparato refrigerante que le han mandado conservar aplicado a la mejilla, nos muestra una desacostumbrada forma de reaccionar a estímulos dolorosos con una realización de deseos. Parece, en efecto, como si la paciente hubiera conseguido hacerse insensible, pasajeramente, al dolor, el cual queda transferido en su sueño a una tercera persona.*

Mi sueño de las tres Parcas** es, evidentemente, un sueño de hambre, pero sabe retrotraer la necesidad de alimento hasta el ansia del niño por el pecho materno y utilizar esta ansia para encubrir otra de muy distinto género, a la que no es lícito manifestarse con tanta franqueza. El sueño del conde de Thun*** nos ha hecho ver por qué caminos queda enlazada una necesidad física accidentalmente dada con los sentimientos más enérgicos, pero también más enérgicamente reprimidos, de la vida anímica. En el caso comunicado por Garnier, cuando el primer cónsul entreteje en su sueño bélico el ruido producido por la máquina infernal al estallar, antes de despertar a consecuencia del mismo, se nos muestra abiertamente la tendencia en favor de la cual se ocupa la actividad anímica de las sensaciones surgidas durante el reposo. Un joven abogado que se acostó pensando en un asunto importante al que se había consagrado durante el día se condujo, oníricamente, de modo análogo al del gran Napoleón. En su sueño ve primero a cierto señor G. Reich de Hussiatyn, que le es conocido por intervenir en el pleito que le preocupa. Pero el elemento *Hussiatin* va adquiriendo cada vez mayor importancia hasta que el sujeto despierta y oye *toser* fuertemente a su mujer, enferma de un catarro bronquial *(Hussiatyn = hustein = toser).*

Comparamos ahora el citado sueño de Napoleón I, cuyo reposo solía ser muy profundo, con el del estudiante dormilón que ante la advertencia de que ha llegado la hora de ir al hospital sueña que ocupa una cama en una sala del mismo y sigue durmiendo a

---

* Ver p. 144 de este volumen.
** Ver p. 231.
*** Ver pp. 235 y siguientes.

pierna suelta, tranquilizado por el razonamiento de que si está ya en el hospital no tiene por qué levantarse para acudir a él. Este último ejemplo es un franco sueño de comodidad. El durmiente se confiesa sin rebozo alguno el motivo del mismo y resuelve con ello uno de los enigmas del fenómeno onírico. Todos los sueños son, en cierto sentido, *sueños de comodidad,* pues tienden a facilitar la continuación del reposo, evitando que el durmiente despierte. *El sueño es el guardián del reposo, no su perturbador.* Más adelante justificaremos esta afirmación con respecto a los factores psíquicos que provocan el despertar y, desde luego, podemos ya hacerlo en relación con el papel desempeñado por los estímulos exteriores objetivos. El alma puede no ocuparse en absoluto de los estímulos sobrevenidos durante el reposo cuando la intensidad y la significación de los mismos le permite observar esta conducta; puede utilizar el sueño para negar dichos estímulos o disminuir su importancia, y, por último, cuando no tiene más remedio que reconocerlos, puede buscar aquélla su interpretación que presente la sensación actual es entretejida en un sueño, con el fin de *despojarla de su realidad.* Napoleón puede seguir durmiendo: lo que intenta perturbar su reposo no es más que un recuerdo onírico del cañoneo del la batalla de Arcole[30].

El deseo de dormir mantenido por el yo consciente y que, con la censura onírica[31], constituye la colaboración de dicho yo en el soñar, debe, por tanto, ser considerado en todo caso como motivo de la formación de sueños, y todos y cada uno de éstos son realización del mismo. Más adelante analizaremos cuidadosamente cómo este deseo general de dormir, idéntico siempre a sí mismo y dado en todo caso, se comporta con respecto a los demás deseos que quedan realizados en el contenido onírico. En el deseo de dormir hemos descubierto,

---

[30] Las dos versiones que conozco del contenido de este sueño no coinciden por completo entre sí.

[31] Y con la "elaboración secundaria" de que más adelante hablaremos.

además, el factor susceptible de llenar la laguna de que adolece la teoría de Strümpell-Wundt y explicar la insuficiencia y la arbitrariedad que hallamos en la interpretación del estímulo exterior. La interpretación exacta de la que el alma dormida es perfectamente capaz, exigiría un interés activo y con él la interrupción del reposo. De todas las interpretaciones posibles no serán, admitidas sino aquellas que resulten compatibles con la censura que el deseo de dormir ejerce en forma tiránica, y entre las admitidas será escogida aquella que mejor pueda ser enlazada con los deseos que espían, en el alma, la ocasión de realizarse. De este modo es determinado todo inequívocamente y nada queda abandonado a la arbitrariedad. La falsa interpretación no constituye una alusión, sino algo semejante a una evasiva. Habremos, pues, de ver en este proceso, como antes en la sustitución por desplazamiento efectuada a los fines de la censura onírica, una variante del proceso psíquico normal.

Cuando los estímulos nerviosos externos y los somáticos internos son lo bastante intensos para conquistar la consideración psíquica, proporcionan —siempre que su resultado sea un sueño y no la interrupción del reposo— una firme base de sustentación para la formación de sueños, pues pasan a constituir, en el contenido onírico, un nódulo para el que es buscada luego una realización de deseos correspondientes, en forma análoga a como lo son, según vimos antes, las representaciones intermedias entre dos estímulos oníricos psíquicos. Hasta este punto puede, afirmarse que en cierto número de sueños depende el contenido onírico del elemento somático, e incluso resulta que en caso extremo es despertado, a los fines de la formación del sueño, un deseo no actual. Pero el sueño no puede hacer otra cosa que representar un deseo como realizado en una situación y, por tanto, se halla en cada caso ante la labor de buscar qué deseo puede ser representado como realizado por la sensación del momento actual, aunque el material actual dado sea de carácter penoso o doloroso, no por ello deja de ser aprovechable para la formación de un sueño. La vida anímica dispone también de deseos cuya realización produce displacer, cosa que a primera vista parece contradicción, pero que se explica por la existencia de dos instancias psíquicas y de una censura situada entre ambas.

Como ya hemos visto, existen en la vida anímica deseos *reprimidos* que permanecen al primer sistema y a cuya realización se resiste el segundo. No quiere decir esto que esos deseos existieran antes del proceso represivo y quedaran luego destruidos por el mismo, nada de eso; la teoría de la represión afirma también una coerción que pesa sobre ellos. La disposición psíquica para que esos deseos reprimidos lleguen a una realización permanece conservada e intacta. Mas cuando esa realización llega a cumplirse, el vencimiento de la resistencia que a ello oponía el segundo sistema (capaz de conciencia) se exterioriza como displacer. Para terminar estas consideraciones añadiremos que cuando durante el reposo surgen sensaciones de carácter displaciente, emanadas de fuentes somáticas, es utilizada esta constelación por la elaboración onírica para representar —con mayor o menor severidad de la censura— un deseo hasta entonces reprimido.

Esta circunstancia nos permite incluir en la teoría de la realización de deseos toda una serie de sueños de angustia. Con respecto a otra variedad de estas formaciones oníricas displacentes, aparentemente contrarias a dicha teoría, habremos de atenernos a una explicación distinta. La angustia que en sueños experimentamos puede ser, en efecto, de carácter psiconeurótico y proceder de excitaciones psicosexuales, correspondiendo entonces a una libido reprimida. En este caso, tanto la angustia como el sueño en que se manifiesta constituyen un síntoma neurótico y habremos llegado al límite ante el que la tendencia realizadora de deseos, del sueño, se ve obligada a detenerse. Existen también sueños en los que la sensación de angustia posee un origen somático (por ejemplo, la opresión respiratoria de los enfermos cardiacos o del pulmón), y en esta circunstancia es utilizada dicha sensación para proporcionar una realización onírica a aquellos deseos enérgicamente reprimidos que realizados en un sueño obediente a motivos psíquicos hubieran traído consigo igual desarrollo de angustia. No es difícil fundir en una unidad estos dos casos aparentemente distintos. Dados dos productos psíquicos —una inclinación efectiva y un contenido de representaciones— íntimamente ligados entre sí, puede uno de ellos, el actual, sustituir el otro en el sueño, y de este modo tan pronto es sustituido el contenido de representaciones reprimido por la angustia somáticamente dada como el desarrollo de angustia por el contenido de representaciones liberado de la represión y saturado de excitación sexual. En el primer caso puede decirse que un afecto somáticamente dado es interpretado psíquicamente. En el segundo aparece dado todo psíquicamente, pero el contenido que se hallaba reprimido es sustituido fácilmente por una interpretación somática adaptada a la angustia. Las dificultades con que tropezamos para la inteligencia de esta cuestión tienen muy escasa relación con el sueño, pues proceden de que con estas especulaciones tocamos los problemas del desarrollo de angustia y de la represión.

Entre los estímulos oníricos procedentes del interior del soma que impone su ley a la formación de los sueños debemos contar, desde luego, el estado físico general del sujeto. No quiere decir esto que pueda proporcionar por sí solo el contenido onírico, pero sí que impone a las ideas latentes una selección entre el material que ha de servir a la representación en dicho contenido, aproximando, como adaptación a su esencia, una parte de dicho material y manteniendo a distancia la parte restante. Además este estado general se halla enlazado desde el día con los restos psíquicos importantes para el sueño. Este estado puede conservarse en el sueño o ser dominado y transformado en su contrario cuando es de carácter displacente.

Cuando las fuentes oníricas somáticas que actúan durante el reposo —es decir las sensaciones de dicho estado— no poseen desacostumbrada intensidad, desempeñan, a mi juicio, en la formación de los sueños un papel análogo al de las impresiones diurnas que han permanecido recientes, pero que son indiferentes. Quiero decir que son utilizadas en la formación del sueño cuando resultan apropiadas para ser unidas al contenido de representaciones de la fuente onírica psíquica, pero únicamente en este caso. Vemos, que son consideradas como material de escaso valor, del que podemos disponer en todo momento y que utilizamos cuando nos es necesario, mientras que un material precioso prescribe ya por sí mismo las normas de su empleo. Sucede esto como cuando una persona aficionada a las joyas artísticas lleva al lapidario una piedra rara —un ónice, por ejemplo— para que talle en él un camafeo. El tamaño de la piedra, su color y sus aguas coadyuvarán a determinar la figura o escena que en ella ha de ser tallada, mientras que, dado un material más amplio y uniforme —mármol o granito—, no tiene el artista que ajustarse a normas distintas de su espontánea inspiración. Pensando así es como únicamente resulta comprensible que aquel contenido onírico que proporciona los estímulos orgánicos de intensidad no superior a la ordinaria no aparezca en todo sueño y en sueños todas las noches*.

Para la mejor inteligencia de mi opinión sobre este punto concreto expondré un nuevo ejemplo de sueño, retornando así, además, al tema de la interpretación onírica. Durante todo un día me esforcé en investigar cuál podía ser el significado de la sensación de hallarnos paralizados, no poder movernos o terminar un acto que hemos comenzado, sensación muy próxima a la angustia y frecuentísima en la vida onírica. A la noche inmediata tuve el siguiente sueño: "Subo, a medio vestir, por la escalera de una casa, desde el piso bajo

---

* Adición de 1914: "Rank ha demostrado en varios de sus trabajos que ciertos sueños de despertar por estímulos orgánicos (estímulo vesical o sexual con polución) son muy apropiados para demostrar la lucha entre el deseo de dormir y las urgencias orgánicas, como también, las influencias de éstas sobre el contenido onírico".

al principal. Voy saltando los escalones de tres en tres y me felicito de poder subir una escalera con tanta agilidad. De repente veo que baja a mi encuentro una criada. Avergonzado, quiero apresurarme, pero en este momento se apodera de mí la parálisis indicada y me resulta imposible avanzar un solo paso".

Análisis. La situación de este sueño está tomada de la realidad cotidiana. En mi casa de Viena ocupo dos pisos enlazados por un cuerpo de escalera. En el inferior tengo mi consulta y mi despacho, y en el superior, mis habitaciones particulares. Cuando termino de trabajar por las noches en el despacho tengo que subir la escalera para llegar a mi alcoba. La misma noche de mi sueño había realizado este trayecto en una *toilette* realmente algo desordenada, pues me había quitado la corbata, el cuello y los puños. Mi sueño exagera este desorden de mis vestidos; pero, como acostumbra hacerlo en estos casos, no determina con precisión el grado a que el mismo se eleva. El saltar los escalones de tres en tres es, en realidad, la forma en que suelo subir las escaleras y constituye, por otra parte, una realización de deseos reconocida, además, como tal en el sueño, pues la facilidad con que llevo a cabo tal ejercicio me ha tranquilizado muchas veces sobre la marcha de mi corazón. Por último, es esta forma de subir escaleras flagrante contradicción de la parálisis que en la segunda mitad del sueño me acomete y me muestra —cosa que no precisaba de prueba alguna— que el fenómeno onírico no encuentra la menor dificultad para representarse, perfecta y totalmente realizados, actos motores. Recuérdense los sueños en que volamos.

La escalera de mi sueño no es, sin embargo, la de mi casa. Al principio no caigo en cuál puede ser, y sólo al reconocer en la persona que baja a mi encuentro a la criada de una anciana señora a la que visito dos veces al día para ponerle inyecciones, me doy cuenta de que la escalera de mi sueño corresponde a la del domicilio de dicha señora.

Mas, ¿por qué razón sueño con la escalera del domicilio de mi paciente y con la criada que ésta tiene a su servicio? El avergonzarse de ir insuficientemente vestido es, indudablemente, un sentimiento de carácter sexual. Pero la criada con la que sueño es más vieja que yo, regañona y nada atractiva. Recuerdo ahora que al subir por las mañanas la escalera de su casa suele darme tos, y como no hay en ella escupidera ninguna, me veo obligado a escupir sobre el suelo, pues opino que la limpieza no es cuenta mía, sino de la dueña de la casa, que debe ordenar la colocación de una escupidera. El ama de llaves de mi paciente, persona también entrada en años y de áspero carácter, a la que no tengo por qué negar gran amor a la limpieza, sostiene, sin embargo, sobre este punto concreto la opinión contraria, pues espía mis actos siempre que subo la escalera, y cuando me permito la libertad antes indicada, gruñe y protesta en voz alta y me rehúsa luego, al encontrarse conmigo, toda muestra de cortesía y respeto. Esta actitud fue compartida, el mismo día del sueño, por la otra criada, la cual, al salir a abrirme la puerta, me interpeló ásperamente con la siguiente reprimenda: "El señor doctor podía limpiarse los pies antes de entrar. Hoy ha vuelto a poner perdida la alfombra". Es esto todo lo que puede haber motivado la inclusión de la escalera y de la criada en mi sueño.

Entre los hechos de subir saltando la escalera y escupir en el suelo existe una íntima relación, pues la faringitis y las perturbaciones cardiacas son el castigo del vicio de fumar. Este vicio motiva, asimismo, que tampoco en mi casa —que mi sueño funde en una unidad con la de mi paciente— goce yo de un renombre de exagerada limpieza.

Dejaremos aplazada la continuación del análisis hasta que podamos exponer el origen del sueño típico de semidesnudez, y nos limitaremos a consignar, por el momento, como resultado de la labor analítica a que hemos sometido el sueño últimamente expuesto, que la sensación de parálisis es despertada en nuestros sueños siempre que resulta precisa para un determinado conjunto onírico. La causa de ese contenido onírico no puede ser un estado especial de mi movilidad durante el reposo, pues un momento antes acabo de subir en mi sueño las escaleras de tres en tres, saltando ágilmente los escalones.

d) Sueños típicos

Para interpretar un sueño ajeno es condición indispensable —y ello limita considerablemente la aplicación práctica de nuestro método— que el sujeto acceda a comunicarnos las ideas inconscientes que se esconden detrás del contenido manifiesto del mismo*. Sin embargo, y en contraposición con la general libertad de que todos gozamos para conformar nuestra vida onírica según nuestras personalísimas peculiaridades, haciéndola así incomprensible a las demás, existe cierto número de sueños que casi todos soñamos en idéntica forma y de los que suponemos poseen en todo individuo igual significación. Estos sueños son, además, merecedores de un especial interés por el hecho de proceder probablemente en todos los hombres de fuentes idénticas, circunstancias que los hace muy adecuados para proporcionarnos un amplio esclarecimiento sobre las fuentes oníricas.

Dados estos interesantes caracteres de los sueños típicos, fundábamos grandes esperanzas en los resultados de su interpretación por medio de nuestra técnica analítica; pero, desgraciadamente, hemos comprobado que la labor interpretadora tropieza en ellos con particulares dificultades. Así, aquellas asociaciones del sujeto, que en todo caso nos llevan a la comprensión de su sueño, faltan

---

* Adición de 1925: "Esta afirmación: de no aplicar nuestro método de interpretar sueños a menos que tengamos acceso al material de asociaciones del paciente, requiere una suplementación. Nuestra actividad interpretadora es en un caso independiente de estas asociaciones, en el caso dado que el soñador use elementos simbólicos en él. En estos casos hacemos uso de lo que, estrictamente hablando, sería un método de interpretación onírica auxiliar o secundario".

aquí en absoluto o son tan oscuras e insuficientes, que no nos prestan ayuda ninguna.

Más adelante expondremos las causas de que esas dificultades dependen, y los medios de que nuestra técnica se vale para orillarlas, y entonces comprenderá el lector por qué he de limitarme ahora a tratar de algunos de estos sueños típicos dejando el estudio de los restantes para esa ocasión.

e) El sueño de avergonzamiento ante la propia desnudez

El sueño de hallarnos desnudos o mal vestidos ante personas extrañas suele surgir también sin que durante él experimentemos sentimiento alguno de vergüenza o embarazo. Pero cuando nos interesa es cuando trae consigo esos sentimientos y queremos huir o escondernos, siendo entonces atacados por aquella singular parálisis que nos impide realizar movimiento alguno, dejándonos impotentes para poner término a la penosa situación en que nos hallamos. Sólo en esta forma constituye este sueño un sueño típico, aunque dentro de ella puede el nódulo de su contenido quedar incluido en los más diversos contextos y adornado con toda clase de agregados individuales. Lo esencial en él es la penosa sensación —del carácter de la vergüenza— de que nos es imposible ocultar nuestra desnudez, o, como generalmente deseamos, emprender una precipitada fuga. No creo muy aventurado suponer que la inmensa mayoría de mis lectores conoce por su experiencia onírica esta desagradable situación.

En casi todos los sueños de este género queda impreciso el grado de nuestra desnudez. Alguna vez oiremos decir al sujeto que soñó hallarse en camisa, pero sólo en muy raros casos presenta la imagen onírica tal precisión. Por el contrario, suele ser tan indeterminada, que para describirla es necesario emplear una alternativa: "Soñé que estaba en camisa o en enaguas". Asimismo, es lo más frecuente que la intensidad de la vergüenza experimentada sea muy superior a la que el grado de desnudez podría justificar. En los sueños de los militares queda muchas veces sustituida la desnudez por un traje antirreglamentario. Así, sueñan haber salido sin sable, o sin gorra, hallándose de servicio, o llevar con la guerrera unos pantalones de paisano y encontrar en la calle a otros oficiales, etcétera.

Las personas ante las que nos avergonzamos suelen ser desconocidas, cuya fisonomía permanece indeterminada. Otro carácter del sueño típico de este género es que jamás nos hace nadie reproche alguno, ni siquiera repara en nosotros, con motivo de aquello que tanto nos avergüenza. Por el contrario, la expresión de las personas que en nuestro sueño encontramos es de una absoluta indiferencia, o, como me fue dado comprobar en un caso especialmente claro, estirado y solemne. Todo esto da qué pensar.

El avergonzado embarazo del sujeto y la indiferencia de los demás constituyen una de aquellas contradicciones tan frecuentes en el fenómeno onírico. A la sensación del sujeto correspondería, lógicamente, que los demás personajes le contemplasen con asombro, se burlarán de él o se indignasen a su vista. Esta desagradable actitud de los espectadores ha quedado, a mi juicio, suprimida por la realización de deseos, mientras que la no menos desagradable sensación de vergüenza ha logrado perdurar, mantenida por un poder cualquiera, resultando así la falta de armonía que observamos entre las dos partes de este sueño. La forma en que el mismo ha sido utilizado como base de una fábula nos proporciona un interesante testimonio de que no se ha llegado a interpretar acertadamente su significado, a través de su expresión deformada en parte por la censura. La fábula a que me refiero nos es a todos conocida por la versión de Andersen[32] y más recientemente ha sido poetizada por L. Fulda en su *Talismán*. En el cuento de Andersen se nos refiere que dos falsarios ofrecen al rey un traje

---

[32] *Los vestidos de rey.*

cuya singularísima condición es la de ser visible únicamente para los hombres buenos y honrados. El rey sale a la calle vestido con este invisible traje —es decir desnudo—; pero no queriendo pasar nadie por hombre perverso y ruin fingen todos no advertir su desnudez.

Esta última es, punto por punto, la situación de nuestro sueño. No hace falta aventurarse mucho para suponer que del incomprensible contenido del sueño ha partido un impulso a inventar un disfraz mediante el cual adquiera un sentido la situación expuesta ante la memoria, quedando entonces despojada esta situación de su significación primitiva y haciéndose susceptible de ser utilizada para fines distintos. Ya veremos más adelante que esta equivocada interpretación del contenido onírico por la actividad intelectual consciente de un segundo sistema es algo muy frecuente y debe ser considerado como un factor de la conformación definitiva de los sueños. Asimismo, habremos de ver que en la formación de representaciones obsesivas y de fobias desempeñan principal papel análogas interpretaciones erróneas, dentro siempre de la misma personalidad psíquica. Con respecto a estos sueños de desnudez, podemos indicar también de dónde es tomado el material necesario para dicha transformación de su significado. El falsario es el sueño; el rey, el sujeto mismo, y la tendencia moralizadora revela un oscuro conocimiento de que en el contenido latente se trata de deseos ilícitos sacrificados a la represión. Los contextos en que dichos sueños aparecen incluidos en mis análisis de sujetos neuróticos demuestran, sin lugar a duda, que se hallan basados en un recuerdo de nuestra más temprana infancia. Sólo en esta edad hubo una época en la que fuimos vistos desnudos, tanto por nuestros familiares como por personas extrañas —visitantes, criadas, etc.—, sin que ello nos causara vergüenza ninguna[33]. Asimismo, puede observarse que la propia desnudez actúa sobre muchos niños, aun en periodos ya algo avanzados de la infancia, como excitante. En lugar de avergonzarse, ríen a

[33] El niño toma también parte en la fábula, pues hay uno que, al ver pasar al rey, exclama: "pero ¡si va en cueros!"

carcajadas, corren por la habitación y se dan palmadas sobre el cuerpo hasta que su madre o la persona a cuya guarda están encomendados les afea su proceder, tachándolos de desvergonzados. Los niños muestran con frecuencia veleidad exhibicionista. Rara es la aldea en que el viajero no encuentra a algún niño de dos o tres años que levanta a su paso —y como en honor suyo— los faldones de su camiseta. Uno de mis pacientes conservaba en su memoria consciente el recuerdo de una escena en que, teniendo ocho años, había intentado entrar en camisa, a la hora de acostarse, en la alcoba de su hermanita, capricho que le fue negado por la criada que de él cuidaba. En la historia infantil de los neuróticos desempeña la desnudez de niños de sexo opuesto al del sujeto un importantísimo papel. La manía de los paranoicos de creerse observados cuando se visten o se desnudan debe ser enlazada a estos sucesos infantiles. Entre los perversos existe un grupo —el de los *exhibicionistas*— en el que el indicado impulso infantil ha pasado a la categoría de obsesión.

Cuando, en la edad adulta, volvemos la vista atrás se nos aparece esta época infantil en la que nada nos avergonzaba como un Paraíso, y en realidad el Paraíso no es otra cosa que la fantasía colectiva de la niñez individual. Por esta razón se hace vivir en él, desnudos, a sus moradores, sin avergonzarse uno ante el otro, hasta que llega un momento en que despiertan la vergüenza y la angustia, sucede la expulsión y comienza la vida sexual y la labor de civilización. A este paraíso puede el sueño retrotraernos todas las noches. Ya indicamos antes nuestra sospecha de que las impresiones de la primera infancia (del periodo prehistórico, que alcanza hasta el final del cuarto año) demandan de por sí y quizá sin que en ello influya para nada su contenido, una reproducción, siendo, por tanto, su repetición una realización de deseos. Así, los sueños de desnudez son *sueños exhibicionistas*[34].

---

[34] Adición de 1911. Ferenczi ha comunicado cierto número de interesantes sueños femeninos de desnudez, que pueden ser referidos fácilmente al placer exhibicionista infantil, pero que se apartan, en algunos rasgos, del "sueño típico de desnudez" al que ahora nos referimos.

El nódulo del sueño exhibicionista queda constituido por la propia figura del sujeto —no en su edad infantil, sino en la actual— y por el desorden o parvedad de su vestido, detalle este último que, a causa de la superposición de recuerdos posteriores o de imposiciones de la censura, queda siempre indeterminada. A este nódulo se agregan las personas ante las cuales nos avergonzamos. No conozco caso alguno de que entre estas personas retornen las que realmente presenciaron las pretéritas exhibiciones infantiles del sujeto. El sueño no es, en efecto, casi nunca un simple recuerdo. En todas las reproducciones que el sueño, la histeria y la neurosis obsesiva nos presentan quedan siempre omitidas aquellas personas a las que hicimos objeto de nuestro interés sexual en nuestra infancia. Únicamente la paranoia hace retornar a los espectadores e impone al sujeto la más fanática convicción de su presencia, aunque los deja permanecer invisibles. Aquello con que el sueño los sustituye —"mucha gente desconocida" que no presta atención al espectáculo que se le ofrece— constituye la *transformación en su contrario, del deseo* del sujeto, orientado hacia la persona, familiar y única, a la que siendo niño dedicó su desnudez, en sus exhibiciones infantiles. Esta "gente desconocida" aparece también en muchos otros sueños e intercala en los más diversos contextos, significando entonces "secreto", siempre como transformación, en su contrario, de un deseo[35]. El retorno de la situación primitiva, que, como antes indicamos, se verifica en la paranoia, queda adaptado asimismo a esta contradicción. El sujeto tiene en ella la convicción de ser observado, pero los que así le observan son "gente desconocida, singularmente indeterminada".

La represión actúa también en estos sueños exhibicionistas. La penosa sensación que durante ellos experimentamos no es sino la reacción del segundo sistema contra el hecho de haber logrado, a

---

[35] Esta misma significación tiene, en los sueños, y por razones fácilmente comprensibles, la presencia de "toda la familia" (1909).

pesar de todo, una representación del contenido, por él rechazado, de la escena exhibicionista. Esta no debía haber sido reproducida, para evitar la sensación desagradable.

Más adelante volveremos a ocuparnos de la sensación de hallarnos paralizados, la cual sirve admirablemente en el sueño para expresar el *conflicto de la voluntad*, el no. La intención consciente demanda que la exhibición prosiga y la censura exige que se interrumpa.

Las relaciones de nuestros sueños típicos con las fábulas y otros temas de creación poética no son ciertamente escasas ni casuales. La penetrante mirada de un escritor ha observado en una ocasión analíticamente el proceso de transformación de que el poeta es, en general, instrumento y ha sabido perseguir el desarrollo de dicho proceso remontando su curso, es decir referir a un sueño la obra poética. Aludo con esto a Gottfried Keller, en cuya obra *Enrique el Verde* me ha señalado un amigo mío el siguiente pasaje: "No le deseo a usted, mi querido Lee, que compruebe por propia experiencia cuál fue la sensación de Ulises al surgir desnudo y cubierto de barro ante Nausicaa y sus compañeras. ¿Qué cómo es posible tal comprobación? Helo aquí. Cuando lejos de nuestra patria y de todo lo que nos es querido vagamos por tierras extrañas, vemos y vivimos todo género de cosas, sufrimos y meditamos o nos hallamos quizá miserables y abandonados, soñamos indefectiblemente alguna noche que nos acercamos a nuestros lejanos lares. Los anhelados paisajes patrios aparecen ante nosotros con esplendorosos colores, y suaves figuras amadas salen a nuestro encuentro. Pero entonces nos damos cuenta de que llegamos destrozados, desnudos y cubiertos de polvo. Vergüenza y angustia infinitas se apoderan de nosotros. Intentamos cubrir nuestras desnudeces u ocultarnos, y acabamos por despertar bañados en sudor. Mientras existan seres humanos será éste el sueño del desgraciado al que el Destino hace vagar lejos de su patria. Vemos, que la situación de Ulises ante Nausicaa ha sido tomada por Homero de la más profunda y eterna esencia de la Humanidad".

278

Ahora bien: esta eterna y más profunda esencia del hombre que todo poeta tiende siempre a despertar en sus oyentes, se halla constituida por aquellos impulsos y sentimientos de la vida anímica, cuyas raíces penetran en el temprano periodo infantil considerado luego como prehistórico. Detrás de los deseos del expatriado, capaces de conciencia y libres de toda objeción, se abren paso en el sueño los deseos infantiles, reprimidos y devenidos ilícitos, razón por la cual termina siempre en sueño de angustia este sueño que la leyenda de Nausicaa objetiviza.

El sueño antes expuesto, en el que la agilidad de que doy pruebas al subir la escalera se transforma a poco en la imposibilidad de hacer movimiento alguno, es igualmente un sueño exhibicionista, pues presenta los componentes esenciales de los de este género. Por tanto, habremos de poder referirlo a sucesos infantiles, y el conocimiento de estos sucesos habrá de permitirnos deducir hasta qué punto la conducta de la criada con respecto a mí y el reproche que me dirige de haber ensuciado la alfombra contribuyen a hacerla ocupar un lugar en mi sueño. No resulta, en efecto, nada difícil llegar por este camino a un total esclarecimiento. La labor psicoanalítica nos enseña a interpretar la contigüidad temporal como relación objetiva. Dos ideas, faltas en apariencia de todo nexo, pero que se suceden inmediatamente, pertenecen a una unidad que habremos de adivinar del mismo modo que una *a* y una *b*, escritas una a continuación de otra en el orden marcado, forman la sílaba *ab* y han de ser pronunciadas conjuntamente. Esto mismo sucede con respecto a la relación de varios sueños entre sí. El citado sueño de la escalera forma parte de una serie cuyos restantes elementos me han revelado ya su sentido. Debe, de referirse al mismo tema. Ahora bien: dichos otros sueños tienen todos como base común mi recuerdo de una niñera a la que estuve confiado desde el destete hasta los dos años, persona de la que también mi memoria consciente conserva una oscura huella. Por lo que mi madre me ha referido hace poco sobre ella, sé que era vieja y fea, pero muy trabajadora y lista, y por las conclusiones que de mis sueños puedo deducir, ha de admitir que no siempre se mostraba muy cariñosa conmigo, llegando a tratarme con rudeza cuando infringía las reglas de limpieza a las que quería acostumbrarme. La criada de mi anciana pariente, al tomar a su cargo en la escena real antes detallada la continuación de dicha labor educativa, me da derecho a tratarla en mi sueño como encarnación de aquella vieja niñera de mi época prehistórica. Habremos de admitir, además, que el niño, no obstante los malos tratos de que le hacía objeto, la distinguía con su amor*.

f) Sueño de la muerte de personas queridas

Otros sueños que también hemos de considerar como típicos son aquellos cuyo contenido entraña la muerte de parientes queridos: padres, hermanos, hijos, etc. Ante todo observamos que estos sueños se dividen en dos clases: aquellos durante los que no experimentamos dolor alguno, admirándonos al despertar nuestra insensibilidad, y poseídos por una profunda aflicción hasta el punto de derramar durmiendo amargas lágrimas.

Los primeros no pueden ser considerados como típicos y, por tanto, no nos interesan de momento. Al analizarlos hallamos que significan algo muy distinto de lo que constituye su contenido y que su función es la de encubrir cualquier deseo diferente. Recordemos el de aquella joven que vio ante sí muerto y colocado en el ataúd a su sobrino, el único hijo que quedaba a su hermana de dos que había tenido. El análisis nos demostró que este sueño no significaba

---

* "He aquí una sobreinterpretación de un mismo sueño. Puesto que `spuken` (comunicación) es una actividad del espíritu, y 'spucken' (escupir) en las escaleras en sentido laxo es *'esprit d escalier'*. Esta última expresión equivale a carencia de respuesta rápida (*'Schlagfertigkeit'*) un defecto del que alego culpa: ¿Sería, imagino, mi niñera carente en igual forma de esta cualidad?"

el deseo de la muerte del niño, sino que encubría el de volver a ver después de larga ausencia a una persona amada a la que en análoga situación, esto es, cuando la muerte de su otro sobrino, había podido contemplar de cerca la sujeto, también después de una prolongada separación. Este deseo, que constituye el verdadero contenido del sueño, no trae consigo motivo ninguno de duelo, razón por la cual no experimenta la sujeto durante él algún sentimiento doloroso. Observamos aquí que la sensación concomitante al sueño no corresponde al contenido manifiesto, sino al latente, y que el contenido afectivo ha permanecido libre de la deformación de que ha sido objeto el contenido de representaciones.

Muy distintos de éstos son los sueños en que aparece representada la muerte de un pariente querido y sentimos dolorosos afectos. Su sentido es, en efecto, el que parece manifiesto en su contenido, es decir el deseo de que muera la persona a que se refieren. Dado que los sentimientos de todos aquellos de mis lectores que hayan tenido alguno de estos sueños habrán de rebelarse contra esta afirmación mía, procuraré desarrollar su demostración con toda amplitud.

Uno de los análisis expuestos en páginas anteriores, nos reveló que los deseos que el sueño nos muestra realizados no son siempre deseos actuales. Pueden ser también deseos pasados, agotados, olvidados y reprimidos, a los que sólo por su resurgimiento en el sueño hemos de atribuir una especia de supervivencia. Dichos deseos no han muerto, según nuestro concepto de la muerte, sino que son semejantes a aquellas sombras de la *Odisea*, que en cuanto bebían sangre despertaban a una cierta vida. En el sueño de la niña muerta y metida en una caja (p. 178) se trata de un deseo que había sido actual quince años antes y que la sujeto confesaba ya francamente haber abrigado por entonces. No será quizá superfluo para la mejor inteligencia de nuestra teoría de los sueños el hacer constar aquí incidentalmente que incluso este mismo deseo se basa en un recuerdo de la más temprana infancia. La sujeto oyó, siendo niña, aunque no le es posible precisar el año, que, hallándose su madre embarazada de ella, deseó a causa de serios disgustos que el ser que llevaba en su seno muriera antes de nacer. Llegada a la edad adulta y embarazada a su vez, siguió la sujeto el ejemplo de su madre.

Cuando alguien sueña sintiendo profundo dolor en la muerte de su padre, su madre o de alguno de sus hermanos, o habremos de utilizar ciertamente este sueño como demostración de que el sujeto desea *en la actualidad* que dicha persona muera. La teoría del sueño no exige tanto. Se contenta con deducir que lo ha deseado alguna vez en su infancia. Temo, sin embargo, que esta limitación no logre devolver la tranquilidad a aquellos que han tenido sueños de este género y que negarán la posibilidad de haber abrigado alguna vez esos deseos con la misma energía que ponen en afirmar su seguridad de no abrigarlos tampoco actualmente. En consecuencia, habré de reconstituir aquí, conforme a los testimonios que el presente ofrece a nuestra observación, una parte de la perdida vida anímica infantil[36].

Observamos, en primer lugar, la relación de los niños con sus hermanos. No sé por qué suponemos *a priori* que ha de ser cariño- sísima, no obstante los muchos ejemplos con que constantemente tropezamos de enemistad entre hermanos adultos, enemistad de la que por lo general averiguamos que comenzó en épocas infantiles. Pero también muchos adultos que en la actualidad muestran gran cariño hacia sus hermanos y los auxilian y protegen con todo desinte- rés vivieron con ellos durante su infancia en interrumpida hostilidad. El hermano mayor maltrataba al menor, le acusaba ante sus padres y le quitaba sus juguetes; el menor, por su parte, se consumía de impotente furor contra el mayor le envidiaba o temía y sus prime- ros sentimientos de libertad y de conciencia de sus derechos fueron para rebelarse contra el opresor. Los padres dicen que los niños no

---

[36] Cf. "Análisis de la fobia de un niño de cinco años" (*Jahrbuch für psychoanalytis- che und psychopathologische Forschungen,* t. I, 1909) y mi estudio "Sobre las teorías sexuales infantiles".

congenian, pero no saben hallar razón alguna que lo justifique. No es difícil comprobar que el carácter del niño —aun el más bueno— es muy distinto del que nos parece deseable en el adulto. El niño es absolutamente egoísta, siente con máxima intensidad sus necesidades y tiende a satisfacerlas sin consideración a nadie y menos aún a los demás niños, sus competidores, entre los cuales se hallan en primera línea sus hermanos. Mas no por ello calificamos al niño de "criminal", sino simplemente de "malo", pues nos damos cuenta de que es tan irresponsable ante nuestro propio juicio como lo sería ante los tribunales de justicia. Al pensar así nos atenemos a un principio de completa equidad, pues debemos esperar que en épocas que incluimos aún en la infancia despertarán en el pequeño egoísta la moral y los sentimientos del altruismo, esto es, para decirlo con palabras de Meynert, que un *yo* secundario vendrá a superponerse al primario, coartándolo. Claro es que la moralidad no surge simultáneamente en toda línea y que la duración del periodo amoral infantil es individualmente distinta. Las investigaciones psicoanalíticas me han demostrado que un aparición demasiado temprana (antes del tercer año) de la formación de reacciones morales debe ser contada entre los factores constitutivos de la predisposición a una ulterior neurosis. Allí donde tropezamos con una ausencia de dicho desarrollo moral solemos hablar de "degeneración" y nos hallamos indudablemente ante una detención o retraso del proceso evolutivo. Pero también en aquellos casos en los que el carácter primario queda dominado por la evolución posterior puede dicho carácter recobrar su libertad, al menos parcialmente, por medio de la histeria. La coincidencia del llamado "carácter histérico" con el de un niño "malo" es muy singular. En cambio, la neurosis obsesiva corresponde a la emergencia de una supermoralidad que a título de refuerzo y sobrecarga gravitaba sobre el carácter primario, el cual no renuncia jamás a imponerse.

Así, muchas personas que en la actualidad aman a sus hermanos y experimentarían un profundo dolor ante su muerte, llevan en su inconsciente deseos hostiles a ellos procedentes de épocas anteriores, y estos deseos pueden hallar en sueños su realización. Resulta especialmente interesante observar la conducta de los niños pequeños —de tres años o aún menores— con ocasión del nacimiento de un hermanito. El primogénito, que ha monopolizado hasta este momento todo el cariño y los cuidados de sus familiares, pone mala cara al oír que la cigüeña ha traído otro niño, y luego, al serle mostrado el intruso, lo examina con aire disgustado y exclama decididamente: "¡Yo quiero que la cigüeña vuelva a llevárselo!"[37].

A mi juicio, se da el niño perfecta cuenta de todos los inconvenientes que la presencia del hermanito le ha de traer consigo. De una señora a la que me unen lazos de parentesco que en la actualidad se lleva de maravilla con su hermana cuatro años más joven que ella, sé que al recibir la noticia de la llegada de otra niña exclamó, previniéndose: "Pero ¿no tendré que darle mi gorrita encarnada?" Si por azar se cumple cualquiera de estas prevenciones que en el ánimo de los niños despierta el nacimiento de un hermanito, ella constituirá el punto de partida de una duradera hostilidad. Conozco el caso de una niña de menos de tres años que intentó ahogar en su cuna a un hermanito recién nacido, de cuya existencia no esperaba, por lo visto, nada bueno. Queda así demostrado por esta y otras muchas observaciones coincidentes, que los niños de esta edad pueden experimentar ya, y muy intensamente, la pasión de los celos. Y cuando el hermanito muere y recae de nuevo sobre al primogénito toda la ternura de sus familiares, ¿no es lógico que si la cigüeña vuelve a

---

[37] Nota de 1909. Un niño de tres años y medio, Juanito, cuya fobia hicimos objeto de un detenido análisis, que constituye el tema del estudio antes citado en una nota, gritaba, durante una fiebre que padeció a raíz del nacimiento de una hermana: "Pero ¡si yo no quiero tener hermanita ninguna!" En la neurosis que contrajo año y medio después confesó abiertamente el deseo de que la madre dejase caer en el baño a la pequeña, causándole así la muerte. A pesar de todo esto, se trata de un niño bueno y afectuoso que tomó en seguida cariño a su hermanita y gustaba de protegerla.

traer otro competidor surja en el niño el deseo de que sufra igual destino para recobrar él la tranquila felicidad de que gozó antes del nacimiento y después de la muerte del primero?[38]. Naturalmente, esta conducta del niño con respecto a sus hermanos menores no es en circunstancias normales sino una simple función de la diferencia de edad. Al cabo de un cierto tiempo despiertan ya en la niña los instintos maternales con respecto al inocente recién nacido.

De todos modos, los sentimientos de hostilidad contra los hermanos tienen que ser durante la infancia mucho más frecuentes de lo que la poco penetrante observación de los adultos llega a comprobar[39].

En mis propios hijos, que se sucedieron rápidamente, he desperdiciado la ocasión de dichas observaciones, falta que ahora intento reparar atendiendo con todo interés a la tierna vida de un sobrinito mío, cuya dichosa soledad se vio perturbada al cabo de quince meses por la aparición de una competidora. Sus familiares me dicen que el pequeño se porta muy caballerosamente con su hermanita, besándole la mano y acariciándola; pero he podido comprobar que antes de cumplir los dos años ha comenzado a utilizar su naciente facultad de expresión verbal para criticar a aquel nuevo ser, que le parece absolutamente superfluo. Siempre que se habla de la hermanita ante él

---

[38] Nota de 1914. Aunque estas muertes, acaecidas durante la infancia del sujeto, sean pronto olvidadas en la familia, la investigación psicoanalítica nos muestra que han poseído una gran importancia para la neurosis posterior.

[39] Nota de 1914. Desde la fecha en que escribimos estas líneas se han realizado y publicado en la literatura psicoanalítica numerosísimas observaciones sobre esta primitiva actitud hostil de los niños con respecto a sus hermanos. El poeta A. Spitteler ha descrito con sincera ingenuidad esta típica conducta infantil, refiriéndose a su más temprana niñez: "Además, había ya otro Adolfo. Un pequeño ser del que se aseguraba que era mi hermano, pero yo no podía comprender para qué servía, y mucho menos por qué se le consideraba igual a mí. ¿Para qué necesitaba yo un hermano? Y no sólo era inútil, sino perjudicial. Cuando yo molestaba a mi abuela, quería él también molestarla, y cuando me sentaban en el cochecito, le colocaban frente a mí, quitándome sitio y no pudiendo yo estirar las piernas sin que mis pies tropezasen con los suyos".

interviene en la conversación, exclamando malhumorado: "¡Es muy pequeña!" Luego, cuando el espléndido desarrollo de la chiquilla desmiente ya tal crítica, ha sabido hallar el primogénito otro fundamento en que basar su juicio de que la hermanita no merece tanta atención como se le dedica, y aprovecha toda ocasión para hacer notar que "no tiene dientes"[40]. De otra sobrinita mía recordamos todos que, teniendo seis años, abrumó durante media hora a sus tías con la pregunta: "¿Verdad que Lucía no puede entender aún estas cosas?" Lucía era una hermanita suya, dos años y medio menor que ella.

En ninguna de mis enfermas he dejado de hallar sueños de este género, correspondientes a una intensa hostilidad contra sus hermanos. Un único caso, que pareció presentarse al principio como excepción, demostró a poco no ser sino confirmación de la regla. Habiendo interrogado a una paciente sobre estos extremos, recibí, para mi asombro, la respuesta de que jamás había tenido dicho sueño. Pero momentos después recordó uno que aparentemente carecía de relación con los que nos ocupan y que había soñado por primera vez a los cuatro años, siendo la menor de las hermanas, y luego repetidas veces. "Una multitud de niños, entre los que se hallaban todos sus hermanos, hermanas, primos y primas, juegan en una pradera. De repente les nacen alas, echan a volar y desaparecen." La paciente no tenía la menor sospecha de la significación de este sueño, mas para nosotros no resulta nada difícil reconocer en él un sueño de muerte de todos los hermanos en la forma original escasamente influida por la censura. Así, creo poder construir el análisis siguiente: la sujeto vivía con sus hermanos y sus primos, con ocasión de la muerte de uno de ellos acaecida cuando aún no había cumplido ella cuatro años, debió de preguntar a alguno de sus familiares qué era de los niños cuando morían. La respuesta debió de ser que les nacían alas y se convertían en ángeles, aclaración que el sueño aprovecha, transformando en

---

[40] Con estas mismas palabras expresa el niño de tres años y medio, cuya fobia analizamos, la crítica de su hermana, suponiendo, además, que la falta de dientes es lo que le impedía hablar. *(Nota de 1909.)*

ángeles a todos los hermanos, y lo que es más importante, haciéndolos desaparecer. Imaginemos lo que para la pequeña significaría ser la única superviviente de toda la familia caterva infantil. La imagen de los niños jugando en una pradera antes de desaparecer volando se refiere, sin duda, al revolotear de las mariposas, como si la niña hubiese seguido la misma concatenación de ideas que llevó a los antiguos a atribuir la Psiquis alas de mariposa.

Quizá opongan aquí algunos de mis lectores la objeción de que aun aceptando los impulsos hostiles de los niños contra sus hermanos, no es posible que el espíritu infantil alcance el grado de maldad que supone desear la muerte a sus competidores, como si no hubiera más que esta máxima pena para todo delito. Pero los que así piensan no reflexionan que el concepto de "estar muerto" no tiene para el niño igual significación que para nosotros. El niño ignora por completo el horror de la putrefacción, el frío del sepulcro y el terror de la nada eterna, representaciones todas que resultan intolerables para el adulto, como nos lo demuestran todos los mitos "del más allá". Desconoce el miedo a la muerte, y de este modo juega con la terrible palabra amenazando a sus compañeros. "Si haces eso otra vez te morirás, como se murió Paquito", amenaza que la madre escucha con horror, sabiendo que más de la mitad de los nacidos no pasan de los años infantiles. De un niño de ocho años sabemos que la volver de una visita al Museo de Historia Natural dijo a su madre: "Te quiero tanto, que cuando mueras mandaré que te disequen y te tendré en mi cuarto para poder verte siempre". ¡Tan distinta es de la nuestra la infantil representación de la muerte![41].

"Haber muerto" significa para el niño, al que se evita el espectáculo de los sufrimientos, de la agonía, tanto como "haberse ido"

---

[41] Nota de 1909. A un niño de diez años, muy inteligente, le oí con asombro, a raíz de la muerte repentina de su padre, las palabras que siguen: "Comprendo que papá haya muerto; pero lo que no puedo explicarme es que no venga a cenar a casa". Nota de 1919: En la revista *Imago*, tomos I-IV, 1912-1919, puede hallarse una serie de estudios sobre este tema, publicados por la doctora von Hug-Hellmuth bajo el título '*Vom wehren Wessen der Kinderseele*' ("La verdadera naturaleza del alma infantil").

y no estorbar ya a los supervivientes, sin que establezca diferencia alguna entre las causas —viaje o muerte— a que la ausencia pueda obedecer[42]. Cuando en los años prehistóricos de un niño es despedida su niñera y muere a poco su madre, quedan ambos sucesos superpuestos para su recuerdo dentro de una misma serie, circunstancia que el análisis nos descubre en gran número de casos. La poca intensidad con que los niños echan de menos a los ausentes ha sido comprobada, a sus expensas, con muchas madres, que al regresar de un viaje de algunas semanas oyen que sus hijos no han preguntado ni una sola vez por ellas. Y cuando el viaje es a "aquella tierra ignota de la que jamás retorna ningún viajero" los niños parecen, al principio, haber olvidado a su madre, y sólo posteriormente comienzan a recordarla.

Así, cuando el niño tiene motivos para desear la ausencia de otro carece de toda retención que pudiese apartarla de dar a dicho deseo la forma de la muerte de su competidor, y la reacción psíquica al sueño de deseo de muerte prueba que, no obstante las diferencias de contenido, en el niño es ese deseo idéntico al que en igual sentido puede abrigar el adulto.

Pero si este infantil deseo de la muerte de los hermanos queda explicado por el egoísmo del niño, que no ve en ellos sino competidores, ¿cómo explicar igual opción con respecto a los padres, que significan para él una inagotable fuente de amor y cuya conservación debiera desear, aun por motivos egoístas, siendo como son los que cuidan de satisfacer sus necesidades?

La solución de esta dificultad nos es proporcionada por la experiencia de que los sueños de este género se refieren casi siempre,

---

[42] La observación de un padre, conocedor de las teorías psicoanalíticas, ha logrado sorprender el momento en que una hija suya, de cuatro años e inteligencia muy desarollada, reconoce la diferencia entre "haberse ido" y "haber muerto". Un día que la niña se resistió a comer, expresó, viéndose observada por la criada, el deseo de que la misma muriese. "¿Por qué quieres precisamente que se muera" —preguntó el padre—. ¿No basta con que se vaya? "No —respondió la niña—, porque entonces vuelve." Para el limitado amor del niño a su propia persona (narcisismo), es toda perturbación un crimen de lesa majestad, y como la legislación draconiana, no aplica el juicio del niño a dichos delitos pena inferior a la muerte. *(Nota de 1919.)*

en el hombre, al padre, y en la mujer, a la madre; esto es, al inmediato ascendiente de sexo igual al del sujeto. No constituye esto una regla absoluta, pero sí predomina suficientemente para impulsarnos a buscar su explicación en un factor de alcance universal*. En términos generales, diríamos, que sucede como si desde edad muy temprana surgiese una preferencia sexual; esto es, como si el niño viviese en el padre y la niña en la madre, rivales de su amor, cuya desaparición no pudiese serles sino ventajosa.

Antes de rechazar esta idea, tachándola de monstruosa, deberán examinarse atentamente las relaciones afectivas entre padres e hijas, comprobando la indudable diferencia existente entre lo que la evolución civilizadora exige que sean esas relaciones y lo que la observación cotidiana nos demuestra que en realidad son. Aparte de entrañar más de un motivo de hostilidad, constituye terreno abonado para la formación de deseos rechazables por la censura. Examinaremos, en primer lugar, las relaciones entre padre e hijo. A mi juicio, el carácter sagrado que hemos reconocido a los preceptos del Decálogo vela nuestra facultad de percepción de la realidad, y de este modo no nos atrevemos casi a darnos cuenta de que la mayor parte de la Humanidad infringe el cuarto mandamiento. Tanto en las capas más altas de la sociedad humana, como en las más bajas, suele posponerse el amor filial a otros intereses. Los oscuros datos que en la mitología y la leyenda podemos hallar sobre la época primitiva de la sociedad humana nos dan una idea poco agradable de la plenitud de poder del padre de la tiranía con que el mismo hacía uso de ella. Cronos devora a sus hijos y Júpiter castra a su padre[43] y le arrebata el trono. Cuanto más ilimitado era el poder del padre en la antigua familia, tanto más había de considerar a su hijo y sucesor como un

---

* Nota de 1925: "La situación a menudo se oscurece por la emergencia de un impulso autopunitivo, que amenaza al soñante mediante una reacción moral: con la pérdida de los padres amados".

[43] Nota de 1909: Por lo menos, en algunas versiones mitológicas. En otras es únicamente Cronos quien comete este atentado en la persona de su padre, Urano. Sobre la significación mitológica de este tema, véanse los trabajos de Otto Rank titulados *El mito del nacimiento del héroe* y *El tema del incesto en la poesía y la leyenda*.

enemigo, y mayor había de ser la impaciencia del hijo por alcanzar el poder de la muerte de su progenitor. Todavía en nuestra familia burguesa suele el padre contribuir al desarrollo de los gérmenes de hostilidad que las relaciones paterno-filiales entrañan, negando al hijo el derecho de escoger su camino en la vida o los medios necesarios para emprenderlo. El médico tiene frecuentísimas ocasiones de comprobar cómo el dolor causado por la muerte del padre no basta para reprimir la satisfacción de la libertad por fin alcanzada. Sin embargo, los restos de la *potestas patris familias*, muy anticuada ya en nuestra sociedad, son celosamente guardados todavía por todos los padres, y el poeta que coloca en primer término de su fábula la antiquísima lucha entre padre e hijo puede estar seguro de su efecto sobre el público. Las ocasiones de conflicto entre madre e hija surgen cuando esta última, hecha ya mujer, encuentra en aquélla un obstáculo a su deseada libertad sexual y le recuerda, a su vez, que para ella ha llegado ya el tiempo de renunciar a toda satisfacción de dicho género.

Todas estas circunstancias se presentan a nuestros ojos con perfecta evidencia. Pero como no bastan para explicarnos el hecho de que estos sueños sean también soñados por personas sobre suyo amor filial en la actualidad no cabe discusión habremos de suponer que el deseo de la muerte de los padres se deriva también de la más temprana infancia.

Esta hipótesis queda confirmada por el análisis y sin lugar a duda, con respecto a los psiconeuróticos. Al someter a estos enfermos a la labor analítica descubrimos que los deseos sexuales infantiles —hasta el punto de que hallándose en estado de germen merecen este nombre— despiertan muy tempranamente y que la primera inclinación de la niña tiene como objeto al padre, y la del niño a la madre. De este modo, el inmediato ascendiente del sexo igual al del hijo se convierte para éste en importuno rival, y ya hemos visto, al examinar las relaciones paternas, cuán poco se necesita para que este sentimiento conduzca al deseo de muerte. La atracción sexual actúa también, generalmente, sobre los mismos padres, haciendo que por un rasgo natural prefiera y proteja la madre a los varones, mientras que el padre dedica mayor ternura a las hijas, conduciéndose en cambio ambos con igual severidad en la educación de sus descendientes cuando el mágico poder del sexo no perturba su juicio. Los niños se dan perfecta cuenta de esas preferencias y se rebelan contra aquel de sus inmediatos ascendientes que los trata con mayor rigor. Para ellos, el amor de los adultos no es solo la satisfacción de una especial necesidad, sino también una garantía de que su voluntad será respetada en otros órdenes diferentes. De este modo siguen su propio instinto sexual y renuevan al mismo tiempo con ello el estímulo que parte de los padres cuando su elección coincide con la de ellos.

La mayor parte de los signos en que se exteriorizan estas inclinaciones infantiles suele pasar inadvertida. Algunos de dichos indicios pueden observarse aún en los niños después de los primeros años de su vida. Una niña de ocho años, hija de un amigo mío, aprovecho una ocasión en que su madre se ausentó de la mesa para proclamarse su sucesora, diciendo a su padre: "Ahora soy yo la mamá. ¿No quieres más verdura, Carlos? Anda, toma un poco más". Con especial claridad se nos muestra este fragmento de la psicología infantil en las siguientes manifestaciones de una niña de menos de cuatro años, muy viva e inteligente: "Mamá puede irse ya. Papá se casará conmigo. Yo quiero ser su mujer". En la vida infantil no excluye este deseo un tierno y verdadero cariño de la niña por su madre. Cuando el niño es acogido durante la ausencia del padre en el lecho matrimonial y duerme al lado de su madre hasta que al regreso de su progenitor vuelve a su alcoba, al lado de otra persona que le gusta menos, surge en él fácilmente el deseo de que el padre se halle siempre ausente para poder conservar sin interrupción su puesto junto a su querida mamá bonita, y el medio de conseguir tal deseo es, naturalmente, que el padre muera, pues sabe por experiencia que los "muertos", esto es, personas, como, por ejemplo, el abuelo, se hallan siempre ausentes y no vuelven jamás.

Si tales observaciones de la vida infantil se adaptan sin esfuerzo a la interpretación propuesta, no nos proporciona, sin embargo, la total convicción que los psicoanálisis de adultos neuróticos imponen al médico. La comunicación de los sueños de este género es acompañada por ellos de tales preliminares y comentarios, que su interpretación como sueños optativos se hace ineludible. Una señora llega a mi consulta toda conturbada y llorosa. "No quiero ver más a mi familia —me dice—. Tengo que causarles horror." Enseguida y casi sin transición me relata un sueño cuyo significado desconoce. Lo soñó teniendo cuatro años y su contenido es el siguiente: "Ve andar a un lince o una zorra por encima de un tejado. Después cae algo o se cae ella del tejado abajo. Luego sacan de casa a su madre muerta y rompe ella a llorar amargamente". Apenas le expliqué a la sujeto que su sueño tenía que significar el deseo infantil de ver morir a su madre y que el recuerdo del mismo es lo que la inspira ahora la idea de que tiene que causar horror a su familia, me suministró espontáneamente material bastante para un total esclarecimiento. Siendo niña, un golfillo que había encontrado en la calle se había burlado de ella aplicándole algunas calificaciones zoológicas, entre las que se hallaba la de "lince", y, posteriormente, teniendo ya tres años, había sido herida su madre por una teja que le cayó sobre la cabeza, originándole intensa hemorragia.

Durante algún tiempo he tenido ocasión de estudiar con todo detalle a una niña que pasó por diversos estados psíquicos. En la demencia frenética con que comenzó su enfermedad mostró una especial repulsión hacia su madre, insultándola y golpeándola en cuanto intentaba acercarse a su lecho. En cambio, se mostraba muy cariñosa y dócil para con su hermana, bastante mayor que ella. A este periodo de excitación surgió otro más despejado, aunque algo apático y con grandes perturbaciones del reposo, fase en la que comencé a someterla a tratamiento y a analizar sus sueños. Gran cantidad de los mismos trataba, más o menos encubiertamente, de la muerte de la madre. Así, asistía la sujeto al entierro de una anciana o se reía sentada en la mesa con su hermana, ambas vestidas de luto. El sentido de estos sueños no ofrecía la menor duda. Conseguida una más firme mejoría aparecieron diversas fobias, entre las cuales la que más le atormentaba era la de que a su madre le había sucedido algo, viéndose incoerciblemente impulsada a retornar a su casa, cualquiera que fuese el lugar en que estuviese, para convencerse de que aún se hallaba con vida. Este caso, confrontado con mi experiencia anterior en la materia, me fue altamente instructivo, mostrándome, como traducción de un tema a varios idiomas, diversas reacciones del aparato psíquico a la misma representación estimuladora. En la demencia inicial, dependiente, a mi juicio, del *vencimiento* de la segunda instancia psíquica por la primera, hasta entonces reprimida, adquirió poder motor la hostilidad inconsciente contra la madre. Luego, al comienzo de la fase pacífica, reprimida la rebelión y restablecida la censura, no quedó accesible a dicha hostilidad para la realización del deseo de muerte en que se concretaba, dominio distinto del de los sueños, y, por último, robustecida la normalidad, creo, como reacción contraria histérica y fenómeno de defensa, la excesiva preocupación con respecto a la madre. Relacionándolo con este proceso, no nos resulta ya inexplicable el hecho de que las muchachas histéricas manifiesten con tanta frecuencia un tan exagerado cariño a sus madres.

En otra ocasión me fue dado penetrar profundamente en la vida anímica inconsciente de un joven al que la neurosis obsesiva hacía casi imposible la vida, pues la preocupación de que mataba a todos los que con él se cruzaban le impedía salir a la calle. Encerrado así en su casa, pasaba el día ordenando los medios con que le sería posible probar la coartada en caso de ser acusado de algún asesinato cometido en la ciudad. Excuso decir que se trataba de un hombre de elevado sentido moral y gran cultura. El análisis —mediante el cual conseguí una completa curación— reveló, como fundamento de esta penosa representación obsesiva, el impulso de matar a su padre —persona de extremada severidad—, sentido conscientemente con horror por nuestro sujeto a la edad de siete años, pero que naturalmente, procedía de épocas mucho más tempranas de su infancia. Después de la dolorosa enfermedad que llevó a su padre al sepulcro, teniendo ya el sujeto treinta y un años, surgió en él el reproche obsesivo que adoptó la forma de la fobia antes indicada. De una persona capaz de precipitar a su padre a un abismo desde la cima de una montaña, ha de esperarse que no estimará en mucho la vida de aquellos a los que ningún lazo le une. Así, lo mejor que puede hacer es permanecer encerrado en su cuarto.

Según mi experiencia, ya muy repetida sobre estas cuestiones, desempeñan los padres el papel principal en la vida anímica infantil de todos aquellos individuos que más tarde enferman de psiconeurosis, y el enamoramiento del niño por su madre y el odio hacia el padre —o viceversa, en las niñas— forman la firme base del material de sentimientos psíquicos constituido en dicha época y tan importante para la sintomática de la neurosis ulterior. Sin embargo, no creo que los psiconeuróticos se diferencien en esto grandemente de los demás humanos que han permanecido dentro de la normalidad, pues no presentan nada que les sea exclusivo y peculiar. Lo más probable sea que sus sentimientos amorosos y hostiles con respecto a sus padres no hagan sino presentarnos amplificado aquello que con menor intensidad y evidencia sucede en el alma de la mayoría de los niños, hipótesis que hemos tenido ocasión de comprobar repetidas veces en la observación de niños normales. En apoyo de este descubrimiento nos proporciona la antigüedad una leyenda cuya general impresión sobre el ánimo de los hombres sólo por una análoga generalidad de la hipótesis aquí discutida nos parece comprensible.

Aludimos con esto a la leyenda del rey Edipo y al drama de Sófocles en ella basado. Edipo, hijo del Layo, rey de Tebas, y de Yocasta, fue abandonado al nacer sobre el monte Citerón, pues un oráculo había predicho a su padre que el hijo que Yocasta llevaba en su seno sería un asesino. Recogido por unos pastores fue llevado Edipo al rey de Corinto, que lo educó como un príncipe. Deseoso de conocer su verdadero origen, consultó un oráculo, que le aconsejó no volviese nunca a su patria, porque estaba destinado a dar muerte a su padre y a casarse con su madre. No creyendo tener más patria que Corinto, se alejó de aquella ciudad, pero en su camino encontró al rey Layo y lo mató en una disputa. Llegado a las inmediaciones de Tebas adivinó el enigma de la Esfinge que cerraba el camino hasta la ciudad, y los tebanos, en agradecimiento, le coronaron rey, concediéndole la mano de Yocasta. Durante largo tiempo reinó digna y pacíficamente, engendrando con su madre y esposa dos hijos y dos hijas, hasta que asolada Tebas por la peste, decidieron los tebanos consultar al oráculo en demanda del remedio. En este momento comienza la tragedia de Sófocles. Los mensajeros traen la respuesta en que el oráculo declara que la peste cesará en el momento en que sea expulsado del territorio nacional el matador de Layo. Mas ¿dónde hallarlo?

Pero él, ¿dónde está él?
¿Dónde hallar
la oscura huella de la antigua culpa?

La acción de la tragedia se halla constituida exclusivamente por el descubrimiento paulatino y retardado con supremo arte —proceso comparable al de un psicoanálisis— de que Edipo es el asesino de Layo y al mismo tiempo su hijo y el de Yocasta. Horrorizado ante los crímenes que sin saberlo ha cometido, Edipo se arranca los ojos y huye de su patria. La predicción del oráculo se ha cumplido.

Edipo rey es una tragedia en la que el factor principal es el Destino. Su efecto trágico reposa en la oposición entre la poderosa voluntad de los dioses y la vana resistencia del hombre amenazado por la desgracia. Las enseñanzas que el espectador, hondamente conmovido, ha de extraer de la obra con la resignación ante los dictados de la divinidad y el reconocimiento de la propia impotencia. Fiados en la impresión que jamás deja de producir la tragedia griega, han intentado otros poetas de la época moderna lograr un análogo efecto dramático, entretejiendo igual oposición en una fábula distinta. Pero los espectadores han presenciado indiferentes cómo, a pesar de todos los esfuerzos de un protagonista inocente se cumplían en él una maldición o un oráculo. Todas las tragedias posteriores, basadas en la fatalidad, han carecido de efecto sobre el público.

En cambio, el *Edipo rey* continúa conmoviendo al hombre moderno tan profunda e intensamente como a los griegos contemporáneos de Sófocles, hecho singular cuya única explicación es quizá la de que el efecto trágico de la obra griega no reside en la oposición misma entre el destino y la voluntad humana, sino en el peculiar carácter de la fábula en que esa oposición queda objetivada. Hay, sin duda, una voz interior que nos impulsa a reconocer el poder coactivo del destino en Edipo, mientras que otras tragedias construidas sobre la misma base nos parecen inaceptablemente arbitrarias. Y es que la leyenda del rey tebano entraña algo que hiere en todo hombre una íntima esencia natural. Si el destino de Edipo nos conmueve es porque habría podido ser el nuestro y porque el oráculo ha suspendido igual maldición sobre nuestras cabezas antes que naciéramos. Quizá nos estaba reservado a todos dirigir hacia nuestra madre nuestro primer impulso sexual y hacia nuestro padre el primer sentimiento de odio y el primer deseo destructor. Nuestros sueños testimonian de ello. El rey Edipo, que ha matado a su padre y tomado a su madre en matrimonio, no es sino la realización de nuestros deseos infantiles. Pero, más dichosos que él, nos ha sido posible, en épocas posteriores a la infancia, y en tanto que no hemos contraído una psiconeurosis, desviar de nuestra madre nuestros impulsos sexuales y olvidar los celos que el padre nos inspiró. Ante aquellas personas que han llegado a una realización de dichos deseos infantiles, retrocedemos horrorizados con toda la energía del elevado montante de represión que sobre los mismos se ha acumulado en nosotros desde nuestra infancia. Mientras que el poeta extrae a la luz en el proceso de investigación que constituye el desarrollo de su obra, la culpa de Edipo, nos obliga a una introspección en la que descubrimos que aquellos impulsos infantiles existen todavía en nosotros, aunque reprimidos. Y las palabras con que el coro pone fin a la obra: "…miradle; es Edipo; —el que resolvió los intrincados enigmas y ejerció el más alto poder;— aquel cuya felicidad ensalzaban y envidiaban todos los ciudadanos. —¡Vedle sumirse en las crueles olas del destino fatal!", estas palabras hieren nuestro orgullo de adultos, que nos hace creernos lejos ya de nuestra niñez y muy avanzados por los caminos de la sabiduría y del dominio espiritual. Como Edipo, vivimos en la ignorancia de aquellos deseos inmorales que la Naturaleza nos ha impuesto, y al descubrirlos quisiéramos apartar la vista de las escenas de nuestra infancia[44].

En el texto mismo de la tragedia de Sófocles hallamos una inequívoca indicación de que la leyenda de Edipo procede de un antiquísimo tema onírico, en cuyo contenido se refleja esta dolorosa perturbación, a que nos venimos refiriendo, de las relaciones filiales

---

[44] Nota de 1914: Ninguna de las revelaciones de la investigación psicoanalítica ha provocado tan indignada repulsa, tanta resistencia —ni tan regocijante desconcierto— de la crítica, como esta de las tendencias incestuosas infantiles conservadas en lo inconsciente. Recientemente se ha llegado incluso a intentar limitar el incesto, contra todos los datos de la experiencia, a un alcance *simbólico*. En el primer número de la revista *Imago* (1912) de Ferenczi una ingeniosísima superinterpretación del mito de Edipo a propósito de un pasaje de una carta de Schopenhauer. Adición de 1919: Desde que en la edición original de la presente obra nos referimos por vez primera al "complejo de Edipo", ha adquirido éste, a consecuencia de ulteriores investigaciones, una gran importancia insospechada para la inteligencia de la historia de la Humanidad y del desarrollo de la religión y la moral. *(N. del T.)* Véase mi obra *Totem y tabú*.

por los primeros impulsos de la sexualidad. Para consolar a Edipo, ignorante aún de la verdad, pero preocupado por el recuerdo de la predicción del oráculo, le observa Yocasta que el sueño del incesto es soñado por muchos hombres y carece, a su juicio, de toda significación: "*Son muchos los hombres que se han visto en sueños cohabitando con su madre. Pero aquel que no ve en ellos sino vanas fantasías soporta sin pesadumbre la carga de la vida*".

Este sueño es soñado aún, como entonces, por muchos hombres, que al despertar lo relatan llenos de asombro e indignación. En él habremos, de ver la clave de la tragedia y el complemento al de la muerte del padre. La fábula de Edipo es la reacción de la fantasía a estos dos sueños típicos, y así como ellos despiertan en el adulto sentimiento de repulsa, tiene la leyenda que acoger en su contenido el horror al delito y el castigo del delincuente, que éste se impone por su propia mano. La ulterior conformación de dicho contenido procede nuevamente de una equivocada elaboración secundaria, que intenta ponerlo al servicio de un propósito teologizante (cf. el tema onírico de la exhibición, expuesto en páginas anteriores). Pero la tentativa de armonizar la omnipotencia divina con la responsabilidad humana tiene que fracasar aquí, como en cualquier otro material que quiera llevarse a cabo.

Sobre la base idéntica a la de *Edipo rey* se halla construida otra de las grandes creaciones trágicas: el *Hamlet* shakesperiano. Pero la distinta forma de tratar una misma materia nos muestra la diferencia espiritual de ambos periodos de civilización, tan distantes uno de otro, y el progreso que a través de los siglos va efectuando la represión en la vida espiritual de la Humanidad. En *Edipo rey* queda exteriorizada y realizada, como en el sueño, la infantil fantasía optativa, base de la tragedia. Por el contrario, en *Hamlet* permanece dicha fantasía reprimida, y sólo por los efectos coactivos que de ella emanan nos enteramos de su existencia, de este modo, la singular posibilidad de obtener un arrollador efecto trágico, dejando en plena oscuridad el carácter del protagonista. Vemos, desde luego, que la obra se halla basada en la vacilación de Hamlet en cumplir la venganza que le ha sido encomendada, pero el texto no nos revela los motivos o razones de esa indecisión, y las más diversas tentativas de interpretación no han conseguido aún indicárnoslas. Según la opinión hoy dominante, iniciada por Goethe, representa Hamlet aquel tipo de hombre cuya viva fuerza de acción queda paralizada por el exuberante desarrollo de la actividad intelectual. Según otros, ha intentado describir el poeta un carácter enfermizo, indeciso y marcado con el sello de la neurastenia. Pero la trama de la obra demuestra que Hamlet no debe ser considerado, en modo alguno, como una persona incapaz de toda acción. Dos veces le vemos obrar decididamente: una de ellas, con apasionado arrebato, cuando da la muerte al espía oculto detrás del tapiz, y otra conforme a un plan reflexivo y hasta lleno de astucia, cuando con toda la indiferencia de los príncipes del Renacimiento envía a la muerte a los dos cortesanos que tenían la misión de conducirle a ella. Que es, por tanto, lo que paraliza en la ejecución de la empresa que el espectro de su padre le ha encomendado. Precisamente el especial carácter de dicha misión. Hamlet puede llevarlo todo a cabo, salvo la venganza contra el hombre que ha usurpado, en el trono y en el lecho conyugal, el puesto de su padre, es decir contra aquel que le muestra la realización de sus deseos infantiles. El odio que había de impulsarle a la venganza queda sustituido en él por reproches contra sí mismo y escrúpulos de conciencia que le muestran incurso en los mismos delitos que está llamado a castigar en el rey Claudio. De estas consideraciones, con las que no hemos hecho sino traducir a lo consciente lo que en el alma del protagonista tiene que permanecer inconsciente, deduciremos que lo que en Hamlet hemos de ver es un histérico, deducción que queda confirmada por su repulsión sexual, exteriorizada en su diálogo con Ofelia. Esta repulsión sexual es la misma que a partir del *Hamlet* va apoderándose, cada vez más por entero, del alma del poeta, hasta culminar en *Timón de Atenas*. La vida anímica de Hamlet no es otra que la del propio Shakespeare. De la obra de Jorge Brandes sobre este autor (1896) tomo el dato de que *Hamlet* fue escrito a raíz de la muerte del padre del poeta (1601); esto es, en medio del dolor que tal pérdida había de causar al hijo y, por tanto, de la reviviscencia de los sentimientos infantiles del mismo con respecto a su padre. Conocido es también que el hijo de Shakespeare, muerto en edad temprana, llevaba el nombre de *Hamnet* (idéntico al de Hamlet). Así como *Hamlet* trata de la relación del hijo con sus padres, *Macbeth*, escrito poco después, desarrolla el tema de la esterilidad. Del mismo modo que el sueño y en general todo síntoma neurótico es susceptible de una superinterpretación e incluso precisa de ella para su completa inteligencia, así también toda verdadera creación poética debe de haber surgido de más de un motivo y un impulso en el alma del poeta y permitir, por tanto, más de una interpretación. Lo que aquí hemos intentado es, únicamente, la interpretación del más profundo estrato de sentimientos del alma del poeta creador[45].

No puedo abandonar el tema de los sueños típicos de la muerte de parientes queridos sin aclarar aún más, con algunas indicaciones, su importancia para la teoría de los sueños. Se da en ellos el caso, nada común, de que la idea onírica formada por el deseo reprimido escapa a toda censura y aparece sin modificar en el contenido manifiesto. Este hecho tiene que ser facilitado por circunstancias especiales. Hay, en efecto, dos factores que lo favorecen: en primer lugar, no existe deseo alguno del que nos creamos más lejanos.

---

[45] Nota de 1919: E. Jones ha completado y defendido contra otras opiniones las indicaciones que anteceden, relativas a la comprensión analítica del *Hamlet*, en *Das Problem des "Hamlet" und der Odipuskomplex*, 1911.

Adición de 1930: "Casualmente he tenido en el intertanto que dejar de creer que el autor de los trabajos de Shakespeare fue el hombre de Stratford". Adición de 1919: "Un intento posterior de análisis del Macbeth se encontrará en un trabajo mío (1916) y en uno de Jekels (1917)".

Opinamos que "ni siquiera en sueños podría ocurrírsenos" desear cosa semejante, y de este modo resulta que la censura no se halla preparada a tal monstruosidad, análogamente a como las leyes de Solón no sabían encontrar un castigo proporcionado al delito del parricidio. Pero, además, el deseo reprimido e insospechado recibe con gran frecuencia en estos casos el apoyo de un resto diurno relativo a las *preocupaciones* que durante la vigilia hemos abrigado con respecto a la vida de personas que nos son queridas. Esta preocupación no puede llegar a incluirse en un sueño sirviéndose del deseo de igual sentido, el cual puede, a su vez, disfrazarse bajo la apariencia de la preocupación que nos ha embargado durante el día. Aquellos que opinan que el proceso es mucho más sencillo y que no hacemos sino continuar, durante la noche y en sueños, lo que nos ha preocupado durante el día, habrán de dejar los sueños de muerte de personas queridas fuera de toda relación con el esclarecimiento del fenómeno onírico y conservar sin resolver, superfluamente, un enigma fácil de desentrañar.

Resulta también muy instructivo perseguir la relación de estos sueños con los de angustia. En los de la muerte de personas queridas ha hallado el deseo reprimido un camino por el que poder eludir la censura y la deformación por ella impuesta. Siempre que esto se verifica en un sueño experimentamos durante el mismo, como fenómeno concomitante, sensaciones dolorosas. Correlativamente, sólo se produce el sueño de angustia cuando la censura es vencida total o parcialmente y, por otro lado, la preexistencia de angustia como sensación actual emanada de fuentes somáticas facilita el vencimiento de la censura. De este modo vemos ya claramente la tendencia en favor de la cual labora la censura imponiendo la deformación, tendencia que no es sino la de *impedir el desarrollo de angustia o de otra forma cualquiera de afecto penoso*.

En páginas que anteceden traté del egoísmo del alma infantil, y quiero reanudar aquí el examen de este tema para demostrar que los sueños han conservado también este carácter. Todos, sin excepción, son egoístas y en todos aparece el amado *yo,* aunque oculto bajo el disfraz. Los deseos que en ellos quedan realizados son siempre deseos de dicho *yo,* y cuando el sueño nos parece obedecer a un interés por otra persona, ello no es sino una engañosa apariencia. Someteré aquí al análisis algunos sueños que parecen contradecir esta afirmación.

I. Un niño de menos de cuatro años relata el siguiente sueño: "Ha visto una gran fuente que contenía un gran pedazo de carne asada. De repente se lo comía alguien, de una sola vez y sin cortar. Pero él no veía quién era la persona que se lo había comido"[46].

¿Quién podrá ser el individuo con cuyo copioso almuerzo sueña el niño? Los sucesos del día del sueño nos proporcionarán, sin duda, el esclarecimiento deseado. El sujeto se halla hace algunos días, por prescripción facultativa, a dieta láctea. Pero la tarde anterior había sido malo y le fue impuesto el castigo de acostarse sin siquiera tomar la leche. Ya en otra ocasión había sido sometido a una análoga cura de ayuno, resistiéndola muy valientemente, sin intentar siquiera que le levantasen el castigo confesando su hambre. La educación comienza ya a actuar sobre él, revelándose en el principio de deformación que su sueño presenta. No cabe duda que la persona que en su sueño almuerza tan a satisfacción y precisamente carne asada, es él mismo. Pero como sabe que le está prohibido, no se atreve a hacer lo que los niños hambrientos hacen en sueños (cf. el sueño de mi hija Ana); esto es, darse un espléndido banquete, y el invitado permanece anónimo.

II. Sueño ver en el escaparate de una librería un tomo nuevo de una colección cuyas publicaciones suelo adquirir siempre (monografías

---

[46] También lo grande, exuberante, exagerado y sin medida de los sueños podría ser un carácter infantil. El niño no abriga otro anhelo mayor que el de "ser grande" y recibir de todo una parte igual a la de los mayores. Es difícil de contentar, no le basta nada y pide incansablemente la repetición de aquello que le agrada o le sale bien. Sólo por medio de la educación aprende luego a *tener medida,* a contentarse y restringirse con poco. Sabido es que también el neurótico tiende a la falta de medida y a la intemperancia.

artísticas o históricas). Este tomo inicia una nueva serie titulada: *"Oradores (o discursos) famosos y ostenta en la portada el nombre del doctor Lecher".*

El análisis me demuestra desde el primer momento lo inverosímil de que pueda ocuparme, efectivamente, en sueños, la personalidad del doctor Lecher, famoso por la resistencia que demostró hablando hora tras hora en el Parlamento alemán, durante una campaña obstruccionista. La verdad es que hace algunos días se ha aumentado el número de pacientes que tengo sometidos al tratamiento psíquico y me veo obligado a hablar durante nueve o diez horas diarias. Soy yo, por tanto, el resistente orador.

III. En otra ocasión sueño que un profesor de nuestra Universidad, conocido mío, me dice: *Mi hijo, el miope.* A estas palabras se enlaza un diálogo compuesto de breves frases. Peor luego sigue un tercer fragmento onírico, en el que aparezco yo con mis hijos. En el contenido latente, el profesor M. y su hijo no son sino maniquíes que encubren mi propia persona y la de mi hijo mayor. Sobre este sueño habremos de volver más adelante, con motivo de otra de sus peculiaridades.

IV. El siguiente sueño nos da un ejemplo de sentimientos ruines y egoístas, ocultos bajo la apariencia de una tierna solicitud.

"Mi amigo Otto tiene mala cara. Su tez ha tomado un tinte oscuro, y los ojos parecen querer salírsele de las órbitas."

Otto es nuestro médico de cabecera. No tengo la menor esperanza de saldar jamás mi deuda de gratitud para con él, pues vela hace ya muchos años por la salud de mis hijos, los ha asistido siempre con éxito y aprovecha además cualquier ocasión que se presenta para colmarlos de regalos. La tarde anterior al sueño que nos ocupa había venido a visitarnos, observando mi mujer que parecía hallarse fatigado y deprimido Aquella misma noche le atribuye mi sueño dos de los síntomas característicos de la enfermedad de Basedow. Aquellos que se niegan a aceptar mis reglas de interpretación no verán en este sueño sino una continuación de los cuidados que el mal aspecto de mi amigo me había inspirado en la vigilia. Pero una interpretación *contradiría* los principios de que el sueño es una realización de deseos y accesible tan solo a sentimientos egoístas. Además habríamos de invitar a sus partidarios a explicarnos por qué la enfermedad que temo aqueje a mi amigo es precisamente el bocio exolftálmico, diagnóstico para el que no ofrece su aspecto real el más pequeño punto de apoyo. En cambio, mi análisis me proporciona el material siguiente, derivado de un suceso acaecido seis años antes. Varios amigos, entre ellos el profesor R., atravesábamos en carruaje el bosque de N., distante algunas horas de nuestra residencia veraniega. Era ya noche cerrada, y el cochero, que había abusado de la bebida, nos hizo volcar en una pendiente, sin grave daño para nuestras personas, pero obligándonos a pernoctar en una vecina hostería, donde la noticia del accidente nos atrajo el interés de los demás viajeros. Un caballero, que mostraba algunos de los signos característicos del *morbus Basedowi* —tez oscura y ojos saltones, como Otto en mi sueño—, se puso por completo a nuestra disposición, preguntándonos en qué podía sernos útil. El profesor R., con su acostumbrada sequedad, le respondió: "Por mí, lo único que puede usted hacer es prestarme una camisa de dormir". Pero la generosidad del amable auxiliador no debía de llegar a tanto, pues alegando que no le era posible acceder a la petición del profesor, se alejó de nuestro lado.

En la continuación del análisis se me ocurre (aunque sin grandes seguridades sobre la exactitud de ese conocimiento) que Basedow no es sólo el nombre de un médico, sino también el de un famoso pedagogo. Mi amigo Otto es la persona quien he rogado que, en caso de sucederme alguna desgracia, vele por la educación física de mis hijos, especialmente durante la pubertad (de aquí la camisa de dormir). Atribuyéndole luego, en el sueño, los síntomas patológicos de nuestro generoso auxiliador, es como si quisiera decir: "Si me sucede algo, le tendrán tan sin cuidado mis hijos como nosotros en aquella ocasión al barón de L., no obstante sus amables ofrecimientos". Pero el nódulo egoísta de este sueño tenía que quedar encubierto de alguna manera[47].

Mas ¿dónde se halla aquí la realización de deseos? Desde luego no en la venganza contra mi amigo Otto, cuyo destino es, por lo visto, que yo le maltrate en mis sueños, sino en la siguiente relación: representando a Otto en mi sueño por la persona del barón de L., he identificado mi propia persona con la de otro, esto es, con la del profesor R., pues demando algo de Otto, como el profesor del barón, en aquella circunstancia. El profesor R. ha seguido, como yo, independientemente su camino, y sólo después de largos años ha alcanzado un título que merecía desde mucho antes. Así, deseo nuevamente, en este sueño, el título de profesor. Incluso este "después de largos años" es una realización de deseos, pues indica que vivo lo suficiente para guiar a mis hijos a través de los escollos de la pubertad.

g) Otros sueños típicos*

No tengo experiencia personal de otros sueños típicos en los que el soñante se encuentra volando en el aire con el acompañamiento de

---

[47] Nota de 1911: Una vez que E. Jones hablaba en una conferencia científica y ante un auditorio del egoísmo de los sueños, se levantó una ilustrada señora y opuso, contra una tan anticientífica generalización, la objeción de que no podía hablar más que de los sueños de los austriacos, debiendo limitarse a ellos y no pronunciarse sobre los de los americanos. Por su parte, estaba segura de que todos sus sueños eran rigurosamente altruistas. Adición de 1925: "A modo de excusar a esta patriótica dama, debo señalar que la afirmación que los sueños son totalmente egoístas, no debe entenderse erróneamente. Ya que cualquier elemento puede pasar el sueño, sea lo que sea que le ocurra al pensamiento preconsciente (esté en el contenido manifiesto o latente), posibilidad igualmente abierta a los impulsos altruistas. De la misma manera como impulsos afectivos o eróticos hacia alguien, si están presentes en el inconsciente, pueden aparecer en un sueño. La verdad de la afirmación en el texto se refiere a que entre los impulsos provocadores de un sueño de tipo inconsciente, frecuentemente encontramos a los egoístas, que parecen haber sido inadvertidos en la vida despierta".

* Capítulo omitido en la primera versión española. *(Nota del E.)*

un sentimiento de agrado o de angustia, por lo que todo lo que diga sobre el particular se deriva de los psicoanálisis. Por la información así obtenida debo concluir que también estos sueños reproducen impresiones infantiles; relatan aquellos juegos de movimiento de tanto atractivo para los niños. No existe un tío que no le haya mostrado a un niño volar alrededor de la pieza cogiéndolo entre sus brazos, o que no haya jugado dejándolo caer súbitamente al estar cabalgando en su rodilla y extender de improviso la pierna, o levantándolo en vilo y repentinamente simular dejarlo caer. Los niños gozan con esas experiencias y no se cansan de pedir su repetición, particularmente si ellas les producen un cierto susto o vértigo. Años después se repiten dichas escenas en los sueños; pero dejando aparte las manos que los sujetaban, por lo que flotan o caen sin tener apoyo. El placer derivado por los niños en juegos por el estilo (columpio y balancín) es por todos conocido, y cuando ven acrobacias en un circo se reactiva la memoria de dichos juegos**. Ataques histéricos en niños (varones) a veces no son sino meras reproducciones de dichas acrobacias, llevadas a cabo con suma destreza. No es infrecuente que suceda en estos juegos de movimiento, aunque inocentes en sí, que den lugar a sensaciones sexuales (ver nota 56 de la p. 433 en este volumen). El retozar de los niños ('hetzen'), usando un término que corrientemente describe esas actividades, es lo que se repite en los sueños de volar, caer, vértigo, etc., en tanto que el sentimiento placentero a ellas enlazado se transforma en angustia. Muy a menudo, como toda madre lo sabe, el retozar de los niños lleva a terminar en riñas y lágrimas.

Por tanto, tengo bases como para rechazar la teoría que los sueños de volar y caer son producidos por el estado de nuestras sensaciones

---

** Nota de 1925: "La investigación analítica nos ha indicado que fuera del placer de los órganos en función, hay otro factor que contribuye a la satisfacción experimentada por los niños en las competencias acrobáticas y a su repetición en los ataques histéricos: se trata de una imagen del recuerdo, a menudo inconsciente, de haber observado relaciones sexuales, sea entre humanos o entre animales".

táctiles o de movimiento pulmonar o algo por el estilo. Por mi parte, pienso que esas sensaciones son en sí reproducidas como una parte del recuerdo al que el sueño retrocede, es decir, son una parte del contenido del sueño pero no su fuente. Sin embargo, no puedo dejar de reconocer mi incapacidad de ofrecer una explicación completa de este tipo de sueños. Mis conocimientos me han abandonado al llegar a este punto. Debo, sin embargo, insistir en la afirmación general que todas las sensaciones motoras y táctiles en acción en estos sueños típicos, emergen de inmediato cada vez que haya una razón psíquica para hacer uso de ellas y que puedan ser descartadas al no ser necesitadas. Soy también de la opinión que la relación entre esos sueños y las experiencias infantiles se han establecido con seguridad por los hechos obtenidos en los análisis de psiconeuróticos. Sin embargo, no soy capaz de decir que otros significados pueden relacionarse con dichas sensaciones a lo largo de la vida —diferentes significados, tal vez para cada caso individual a pesar de la apariencia típica de estos sueños, y tendría sumo agrado en poder llenar el vacío con un análisis cuidadoso de claros ejemplos. Si alguien se sorprende que pese a la frecuencia de sueños de volar, caer o sacarse un diente me esté quejando de la falta de material, debo decir que yo mismo no he tenido sueños así desde que empezó mi interés por la interpretación onírica. Los sueños de neuróticos, de los que me he aprovechado, no siempre se pueden interpretar al menos en muchos casos, como para revelar el total significado oculto. Una fuerza particular, que tuvo que ver con el origen y construcción de la neurosis llega a actuar una vez más al tratar de resolverla, lo que nos impide interpretar estos sueños hasta su último secreto.

h) El sueño de examen

Todo aquel que ha terminado con el examen de grado sus estudios de bachillerato puede testimoniar de la tenacidad con que le persigue el sueño de angustia de que va a ser suspendido y tendrá que repetir el curso, etc. Para el poseedor de un título académico se sustituye este sueño típico por el de que tiene que presentarse al examen de doctorado, sueño durante el cual se objeta en vano que hace ya muchos años que obtuvo el deseado título y se halla ejerciendo la profesión correspondiente. En estos sueños es el recuerdo de los castigos que en nuestra infancia merecieron nuestras faltas lo que revive en nosotros y viene a enlazarse a los dos puntos culminantes de nuestros estudios, al *dies irae, dies illa* de los rigurosos exámenes. El "miedo de examen" de los neuróticos halla también un incremento en la citada angustia infantil. Terminados nuestros estudios, no es ya de nuestros padres, preceptores o maestros, de quienes hemos de esperar el castigo a nuestras faltas, sino de la inexorable concatenación causal de la vida, la cual toma a su cargo continuar nuestra educación, y entonces es cuando soñamos con los exámenes —¿y quién no ha dudado de su éxito?— siempre que tememos que algo nos salga mal en castigo a no haber obrado bien o no haber puesto los medios suficientes para la consecución de un fin deseado; esto es, siempre que sentimos pesar sobre nosotros una responsabilidad.

A una interesante observación de un colega, conocedor de estas cuestiones debo un más amplio esclarecimiento de esos sueños, pues me llamó la atención sobre el hecho, por él comprobado de que el sueño de tener que doctorarse nuevamente era siempre soñado por personas que habían salido triunfantes de dicho examen y nunca por aquellas otras que en él habían sido suspensas. Estos sueños de angustia, que suelen presentarse cuando al día siguiente ha de resolverse algo importante para nosotros, habrían, pues, buscado en el pretérito una ocasión en que la angustia se demostró injustificada y quedó contradicha por el éxito. Tendríamos aquí un singular ejemplo de interpretación errónea del contenido onírico por la instancia despierta. La objeción interpretada como rebelión contra el sueño: "pero ¡si ya tengo el título!", etc., sería, en realidad, un aliento proporcionado por el mismo: "No temas; recuerda el miedo que sentiste antes del examen de doctorado y recuerda que nada malo te pasó. Hoy tienes ya tu título", etc. Resulta, que la angustia que atribuíamos al sueño procedía de los restos diurnos. Esta explicación se ha demostrado cierta en todos los sueños de este género, propios y ajenos, que he podido investigar. La medicina legal, asignatura en la que fui suspenso, no me ha ocupado jamás en sueños, mientras que muchas veces he soñado examinarme de Botánica, Zoología y Química, disciplinas en las que mi miedo al examen estaba muy justificado, pero que aprobé por especial favor del Destino o del examinador. Entre las asignaturas de segunda enseñanza escogen siempre mis sueños la Historia, disciplina en la que rayé a gran altura, pero sólo porque mi amable profesor —el tuerto de otro sueño (p. 25)— se dio cuenta de que al devolverle el programa había hecho con la uña una señal, junto a la segunda pregunta, para advertirle que no insistiera mucho sobre ella. Uno de mis pacientes, que aprobó el examen de doctorado y fue luego suspendido en la Audiencia Militar, me ha confirmado que sueña muchas veces con el primer examen y jamás con el último (se trataba de W. Stekel).

Los sueños de examen presentan, para la interpretación, aquella dificultad que antes señalamos como característica de los sueños típicos. El material de asociaciones que el sujeto pone a nuestra disposición rara vez resulta suficiente, y de este modo, sólo por la reunión y comparación de numerosos ejemplos nos es posible llegar a la inteligencia de estos sueños. Recientemente experimenté en un análisis la segura impresión de que la frase: "Pero ¡si ya eres doctor!", etc., no se limita a encubrir una intención alentadora, sino que entraña también un reproche: "Tienes ya muchos años y has avanzado mucho en la vida; pero a pesar de ello, sigues haciendo *bobadas y niñerías*". El contenido latente de esos sueños correspondería, a una mezcla de autocrítica y aliento, y siendo así, no podremos extrañar que el reproche de seguir cometiendo "bobadas" y "niñerías" se refiera, en los ejemplos últimamente analizados, a la repetición de actos sexuales, contra los que hay algo que se opone en nosotros. W. Stekel, que adelantó la primera interpretación de un sueño de examen ('Matura'), era de la opinión que habitualmente se relacionaban con tests sexuales y con madurez sexual. Mi experiencia ha confirmado a menudo este punto de vista.

◆　　◆　　◆

Índice

La interpretación de los sueños. Volumen I
fue impreso y terminado en febrero de 2014,
en Encuadernaciones Maguntis, Iztapalapa,
México, D. F. Teléfono: 5640 9062.

◆　　◆　　◆

Cuidado de la edición: Rosario Cortés

Made in the USA
Thornton, CO
10/18/22 09:12:32

85e38ceb-5061-4bb6-bda7-b83de52e23b4R01